名师名校名校长

凝聚名师共识
回应名师关怀
打造名师品牌
培育名师群体

顾明远题

悦读者

给幼儿园教师的读书建议

甘露/主编

东北师范大学出版社
长春

图书在版编目（CIP）数据

悦读者：给幼儿园教师的读书建议 / 甘露主编. —
长春：东北师范大学出版社，2021.12
ISBN 978-7-5681-8604-9

Ⅰ. ①悦… Ⅱ. ①甘… Ⅲ. ①幼教人员—推荐书目
Ⅳ. ①Z835

中国版本图书馆CIP数据核字（2021）第265585号

□责任编辑：石　斌　　□封面设计：言之凿
□责任校对：刘彦妮　张小娅　□责任印制：许　冰

东北师范大学出版社出版发行
长春净月经济开发区金宝街 118 号（邮政编码：130117）
电话：0431-84568023
网址：http：//www.nenup.com
北京言之凿文化发展有限公司设计部制版
北京政采印刷服务有限公司印装
北京市中关村科技园区通州园金桥科技产业基地环科中路 17 号（邮编：101102）
2021年12月第1版　2022年5月第1次印刷
幅面尺寸：170mm × 240mm　印张：22.75　字数：368千

定价：45.00元

编 委 会

序 言

当阅读成为生活

“一个人在食物链的位置，通常并不是由他自己决定，但一个人在知识链上的位置常常可以通过他的努力而改变，这就是我们要读书的原因。我们在知识链上的位置，常常会影响到我们在食物链的位置，这可能就是我们读书的意义。”

这段话出自湛庐文化、腾讯新闻、搜狐文化、当当以及国内数十家权威媒体/机构发布的《2022全国职场人阅读报告》。在这份报告中，显示职场人的年均阅读量为18.63本。

看到这个数据，我还是有一些惊喜的，但一丝忧虑也浮上心头。在我的感觉中，幼儿园教师的阅读量应该达不到这个数字。我曾经和一些幼儿园教师聊过阅读量的问题，她们觉得，每个月读一本书都是奢侈，因为她们太忙，难以专注地阅读。

真的忙到没有时间阅读吗？如果阅读是生活的一部分，你能拒绝生活吗？

2018—2021年，我带领46位学员完成了广东省名师工作室的培养任务。在工作室创建初期，我把幼儿园课程建设作为工作室研究方向，但渐渐发现，由于学员来自广东各地，幼儿园的课程建设基础迥异，学员对课程的理解不尽相同，很难在同一思维层面上实现对话和碰撞。于是，我把阅读教育专业书籍作为切入口，逐步形成了阅读共同体的建构。

在这些精挑细选的教育专业书籍中，我和学员一起共读。我们对同一本书写下自己的思考，同时，也用读书会等形式开展话题讨论。三年时间，我们一起阅读了30多本学前教育类和大教育类专业书籍，撰写了几十万字的读书笔记，形成了本书的基本框架。

当我们和这些书籍相遇时，我们在和自己的专业成长相遇。借由这些书籍，我们不再害怕专业名词、学术术语；我们认识和理解每本书后的写作者、翻译者；我们在每一本书建构的语境中展开教学实践和理论的连接；我们了解世界各国在学前教育领域的现状和发展趋势……成长是一个复杂的话题，保持思想的开放性是面对复杂与高速变化时代唯一的方案。也因为如此，我希望学员们三年的工作室时光，在阅读中拓展认知边界，丰富生活体验，建构对教育的完整认知。

当我们和这些书籍相遇时，我们在和儿童相遇。那些和我们朝夕相处的孩子，需要我们用教育学、心理学、社会学、文化学的专业视角更好地读懂他们、理解他们、尊重他们。我们帮助他们建构的，不仅仅是知识，更是完整的生命体验过程。

当我们和这些书籍相遇时，我们也在和自己相遇。每一本书的阅读过程，也是丰富自我的过程。2021年，我被评为深圳市首届“深圳干部读书周”读书达人，我每年的阅读量在120—150本。于我个人而言，阅读早已成为生活的一部分，所以，和学员的读书互动，也由工作变成了生活的一部分。这本书里很多我的文字，来自我的微信朋友圈。有时候，看到生活中的一个场景、一些片段，我就会想起曾经读过的某本书，产生一些感悟，然后记下来，可能也不算严格意义上的读书笔记吧。当阅读成为生活的一部分以后，两者的交织和纠缠，让我更宽容地理解世界的复杂和人性的艰深。

曾经参观湖南长沙的马王堆汉墓，惊叹于那几千枚竹简记录的汉代生活。时光穿越2000多年，文字之间，文明流淌。人生有很多个三年，我能为她们留下什么呢？记录这些我们读过的书、写下的文字、品味过的生活，让生命的过程书香四溢吧。

甘 露

2021年于深圳龙华

目 录

《第五项修炼：学习型组织的艺术与实践》…… 1

彼得·圣吉的方向 …… 2

让学习与心灵对接 …… 5

《0—8岁儿童学习环境创设》…… 10

环境应该让每一个儿童身处其中而倍感舒展 …… 11

再说教师的角色 …… 13

《给童年“留白”：让孩子活在自然里的幼儿园》…… 17

遇见陈宴，遇见幸福 …… 18

教育之美始于笃行，终于美好 …… 20

插上灵动的翅膀在花草园幸福起航 …… 25

道法自然，本真学习 …… 30

《完整的成长：儿童生命的自我创造》…… 34

有质量的阅读 …… 35

做帮助孩子完整成长的“引路人” …… 38

《教育的细节》 ……………………………………………………………… 44
细节，于幽微处动人 …………………………………………………… 45
感悟教育细节的意蕴 …………………………………………………… 49
《幼儿园生活化课程：回归传统、自然与本真》 ……………………… 54
同　行 ………………………………………………………………… 55
遇见“生活化课程”，遇见美好的教育 ………………………………… 58
《儿童的一百种语言》 ………………………………………………… 62
教师的一百种语言 ……………………………………………………… 63
一百种倾听 ……………………………………………………………… 67
高质量学前课程 ………………………………………………………… 71
《发展适宜性实践：早期教育课程与发展》 …………………………… 75
一场讨论引发的思考 …………………………………………………… 76
让游戏回归儿童　让初心回归教育 …………………………………… 80
为孩子创设更适宜的环境 ……………………………………………… 85
对儿童游戏的思考 ……………………………………………………… 89
《关注儿童的生活：以儿童为中心的反思性课程设计》 ……………… 94
这些天，有诗也有远方 ………………………………………………… 95
构建以儿童为中心的课程 ……………………………………………… 98
无愧于我们的孩子 …………………………………………………… 102
和孩子一起成长的追梦人 …………………………………………… 106
《和儿童一起学习：促进反思性教学的课程框架》 ………………… 109
致亲爱的他 …………………………………………………………… 110
创设富有活力的班级文化，与儿童共同成长 ……………………… 112
《教育：让生命更美好》 …………………………………………… 117
教育，为了更美好的生活 …………………………………………… 118
教育是心灵的自由行 ………………………………………………… 120

教育让生命更美好 …… 126

《为生活和学习而设计：早期教育机构的环境变革》 …… 130

为孩子而设计 …… 131

基于儿童立场的幼儿园环境创设 …… 133

让幼儿成为环境的主人 …… 139

《幼儿园真谛》 …… 142

让儿童惦记的幼儿园 …… 143

向仓桥物三学习 …… 145

《幼儿与环境：致力于可持续发展的早期教育》 …… 151

林间小孩 …… 153

可持续的早期教育让未来可期 …… 157

《学前课程与幸福童年》 …… 161

课程的力量 …… 162

促进幼儿生命成长的幼儿园课程 …… 168

构建生活课程　筑梦幸福童年 …… 172

《藤幼儿园的秘密》 …… 176

建筑与童年 …… 177

发现藤幼儿园的秘密 …… 181

《重访三种文化中的幼儿园》 …… 185

向光而行 …… 187

《教师花传书：专家型教师的成长》 …… 191

三代幼教人 …… 192

心中有莲，步步生花 …… 194

《幼儿园课程图景：课程实施方案编制指南》 …… 198

从十一到自己 …… 199

共建我们的图景 …… 204
站在前人的肩膀上思辨幼儿园课程的建构 …… 210

《让早期学习理论看得见》 …… 216
在理论与实践之间架起一座桥 …… 218
理论与儿童的真实世界 …… 223

《幼儿工作者的视野》 …… 228
以幼儿工作者的视野看待技术与教育的邂逅 …… 229
探寻教育的真谛 …… 232
尊重·爱·理解 …… 236

《有力的师幼互动：促进幼儿学习的策略》 …… 240
关于丹麦的幼儿园课程 …… 242
有力的师幼互动　促进师幼共成长 …… 244
幼儿园一日生活中的师幼互动 …… 248
有温度的师幼互动　促进幼儿深度学习 …… 255
构建积极有效的师幼互动 …… 260

《小小探索家：幼儿教育中的项目课程教学》 …… 266
炊烟起，把生活过成诗意 …… 267
对项目课程的思考 …… 269
我们和孩子一起探索 …… 273

《孩子，你慢慢长大（幼儿篇）》 …… 276
愿做那束光 …… 277
坚守初心，不急不缓，静待花开 …… 279
成长的力量 …… 284

《向儿童学习：幼儿园教学反思》 …… 288
向孩子学习 …… 289
身边的教育细节 …… 291

向儿童学习，成为最好的自己 …… 296

《幼儿教育的原点》 …… 301

孩子是个哲学家 …… 302

从幼儿的立场重新出发 …… 305

幼儿教育的原点 …… 310

《幼小衔接课程指引》 …… 313

共创我们的3.0时代，探索3—8岁幼小衔接课程一体化 …… 315

还儿童一个自由快乐的童年 …… 318

《学前教育中的主动学习精要：认识高瞻课程模式》 …… 323

满怀热情与兴趣，向更高质量的学习 …… 324

走近高瞻课程模式 …… 326

方向比努力更重要 …… 330

圆桌对话 …… 334

再说教育者的责任 …… 335

公办园教育创新的方向 …… 342

后 记 …… 351

悦读者

《第五项修炼：学习型组织的艺术与实践》

【内容简介】

我们习以为常的思想和秩序是不断变化的，但系统思考可以提升我们对整体的认知，看清局部和整体的关系，找到整个系统的关键，从现实到未来地践行从个体学习到组织学习的“知行合一”。

本书通过自我超越、改善心智模式、建立共同愿景、团队学习、系统思考等章节让我们深深体会到只有先“系统思考”，像坐“直升机”那样飞到更高的层面去看整体、看全局、看未来，才能建立共同的愿景，优化组织协同，更好地激发个人的学习意愿，打造学习型组织。

【推荐理由】

为什么要看《第五项修炼：学习型组织的艺术与实践》（以下称《第五项修炼》）？信息化时代必备的第五项修炼——系统思考带来认知未来的全局思维，建立整体性思维模式，开启内观自己和外观世界的全新方法，是个人学习、组织深度学习、社会创新都需要的一项修炼方法。

图书：《第五项修炼：学习型组织的艺术与实践》
拍摄地点：深圳市龙华区教科院幼教集团附属幼儿园

彼得·圣吉的方向

——读杨丽蓉《让学习与心灵对接——论学习型组织思想与幼儿园教师的成长》有感

果然，杨丽蓉没有让我失望。书稿不但如期完成，而且很有质量。

在她的读书笔记中，我看到了思想流动的水波。在这微微泛起的波澜中，有对书本的感悟，有对现实的思考，有对自己的剖析，有对团队的理解，有对未来的期望。这篇文章，不仅写给她自己，也写给她的幼儿园，她的团队。

我不做她的“老大”之后，她依然那么优秀。

2015年的那个夏天，是杨丽蓉真正意义上的园长生涯的开端。我将一个荒置了几年的小区配套幼儿园交给了她。幼儿园聘用的第一个人是看大门的胡师傅，他的任务是防止有人偷盗施工用的材料。要知道，在荒置的几年中，这个幼儿园除了被埋进墙里的，其余裸露的、可移动的、能变卖的东西都被偷盗一空。她带着团队的几个核心成员陈凡、刘杨、肖玉莲、尤雅琴从清理杂草开始在这里根植自己的梦想。那个时候，我就看出她有管理天赋，每个跟着她天天披星戴月奔波在龙岗中心城和南湾之间的人，都无怨无悔。每一个经历过新园筹建的人都是有故事的，在故事中，他们悄然成长。

2016年的杨丽蓉，在管理岗位上逐渐找到了自己的感觉。南湾分园里的每一处小景都弥漫着她浓郁的气质：精致、优雅。渐渐地，她开始从思考环境到思考课程，把自己所在的政府保障房小区里的社会阶层、家庭文化、家长、儿童分析得很透彻。她知道，幼儿园的起步将从课程开始，而她的专业型园长的成长之路，也是从在探索性课程模式下建构具有南湾分园特点的龙岗机关幼儿园的园本课程开始的。

2017年，南湾分园无论是在政府关系、社区融合度方面，还是在家长反馈方面，都毫无争议地成为南湾区最优秀的幼儿园，让大家看到了公办幼儿园在社会公共服务中的价值。南湾分园地处深圳低收入家庭的保障房小区，杨丽蓉根据这类家庭的文化背景和特点设计出适合这些孩子的生活体验课程，用高质量的学前教学温暖了这些孩子的童年。我相信自己当年把她“放逐”南湾的决策给了她一片天地，使她舞动得精彩非凡。

今天再读她的读书笔记，我有了一种特别的感觉。严格意义上来说，她并不是那种特别爱读书的人，这本《第五项修炼：学习型组织的艺术与实践》她能断断续续地坚持两年啃下来已是不易。对于这种需要精读的书，“快”从来不是阅读的标准。读一段，共鸣一段，反思一段，行动一段，这可能需要一个很长的周期。

当年购买这本书的行为，源于我对学习型组织的认知盲点。当了几年的幼儿园园长之后，我深刻明白，一所好的幼儿园必须经历“制度管理、文化管理、信仰管理”几个阶段。很多人在做园长的初期迷恋制度，相信制度无所不能。但是，当你把整个幼儿园理解为一个系统的时候，你就会去思考更深层次的问题：系统是有生命的，有周期的，有生态的。每个系统中的元素都是在不断变化中的。制度能应对所有的变化吗？显然不能。制度只能维持组织基本的运转，只能令组织处于温饱阶段。

《第五项修炼：学习型组织的艺术与实践》这本书中列举了11个法则。每一个法则背后，都是人们在迷信制度管理中曾经出现的错误。如果我把这本书当成教材，可能会布置一项作业：在你的管理案例中回忆和寻找那些错误抉择的思维过程。经历完这11次痛定思痛，甚至是难堪的回忆，你一定会意识到，原来制度不是万能的。

我在读中华女子学院附属实验幼儿园胡华园长的《给童年“留白”：让孩子活在自然里的幼儿园》一书时，感受到文化和信仰管理的强大力量。目前，她的微信公众号有许多高素质的粉丝。这些粉丝也许并没有去过她的幼儿园，但依然通过她的文字感受到穿越时空的力量。当我们认同一个人时，必是认同她的文字、她的思考。她就是通过这样的文化和信仰传递，让并不身处其中的我们感受到她的幼儿园的温度。她的理念很多来自东方哲学，诸如愿景、心灵、创造性张力等，这和《第五项修炼：学习型组织的艺术与实践》中精确、练达的解释（甚至是图表）大相径庭（所以这本书难读）。但是，不要忘了，无论东方哲学所倡导的意境还是西方管理模式所要求的精准，都是把组织看作一个有生命力的、彼此关联的系统，殊途同归。

2017年，当我因为个人职业转型的需求而离开园长岗位的时候，有一位老师和别人说，“甘园长走了，我也要走，我当年就是冲着她才来这所幼儿园的”。别人转述完这段话之后，我感到惊诧。这位老师，我甚至没有单独和她在一起聊过什么，甚至不知道她来自何处（处于一个近300人的幼教集团中，很难精准地记住每个人）。后来整理照片，偶然看到一张我和她的合影，想起她的名字，想要联系她时，却发现，我没有她的任何联系方式。就这样，我们萍水相逢，擦肩而过。

也许，这位老师喜欢的只是我的一个讲座、一次开会发言、一种工作氛围，但就是这些，默默地构成她对组织的个体感受。相比一项项制度，这种感受的影响更深刻。

幼儿园，只是一个很小的组织系统，再往后看，我们会看到教育系统、政府系统、国家系统、地球系统，甚至是宇宙。我们确实被绑在了一起，被编织在同一张命运之网中。所以，在管理实践中，往后看一些，尝试看到事件背后的故事，尝试把事件和人纳入一个系统，你会发现，你不再那么依赖制度，你会发出自己的光芒。

甘 露

2018年1月19日

让学习与心灵对接

——论学习型组织思想与幼儿园教师的成长

彼得·圣吉在著作《第五项修炼：学习型组织的艺术与实践》里，提出了一个管理学概念——学习型组织管理，并详尽地阐述了其思想。与大多数长期在幼教一线工作的教师类似，我以前很少有时间涉猎和研究管理学方面的论著，在刚接触《第五项修炼：学习型组织的艺术与实践》时，读到前面几页，这样一段文字便立即吸引了我的全部注意力：

在过去，组织中只要有一个像福特、斯隆、华生或盖茨那样的人去学习就够了，一切靠上面的人弄明白，其他人只需要听从“战略大师”的指挥，这种情况已经一去不复返了。真正能在未来获得成功的组织，将是那些发现有效途径去激励人们真心投入，并开发各级人员的学习能力的组织。

我知道，这是我需要的东西，是一把可以解释和突破当下我和我的幼儿园在管理中所遭遇的瓶颈和困惑的钥匙。读完一遍，我感觉到这部管理科学巨著的博大精深，虽然尚不能完全理解其精髓，却让我对建设学习型组织的思想产生了浓厚的兴趣。

目前，我在深圳市龙岗区管理着一所创建不满三年的公立幼儿园。初期为了幼儿园的建章立制，我们先从“管理教师”入手，注重制度控制。经过约一年的时间，在将制度常态化后，我们便进入现在的“开发教师”阶段，将教师视为重要的教育资源，通过培训、科研等方式使教师的价值得到增值。建园两年多，教师对幼儿园已经产生情感，对现任岗位的工作热情依然高涨，我们似乎可以在公办园的体制下过着无生源压力、无经济压力的安逸日子。但正如古哲先贤所言，宇宙常态为“动”，世上唯有“变”是不变的。我知道幼儿园需要继续向前，却一时不清楚路在何方。

彼得·圣吉的思想让我找到了方向，《第五项修炼：学习型组织的艺术与实践》提醒我们，这个世界上没有永恒不变的东西，持续发展的源泉是提高团队的整体竞争优势和能力。要使幼儿园可持续发展，必须建设学习型组织。我想，教师管理的下一阶段就是以“学习型组织”的建设为目标，将学习与激励作为重要内容，使教师的学习修炼不断精进。

然而，幼儿园组织教师培训、读书、教研，是否就是学习型组织呢？我认为这是对学习型组织的狭义理解，只停留在学习成长层面。我理解的学习型组织的核心目的是让幼儿园跟上时代的变化，适应国内外学前教育发展的新形势、新机遇、新挑战。那么，如何在幼儿园教师中建设学习型组织呢？我的思考是：将学习与心灵对接。为此，我向幼儿园教师团队提出了三个问题，希望他们独立思考，做出自己的答案：

我是谁？

我现在的工作方式是什么样的？

我职业发展的前景是怎样的？

教师的专业学习只有在与心灵结合起来的时候，才能在逻辑和情感世界之间建立一种平衡，这是从里到外的工作方式。一旦我们开始了解自己，就有可能建立气氛好、效率高的学习型组织。

一、我是谁？

怎样才能知道自己究竟是谁？首先问自己一个最重要的问题，这个问题是所有问题的根本——我从哪里来？

1995年我来到深圳市龙岗区，成为龙岗区机关幼儿园的第一批教师。从班主任、级组长、教研员、教学副园长到执行园长，我由衷地感谢这个团队给了我一片成长的热土。纵观我的职业成长路线，以前始终停留在教学层面，而我现在的工作是全面负责幼儿园的各项工作，所涉及的内容有行政管理、财务管理、卫生保健等。理解这一点对于我认识到自己的不足，以及进行新阶段的学习起到了关键作用。假如我不认真审视自己，在工作中就会焦虑和不安，并持狭隘的观念。

我有一位同事，由于在一线教学能力强，从带班教师成了教学管理人员。

她热爱自己的岗位，工作勤奋努力，综合素质也不错，但在一次区级骨干教师评选中，许多一线教师都评上了，她却因学历不够落选。人生最无力的时候，就是明明已经做好了全力冲刺的准备，却发现根本没有参赛的资格。当然，从职业角度看，学历肯定不能跟能力画等号，但是学历却代表着一个人的教育经历。这位同事愿意诚实地面对现在的自己，明白自己来自何方，更清楚自己将要去哪里，所以她毅然决然地舍弃所有节假日，放弃和家人欢聚的闲暇时光，提升学历，为今后的发展做准备。

我们要探寻一下自己来自何方，回顾一下过去，把过去和今天联系起来。这种联系极有价值，因为你现在的行为、信念和抱负都能从过去发生的一切中找到答案。

二、我现在的工作方式是什么样的?

现在问一下自己：你的目标是什么？你当下的任务是什么？你的任务和目标一致吗？这些问题涉及你的职业选择、规划和未来，答案与你现在的工作方式有着密切的关联。

我园大部分教师来自民办园，建园初期，初感不同体制下的幼儿园，教师满怀热情，因为他们想开创自己新的职业生涯，这样的“内力”让教师的成长呈现加速状态，这是教师发自内心的向往，是他们职业成长中迈出的第一步。接下来的第二步，就是提高教师对学前教育理论和实践的认知。教师接受新的课程理念，学习新的教学模式，热情再度高涨，这种发自热忱的追求，使得教师的职业幸福感倍增，这是一种“快乐+意义”的幸福。第三步是总结自己的经验。为了让教师持续成长，不断提升教师组织的学习力，我们成立了片区帮扶讲师团，让教师学习思考自己的实践，使之提升为理论，总结自己的经验。这种组织文化，使全体教师形成了积极向上的精神风貌，明确了学习是为了自我提高，从而让学习成为一种自觉行为。

所以，确定采取什么样的工作方式必须先探索心灵。假如你想以一种富有创造性的、能实现自我的方式工作，那么发现具体的目标，知道当下的任务是最基本的要求。

三、我职业发展的前景是怎样的?

很多人认为是生活中的某种机遇指引着自己沿着某条道路前进，并把这说成命运或外部境遇使然，于是，这些人便安于现状。其实，未来、梦想、计划都在我们的工作中隐藏着可能性。我们在工作中所做的每一件事，所做出的每一个决策，无论是顺从他人意愿，随波逐流，还是自动自觉，总会有做选择的机会，而工作态度是我们能做出的最重要的选择，因为态度在任何情况下都会对事情的结果产生很大的影响。

公办幼教集团成员受编制等多方因素限制，临聘教师人数远高于在编教师。从人员构成角度说，临聘教师是幼儿园的主力军，把他们的工作能量最大程度地释放出来，对幼儿园的正常运作，乃至提高幼儿园的教学质量和办园层级均有至关重要的作用。但现实困境是，由于临聘教师在待遇上与在编教师存在着巨大差距，如何激发这支队伍整体的工作积极性，成为摆在管理者面前的一道难题。为此，集团领导有胆识，从实际出发，树立“唯才是用”思想，建立了科学的人才配置机制和绩效激励机制。大批临聘教师重新规划职业愿景，用积极进取的工作态度，提高自己的工作水平，改善自己的工作模式。通过努力，一批临聘教师站在了管理的岗位上，坚定不移地朝着下一个目标前进。通过创造学习型组织的工作氛围，整个集团也有了自己的发展核心，个人和集体确立了共同的愿景和目标。

学习应该是感动心灵、滋润生命的过程。我们应该通过对心灵的探知更深刻地认识自己，确立目标，以工作为平台修炼自我，知行合一，学以致用。一旦你亲身体验到了学习与心灵结合起来的成效，就会希望一直这样做下去。

深圳市龙岗区南湾街道中心幼儿园　杨丽蓉

杨丽蓉

感悟

从事幼儿教育30载，我认为最简单的教育最美丽。幼儿园的风景应该是一群浪漫的人带着一群小精灵生活着，然后，他们一天比一天更贴近自己。

《0—8岁儿童学习环境创设》

【内容简介】

由朱莉·布拉德所著的《0—8岁儿童学习环境创设》为0—8岁儿童的学习环境创设提供了详细的指导，如阅读角、自然角、科学角等区角的环境创设，同时为学习策略提供了指导。

【推荐理由】

本书对为什么环境对儿童的学习很重要、环境与发展适宜性教育、如何通过环境创设来减少儿童的行为问题等方面诠释得非常清晰，可作为高校幼教专业的教材，也可作为幼儿园教师岗前培训材料，更是幼儿园在职教师的优质参考资料，是幼儿园教师人手必备的教科书级用书。

图书：《0—8岁儿童学习环境创设》

拍摄地点：深圳市龙华区教科院幼教集团附属幼儿园

环境应该让每一个儿童身处其中而倍感舒展

——再读《0—8岁儿童学习环境创设》

几天前，我见了香港理工大学的邵思杰博士。我们的话题是从STEM［科学（Science）、技术（Technology）、工程（Engineering），数学（Mathematics）四个学科英文首字母的缩写］教育在儿童教育中的现状开始的，聊着聊着，自然谈到了自己孩子的教育。邵思杰从内地考到香港理工大学读书，毕业后就一直留在香港教书了。他的孩子现在读四年级，刚刚从一所教会学校转到一所香港颇有名气的国际学校。

由于理工科的背景，邵思杰看教育的视角与学文科的人自然会有一些不同。为了孩子，他仔细研究了IB课程（International Baccalaureate）。他和我说，IB课程中最大的亮点是对每个个体的关注。他的孩子在转学之初，对国际学校全英文的学习环境不太适应，学校派出专门的教师单独辅导孩子，包括知识适应和环境适应。几个月下来，他发现孩子在学习中越来越愉悦，并且通过自己的努力获得了成功的喜悦。研究过STEM教育，他认为IB课程中对学习品质的追求与STEM教育是一致的。

在他描述IB课程案例的时候，我回忆起曾经参观过的一些国际学校。这些学校与传统公立学校的感官差异最大之处在于环境。在国际学校，8岁之前的儿童所在的教室，充满了天马行空式的童趣。在高年龄段的儿童所在的教室，有专门为占班级总人数10%～34%的有书写困难的儿童设置的操作区。操作区里有缝纫、针织、刺绣、穿小珠子、打字等活动的材料，有助于他们发展书写技能和肌肉动作技能。在有左利手儿童的班级，有专供左手使用的剪刀等工具。这些学校并没有把儿童的学习方式从6岁截然分开，而是为那部分手部肌肉发育不够的孩子持续提供锻炼机会，也没有轻易要求带着左利手遗传基因的孩子去改变自己的主力手，而是默默为他们提供便于使用的工具。

“在儿童的学习和发展中，儿童与儿童之间的发展层次不同，某一个儿童的不同功能区之间的发展层次也存在着不均衡”（Copple & Bredekamp，2009）。由于儿童和儿童之间的种种差异，我们的教学变得有无限种可能。这对幼儿园教学提出了很高的要求。

对于一线带班教师而言，《0—8岁儿童学习环境创设》这本书的价值，在于它能够手把手地教教师去创设每一个区域，从环境创设的目标开始，到需要的每一份材料，再到每一种可能发生的问题，都罗列得清清楚楚。2017年，我向深圳市龙华区幼儿园教师发放了2500份调查问卷，询问她们认为的最有效的培训方式，结果91%的人选择了教学观摩和跟岗实践。这个数字说明什么？说明教师的学习从模仿开始。所以，我相信，如果让教师选择对他们帮助最大的工具书，《0—8岁儿童学习环境创设》这本书一定会高居榜首。

对于教学管理者而言，仅仅有区域和材料是不够的。我们需要了解每一个区域设置背后的学前教育理论、儿童的发展、当下研究的前沿思想、区域与课程之间的关系。在本书的结构中，能清晰地看到这种由宏观到微观、由整体到局部的思维线索。

对于教学研究人员而言，这本书描述的不仅仅是环境本身。透过环境的创设，我们读到的是背后的一种更宏大的思想——环境应该让每一个儿童身处其中而倍感舒适。学习环境是进入儿童个体世界的通道，环境越具有适宜性，儿童的发展越能带领其走向更丰满的精神世界。

没有一种教育能够超越人本身。通过学习环境的创设，我们找到了一条进入儿童世界的通道，道路那头，儿童在，光明在。

甘 露

2018年1月29日

再说教师的角色

——读《0—8岁儿童学习环境创设》有感

其实近年来我一直在实践儿童学习环境创设、区域教育，可总是感觉哪里不对，但又无法准确、清晰地表达出来，直到进入深圳市甘露名园长工作室，读了甘园长送我的第一本书《0—8岁儿童学习环境创设》，才有了恍然大悟的感觉。这本书给了我答案，解答了我在这几年中进行区域活动时存在的困惑。美国著名学前教育专家朱莉·布拉德的《0—8岁儿童学习环境创设》是一本有益的书，书中涵盖了丰富的环境创设知识，并对每个年龄段的儿童学习环境创设都进行了详细的讲解，其中包括读写区、操作和感觉区、科学区、教学区等区域的游戏与学习内容，阐明了教师在各个区域中的角色担当。

作为一名教师，我对环境创设对儿童成长的重要性早就有了初步的认识，但将问题上升到环境创设的具体操作，却是我们广大儿童教师需要认真学习的。在实际的教学活动中，教师大包大揽的环境创设方式普遍存在，他们以为这才是教育儿童的最佳途径，殊不知这种传统的环境创设方式阻碍了儿童主体性的发挥。教师只有学会适当放手，才能为儿童创设出符合他们兴趣的学习环境。但是如何放手、怎样放手成为亟待解决的问题，《0—8岁儿童学习环境创设》对这两个问题进行了详细解答。

教师是环境创设的设计者、组织者，儿童的学习环境创设都是通过教师完成的。但是我们的学习环境创设真的都是为儿童考虑设计的吗？当这个问题出现在我的脑海时，我有些犹豫了，因为在为儿童设置游戏区时，教师考虑最多的问题实际是游戏器材方不方便收拾，需不需要搬桌子等。

关于环境创设是为了谁的问题，关键是，“我要怎样更好地启迪、引导、支持并参与其中，尽最大可能为环境创设提供的条件”，这才是回答这一问题最正确的态度。环境创设需要充分考虑儿童的心理发展水平和兴趣，站在儿童的角度去创设符合他们心智特点的环境。在学习环境创设过程中，我不断地思考：教师到底是儿童成长的监督者，还是儿童成长的参与者？在现在的儿童教育中，很多的教师都在扮演着儿童成长的监督者。这种身份的出现是基于中国现有的儿童教育教学的大环境。现在的孩子多数是独生子女，每个孩子都是集一家人的关爱于一身，孩子的安全是家长最看重的问题，这也给了众多教师过大的压力。学会放手的前提条件是保证儿童的安全。

认知心理学家皮亚杰曾说过：儿童的思维是在与环境的相互作用中发展起来的，而教师是环境的创设者和儿童学习的合作、引导者。[①]在创设游戏环境的过程中，教师的角色担当是我最注重的问题。对于儿童来说，游戏是其学习的一种方式，更是一种需要教师花时间并充分重视的学习方法，但当考虑到游戏的不安全因素时，很多游戏都被否定了，这也让游戏环境的创设充满了重重困难。所以，游戏规则对于游戏中的儿童有着重要的意义，教师应提醒儿童遵守游戏规则，当儿童偏离游戏规则时，进行适时的提醒，让儿童体验到游戏带来的快乐，对儿童的不安全游戏及时进行干预。所有的游戏都要遵循儿童人身安全第一的原则。

教师在环境创设中，不仅是指导者，还应该是支持者、参与者与记录者。作为指导者，教师在环境创设中，要根据儿童的年龄、特点、兴趣与发展制订明确的目标，提供丰富的、有趣的且能产生互动的区域材料。材料既要具有挑战性，又不能太难，不要让儿童丧失兴趣，保证儿童可以通过环境创设战胜挑战，获得信心、知识与技能。作为支持者，教师要在不打扰或不打断儿童游戏的前提下，通过各种方式支持儿童的学习，如示范、开放性提问与展示额外信息等，目的在于开拓儿童的思维。作为参与者，教师首先要学会尊重儿童，最主要的是尊重他们的生理心理的阶段性发展水平，尤其是不能低估儿童的能力。儿童虽然在体力上与成人有着较大的差距，但他们的观察与感受能力有时优于成人。儿童的学习能力是不容小觑的，只有激发儿童各种能力的发挥，儿

① H. Rudolph Schaffer. 儿童心理学［M］. 王莉，译. 北京：电子工业出版社，2016：146–147.

童学习环境创设才有意义。

在环境创设的过程中，教师还担负着记录者的责任。教师要记录儿童学习的过程，把儿童集中活动、户外活动、区域活动以及生活活动中发生的故事配上照片，加以文字说明，制作成儿童的“学习故事”，并以此为契机加强与儿童家长的互动与交流，为儿童的学习环境创设提供一个更加广阔的空间，以得到更多家长的支持，给儿童多创造一些自由展现自己能力的机会。教师要学会用鼓励代替表扬，因为鼓励是对儿童一种更高层次的认可，对增加儿童的自信心有着极大的推动作用。但过度的表扬并不能帮助儿童建立自信，却极易使儿童过多地依赖外界的认可。教师的角色并不局限于班级环境的创设者，还需要承担多种角色，通过不同的方式支持儿童的学习，只有这样，教师的环境创设才会创造更大的价值与意义。

《0—8岁儿童学习环境创设》帮助我建立了一种新的思维方式，让我在儿童学习环境创设中积累了很多实践经验，提高了我的专业知识水平，促进了我的职业成长。

深圳市龙岗区坪地街道鼎尚华庭幼儿园　许　丹

许丹

感悟

读书是一种乐趣，读书是一种提升自我的艺术，读书是一种学习的过程。一本书是一个故事，一个故事叙述一段人生，一段人生折射一个世界。读书是一种优雅的活动，余生，请好好读书。

《给童年“留白”：让孩子活在自然里的幼儿园》

【内容简介】

《给童年“留白”：让孩子活在自然里的幼儿园》是由管理者、教师、儿童及家长共同完成的记录幼儿园生活的书，只要悉心阅读就会发现，幼儿园管理中遇到的所有问题都能在书中找到答案。这里有运用“人心”的力量管理幼儿园的丰富案例，这里有描述教师成长心路历程的真实记录，这里有“回归自然与本原”的管理思想、教育思想的形成过程。

【推荐理由】

这是一本可以让你在阅读时同频共振、潸然泪下的书，书中有一位有情怀的园长，一所心中向往的幼儿园，在这里你可以看到教育原本的样子。本书关于儿童教育的思想和实践是建构在生活实践、生命意义、文化筑魂的体系之上的，充分彰显了以人为本，以儿童为本的思想，指出了管理者与被管理者应达到的高度。

这本书的名字叫“给童年留白”，其内容却是丰富而深邃，厚重又平和。越往后读，越感受到其中蕴含思想的质感，感受到其内容和作用都已经超越了儿童教育领域。

图书：《给童年“留白”：让孩子活在自然里的幼儿园》

拍摄地点：深圳市龙华区教科院幼教集团附属幼儿园

遇见陈宴，遇见幸福

2018年的秋天，果实成熟的季节。她的幼儿园里，红薯拔出来了，石榴沉甸甸地垂下来了，麦子可以收割了，山羊又添羊宝宝了……

2018年我写道：“遇见陈宴，遇见幸福。”

2017年1月9日，深圳寒潮来袭的日子。我记住这个日子，不是因为寒冷，而是因为温暖。

得知我非常认可的一位浙江省特级教师——浙江省绍兴市柯桥区中心幼儿园陈宴园长将带领她的工作室成员来深圳举行交流活动后，我通过南山机关幼儿园刘红丽老师牵线，表达了与她相见的愿望。于是，在那年冬天最冷的日子里，在深圳海风凛冽的大鹏半岛，我们相遇了。

那天，我分享了在杭州赵群筠老师工作室工作三年的总结《心灵的旅程》，她分享了她的故事《我的三次眼泪》。听完，有人默默流泪，有人涕泪滂沱，有人心潮澎湃，有人一脸憧憬。三个女人，在这个空间里被讲述，被言说，被解读，被崇拜。

在通往一个职业园长的路上，陈宴的心路历程让我们看到了女性的智慧、执着与坚守。我的工作室成员对我说，因为女性群体中有了这样优秀的榜样，她们看到了未来道路的美好，坚信自己有改变未来的力量。

此后，陈宴的名字频频出现在她们的日记里、演讲中、转述中。

去绍兴，去柯桥，去她的幼儿园，成为我放不下的一个念想。

她说，你还不来吗？银杏满地金黄，槭树开始泛红，最美的色彩已经描绘在幼儿园了……和这位诗意的园长相遇，你会发现她总是能击中你内心最柔软的部分。

我带着38位工作室成员，再次开启探索之旅。课程、教师成长、文化，都成为我们的话题。

她说：“整个长三角都说，陈宴做的是幸福课程，我不敢这样说。幸福这个词有太多内涵，我只能说，我做的是幸福教育理念之下的园本课程建设。”

实际上，在参观学习的过程中，我的老师们用得最多的感叹是：“真幸福啊！”被他们认为幸福的对象有幼儿园养的山羊、鸭子、孔雀和猪，有偶尔停留在我们身边的鸽子，有教室里专注游戏的孩子，有信心满满给我们做分享的带班教师，甚至有幼儿园负责饲养动物的胡大姐。因为我们打开了羊圈，几只山羊乘机跑到孩子们的运动场溜达了几圈，我们看到胡大姐时，她正赶着自由自在的山羊回羊圈，拿着树枝一路小跑。

陈宴园长讲述了她历时六年的课程建构，在她的课程中，有孩子、教师、家长、专家和她自己，有管理的智慧，有大爱的情怀，有美好的小确幸，有对人性最深的尊重、包容、激励。

2018年的教师节，陈宴园长把胡华园长写的《给童年“留白”：让孩子活在自然里的幼儿园》作为礼物送给了她的老师们。胡华园长的花花草草幼儿园和她的田园雅舍幼儿园一样，都会因为两位出色的园本课程而被铭记。

在幼儿园课程建设热潮中，她们“留白”“回归”“质朴”“幸福”，慢慢用爱和专业，熬着暖胃的“小米粥”，温暖每一个童年。

甘 露

2018年11月13日于绍兴

教育之美始于笃行，终于美好

认识胡华园长是因为在微信朋友圈里看到一个关于她的采访，看完文章后我被她吸引，被她感动，被她折服，觉得她是一位拥有大智慧的女子。从那时起“花草园”成了我心中向往的地方，也是从那时起我知道了这本书——《给童年“留白”：让孩子活在自然里的幼儿园》。第二次听到这本书是在幼儿园组织的“心灵之旅”团队拓展活动上。广东省特级教师、深圳市甘露名园长工作室的导师甘露再次向我们推荐了这本书。这次，我没有任何犹豫，用最快的速度把这本书买回家，拿到书的那一刻我被封面胡华园长那孩童般的笑容所感染，我想这本书必定是让人心生喜悦的好书。

书名中的“留白”两个字更是让我充满好奇，带着崇拜，我翻开了它。这本书可以说是胡华园长和中华女子学院附属实验幼儿园同呼吸、共成长的纪实片，它一共有六部分：“有一所这样的幼儿园”“梦想并不遥远”“幼儿园发展的三个阶段”“办学思想的形成”“同行者”“心与大道合”。书中的每一个文字都能让人感受到“花草园”里的一切都那么真实、真诚，每个人都是独特的，就像这所幼儿园一直坚持的——“成为我自己，我们在一起，按自己的节奏呼吸与思考”。阅读这本书就像在听胡华园长讲故事一样，每翻开一页都能让人不由自主地随着她的讲述时而喜悦、时而忧伤、时而惊奇、时而感叹、时而振奋……让我惊叹的是胡华园长在书中关于教育的独特见解，她带着浓厚的中华文化气息的教育思想让我叹服。胡华园长将中国哲学思想大胆地运用在儿童教育当中，去追求教育的和谐之美，体现了教育对儿童至真至纯的尊重以及对儿童创造的崇拜与敬仰，她让儿童按照自己的节奏生活在最真实的世界里，自由前行。

一、唯有儿童的自由感才能使环境焕发出无限的生机与活力

环境对于儿童来说，不仅仅是教育的元素，更是他们获得幸福感的源泉。

儿童对世界充满了好奇。无论是中国“天人合一”的哲学生态观，还是卢梭“让儿童自然发展”的教育观，都告诉我们：解放儿童，让他们到自然界中去吧！让他们在蓝天下、在草地上、在绿水间……自由呼吸，追逐嬉戏，好奇探究，任意撒欢。大自然就像一把神奇的钥匙，为我们打开无尽的教育宝藏，要让儿童回归到自然环境中，感受大自然的变化，体验大自然的神奇，探究大自然的奥秘，在大自然中获得源源不断的幸福力量。

在闹市中的“花草园”中，儿童在屋檐下听雨声，在四季花果飘香的园子里享受大自然的馈赠，这样的幼儿园无疑是让人心生喜悦的。我们的幼儿园在风景优美的大鹏湾畔，独特的自然环境让人沉醉。3000多平方米的幼儿园里除了现有的24种173棵树木，21种160株花卉，角角落落里还摆放或嫁接了19个品种的兰花和石斛。一年四季兰花与石斛交替绽放，空气里弥漫着醉人的芬芳。这些花花草草带给我们的不仅仅是环境的变化，也是美的欣赏，更是“诗意工作、诗意生活”的象征。美好的环境对孩子们的成长和教职工的工作都产生了积极的影响。孩子们在花园里穿梭游戏，或惊叹花开花谢，随手拿起放大镜里里外外看个究竟，或从身边拿起植物百科对比翻查资料；老师会随手拾起一朵花儿别在小女孩的发间，孩子回赠老师一个爱的拥抱，老师和孩子坐在树下一起制作植物标本、花朵书签……这是一种努力向上生长、尽情绽放的精神。唯有儿童的自由感才能使环境焕发出无限的生机与活力。在花的世界，在自由呼吸的大自然中，每个人都感知着生命永恒，感动于生命的美好，而花朵带来的隐性力量也让我们尊重和敬畏每个生命。每朵花都代表着一个未知的世界，而每个孩子就像那一朵朵独特的花，都拥有自己的花期，值得我们真心、悉心地呵护。当幼儿园里的所有人、事、物都回归自己的样子时，一个和谐的气场就产生，继而影响每一个人的发展，而我们要做的就是保持幼儿园的真实形态，让孩子身心洋溢着充分的自由感，然后静待花开。

二、以儿童为中心，倾听儿童的声音，让生活的每一秒都充满热情

有一天，我像往常一样看孩子们户外游戏，突然小二班的轩轩拉着我说：“黄园长，我希望你可以给我们准备一些车。”我一下被他的想法吸引了，因为在户外自主游戏设计初期，我们计划在入口处投放两辆滑板车以便让孩子们在小道上穿梭，但由于后花园场地太小，小道也非常窄，我们担心孩子在游戏中出现安全隐患，最终放弃了。于是，我蹲下来牵着他的小手问道：“你为什么要小车呀？你看这条路这么窄，小车可能会堵住这条路，也可能撞到其他小朋友呢。”“不会！不会的！我们可以一辆一辆排队啊，这样就不堵啦。”“哦，这方法真好，但要是小车的速度太快，就可能会撞到其他人哦。”“嗯，我想想。”他低头思考了一下，“可以摁一下啊，就不会撞到了。”一边说还一边用手用力地在空中不停地摁着。“哦，你说的是车上的铃铛吗？”“对啊！我家的车上就有个铃铛，幼儿园的车也装一个，这样别的小朋友就能听到了，就不会撞到啦。”他开心地笑了，那笑容在阳光下犹如鲜花般美丽、绚烂。看着他纯真的笑脸、充满渴望的眼神，我立刻答应了他。这个小小的要求深深打动了我，原来孩子们的渴求正是我们当初设计时因为种种顾虑而放弃的，孩子的想法直接、充满创造力，他们直面问题，勇于解决问题。回头想想，这恰恰也是环境中的一种“留白”。我们总在忙碌地竭尽所能，想尽一切办法为孩子创设一种我们认为他们需要的环境和学习空间，但却忘了停一停去听听孩子们的声音。为何不能为孩子们留下更多的时间和空间由他们去主宰？“我的地盘我做主！”把主动权还给孩子，和孩子成为伙伴，教师和孩子便拥有了美好的关系，这样便能看到另一种自由。在和轩轩的对话中，我似乎看到了孩子们骑着小车穿梭在幼儿园的每一处，他们或独自骑行，或两两结伴而行，或为野炊区送外卖，或为月亮湾的海鲜档送海鲜……阳光下蓬勃的生命力让生活的每一秒都充满了热情，一切都那么自然而美好，让人心生温暖！

三、以孩子为师，挣脱经验的束缚，让教育回归儿童

在书中，胡华园长指出幼儿园不只是一个知识输出的场所，还应该是一个不断形成思想的地方。有些固化的思维模式会影响一个人的思考和判断，要想突破，确实很难。怎么突破呢？那就用孩童的眼光看世界吧。

幼儿园要更换大门口的大型玩具，一艘大型的“海盗船”毫无争议地来到了幼儿园。孩子们兴奋极了，无论什么时候都想冲上去玩耍，“海盗船”成了大家争夺的“新宠”。而此时，正是我们新一轮户外自主游戏创设的关键期。我们打破原来的户外游戏设计模式，重新以主题乐园的方式设计户外自主游戏区，“海盗船”这件大型玩具从一开始就被我们理所当然地定义为一件大玩具，仅用于运动的动作发展。由于“海盗船”的到来，选择附近的户外自主游戏区的孩子越来越少，而上“海盗船”玩耍的孩子越来越多，这带来了一定的安全隐患。于是，我们开始用各种方式限制孩子们上“海盗船”玩，想尽办法把孩子们往其他区域引，可是效果微乎其微。孩子们的不情愿、孩子们迫切渴望的目光让我们意识到，我们应该思考如何满足儿童的情感需要，如何真正做到尊重儿童。于是，第二个方案、第三个方案相继出现，但我们还是没有找到解决问题的最好办法……直到有一天，在阳光下，我抬头仰望碧蓝天空下气势雄壮的“海盗船”时一个孩子走到我身边对我说：“黄园长，我昨天在月亮湾花园海边也看到好多渔船，那些渔民捕了好多鱼回来呢，妈妈买回来煮给我吃，可香了！”说完，他舔了舔嘴角，似乎还在回味。一个想法突然浮现在我眼前，当初选海盗船正是因为它更符合我们幼儿园海边的地域特征，我们身边真实地存在着月亮湾花园，那里有邮轮、渔船、海鲜一条街，大门口铺着绿色的塑胶，这不正像那汪洋的大海吗？这艘海盗船不也可以是一艘豪华邮轮吗？为什么我们只把它当作一个普通的大型玩具而忽略了它的独特性呢？为什么不通过它把本土文化和孩子们的生活经验相结合，使它成为具有本土特色的游戏工具呢？就这样，问题迎刃而解，月亮湾主题游戏区产生了，“南幼一号”起航了，船长、水手、游客、餐厅服务员、导游、海鲜档老板、渔老大……一个接一个冒了出来，运送客人上船、出海捕鱼的小快艇也忙碌起来了，旅行社、海鲜交易码头、海鲜大排档顺势而生，连后花园里野趣园的海鲜餐厅也到码头挑选海鲜了，月亮湾主题游戏区终于绽放出属于它的光芒。一个个主题故事产生了，园本课程也落地了，我们的课程实现了既来源于生活又回归生活。正如胡华园长书中提到的：一个有生命力的课程一定是接地气的。教育需要回归本真，而教育更需要打破固化的思维模式回到最初的地方，那就是回到儿童中去，遵循儿童本位，用最大的热情去唤醒儿童对生活的热爱和渴望。

以儿童为本，以人为道，道法自然，必然大道至简。合上书，此时，我还未必能深刻体会这种精神主张和追求，但书中先进的教育理念点亮了我对幼儿园未来的渴求和对教育的执着追求。

深圳市大鹏新区南澳中心幼儿园　黄 英

黄英

感悟

以儿童为师，相信儿童具有充实自己生活的能力，我们只需带着欣赏的目光关注儿童，带着赞赏的心陪伴儿童。未来，彼岸是一群群长大的孩子，从他们身上我们能清晰地看到快乐的童年、幸福的人生。

插上灵动的翅膀在花草园幸福起航

一、青藤·花草·孩童·嬉戏

天空湛蓝，白云朵朵，一群孩童嬉戏在森林中、小池塘边、葡萄架下、大树屋中、空中花园里，伴着花花草草，盎然生机，肆意幸福地生长着。这里的孩子自由奔跑追逐，这里的教师用爱播撒希望。这里有爽朗的笑声、恬静的模样、奔跑的活力、幸福的张扬。青砖绿树、翠竹鸟鸣，勾勒出一个森林梦境，亦梦亦幻，引人入胜。它就是花草园，一个诗情画意的幼儿园。

二、午后·阳光·微风·意境

午后，阳光轻洒，一杯茶，一本书，风亲吻着书本，阳光也被有趣的文字吸引。灵动的风，牵引着我，带着诗情画意，与胡华园长的心灵对话由此开始……《给童年“留白”：让孩子活在自然里的幼儿园》这本书围绕花草园的环境、梦想、管理、思想、同行者、幸福哲学全方位展开。朴实无华的文字，如潺潺流水般，唤起我心底那份久违的欣喜和感动：欣喜于幼教路上我不是孤军奋战，同行者正在给我无穷的力量，指引我未来的方向；感动于花草园所有家人的同心、聚爱、尊重及包容。

胡华园长曾说：“幼儿园教育是唯一能够让人与童年相遇，遇见更真实的自己，并拥有幸福感的职业。花草园从人出发，构建着关系的纬度，让每位教师扔掉‘心灵的铠甲’，抛弃‘虚体自我’，呈现最真实的自我，从而获得满满幸福感和成就感。”短短的几句话，彰显了园所的文化、师幼的平等、心灵的感恩、自我的认同、个人的价值观。菩提串串，拼凑出花草园俊俏的模样。

三、尊重·灵动·自然·生趣

花草园到底是一所怎样的幼儿园？为什么能够得到这么多同行的欣赏与赞美？它的课程是如何构建的？它的孩童是如何幸福成长的？带着思考，嗅着花香，我们跟随胡华园长的脚步，一起揭开了花草园的神秘面纱……

1. 办一所“以人为本的幼儿园”

花草园的每一步发展，都是基于理念的引领、课程的承载，在时光中历练，在实践中沉淀。在幼儿园文化构成中，教师是最主要的文化载体，因为每位教师身上都承载着教育的使命和重托，培养着祖国未来的花朵，所以教师的素质至关重要。花草园鼓励大家进修学习，不仅提供精神、金钱上的支持，更重要的是以人为本。例如，当教师觉得请假学习愧疚时，胡华园长却说：“学习期间认真对待，不要牵挂幼儿园，更不要有愧疚感，因为你的学习就是为了使幼儿园更好地发展，所以学习也是一种工作的表现。”细微之处见真情，点滴满是爱，句句皆是情。胡园长以人为本、设身处地为教师着想、尊重并给予教师莫大支持的做法，我想会比任何制度的管理都更能令人折服，所以花草园里老员工比比皆是。我想，这就是以人为本管理效果最好的体现。

2. 办一所“以孩子为本的幼儿园”

幼儿园的环境如何规划、布置？尊重孩子的意愿，蹲下来与孩子商议；幼儿园的课程如何生成、推进？围绕孩子的兴趣，蹲下来与孩子互动。在这里，环境是儿童和他人分享自我经验与感受的地方，他们可以通过各种方式分享自己的故事、秘密、心情与梦想。这里的课程不是随心所欲，而是精心设置，每间教室都有一个大大的“主题墙”，记录孩子们学习的过程、思考和探寻的足迹，课程、环境都交给孩子们自我摸索、研究。这里是孩子的天地，自由、自然、奔放，孩子们乘着灵动的翅膀，在大自然中幸福翱翔。

在花草园，每年入学季，新生入园时都可以带一个手缝的娃娃，他可以有自己的秘密宝盒，里面装上他的宝贝，小兔可以是他的听众，乌龟也可以是他的伙伴，花草陪伴着他成长。孩子们三两组团，看书嬉戏，三年幸福的童年时光就在这里发光发热，呈现出五光十色的童年印记，让孩子们长大后成为自信的少年。

3. 办一所“中国的巴学园”

花草园里，有青砖地、泡桐树、石墨景观，溪水潺潺。孩子们挖沙土，给石头作画，给大树点缀，给庭院装饰。它把主动权交还给了孩子，让孩子们放下戒备，敢于尝试，释放天性。俗话说：“会玩的孩子一定是足智多谋，贪玩的孩子一定是充满好奇。”在草园的时间不设限，给孩子们留足了探索、游戏、交往、互动的时间，孩子们通过的自我管理、自我服务、自我约束、自我探索，培养勇敢和自律的优良品质。

4. 办一所“同心聚德的幼儿园”

在花草园，无论是管理者、教师，还是后勤员工，都没有职位高低之分。管理者尊重、接纳、关心每一个人，发现每一个人的闪光点，让他们挖掘潜能、塑造自我，让每一个人都成为“非凡之人”。正是因为尊重及肯定每一个花草园人的成长，正是因为包容每一个花草园人的不足和稚嫩，挖掘优势，积极表扬，才有了他们的蜕变和自我成长。在这里，每一个花草园人都渴望着美好的教育，渴望着能够将这些教育变成风格化的存在。

5. 办一所“关心教师心理建设的幼儿园”

幼教事业不同于其他行业，教师面对家长群体、社会压力，难免会有焦躁情绪。作为管理者，既要鼓励教师不断进步、沉淀、反思、学习，又要注重教师的心理建设。花草园允许教师情绪的发泄，并对团队进行心理辅导。当抛去外表的职业、体面，直至心底，内心的焦虑、难过、压力会随之释放，心灵会变得通透、闪光。内心的丰盈，可以让人变得更加纯粹、简单，将所有的压力转化为动力，以更好的姿态迎接挑战。

6. 办一所“有课程的幼儿园”

课程是幼儿园的灵魂，是幼儿园的文化根基，没有课程的渲染，幼儿园是苍白无力的，是灰色无光的。在课程建设中，花草园围绕“回归幼儿本真生活”的课程体系，构建幼儿园文化特色。花草园根据中国二十四节气开展春生、夏长、秋收、冬藏课程活动，让孩子在自然中释放童真，在探索中找寻知识的方向，在游戏中学会秩序与规则，在畅游中释放天性，回归童真。课程不仅仅是书面知识，它还渗透在幼儿园的角角落落。花草园的课程内容大多与中国人的优雅生活、民族文化有关。

7. 办一所“用爱管理的幼儿园”

德鲁克说过：“帮助每个生命彰显爱的才能，才是伟大的管理。”一位教师，不仅要有专业方面的能力，更要有善意和情怀。爱孩子，用爱来启迪和引导孩子，是一份职业操守也是一份职业情怀。被爱滋润的人一定会用爱去感染别人。

花草园，随着风声、雨声、花香、鸟语、虫飞、龟爬，沐浴在阳光之下，感受童真，一切都是如此自然、祥和。用爱的方式来管理，让每个人怀着感恩与爱，踏进花草园，嗅百花香，心态充盈、笑容自然，让接纳与倾听更加有深度，让师幼互动更加纯粹，因为爱就是最好的语言。我们以园为家，爱孩子，爱教育，爱同事，爱生活。阳光正好，青春正激扬，爱与认同让我们相聚，形成教育的大磁场，化为最耀眼的光芒。

8. 办一所“幸福哲学的幼儿园”

教育使一个人的身心修为、思想、情感、内心世界得以建立与成长，是用一颗心灵呼唤另一颗心灵。胡华园长运用幸福哲学的理论，支撑起幼儿园的管理，探索儿童成长的奥秘，回归自然，还原最自然的环境，让儿童自我探索，自我发现。

四、飞跃·向光·感恩·思考

幼教不仅是一种职业，更是一种爱的传递。我们带着孩童的天真，怀揣孩童的活力，用一颗感恩的心，感受工作的甘甜，品尝教育的硕果，跟随花草园“成为我自己，我们在一起，按自己的节奏呼吸与思考”。让我们一起带着诗与远方，带着爱与思考，与思想对话，与情感交流，在幼教的道路上，与孩童为伴，与良师同行。路虽漫长，但梦就在前方，一起向光而生，拾捡生命的美好。

深圳市龙华区松和小学附属振声幼儿园　孔令波

孔令波

感悟

读书是一种优雅的活动，能塑造人的精神，升华人的思想。因为读书，人生才更精彩！

道法自然，本真学习

——读《给童年“留白”：让孩子活在自然里的幼儿园》有感

道法自然，本真学习。

在这里，学习是一种心灵的体验。孩子们将不带任何功利与先入之见，以天真质朴的本来之心与世界的本来面目浑然相融。——摘自《给童年“留白”：让孩子活在自然里的幼儿园》

阅读《给童年“留白”：让孩子活在自然里的幼儿园》是轻松愉悦的、享受的。一次又一次，渐渐地自己也被染上了某种淡淡的气质，这是阅读的力量，更是胡华园长儿童教育观影响的力量。

《给童年“留白”：让孩子活在自然里的幼儿园》犹如宝藏图册，书里的每一页都藏着一把开箱钥匙，每一处小景、每一个故事都开启着我对童年的美好回忆，并惊奇地发现直到现在这些留在脑海中的片段依旧美好，无可取代。“葡萄架、小池塘、大树屋、石磨景观、青砖地、泡桐树、春生、夏长、秋收、冬藏……”每个文字都让我眉心舒展，嘴角上扬，心也随之远去。童年时马路边那一树树洁白香甜的槐花、山坡下一层层金黄的油菜花、满山遍野的杜鹃花，还有鱼塘边那座后有竹林前有淡紫色泡桐花的房子、池塘边残留着黑色柴火的小灶坑……脑海中如时光机一般回放着关于童年对美的理解的记忆。

童年，应该是我们在人生的每一个阶段回忆起来时都能为之会心一笑的美好时光。这样的感受后来刚好在听胡华园长直播时得到了回应：“童年时对美的认识与追求最后演变成了我们观察世界、认识世界的态度和追求。”在《给童年“留白”：让孩子活在自然里的幼儿园》的前半部分我找到了自己的童年美好，并深刻意识到时光荏苒，但人的善与美都还在。带着这样的意识，我开始认真思索一花一叶一世界。带着对这些美好的无限回味与向往，我们在幼儿园种上了孩子们见过的或没见过的许多植物。后来我们发现这些植物已不再单纯地为了装饰环境而存在，春生夏长，它们在幼儿园中有了独特的意义。种下桑树的第一年，大四班一个孩子的妈妈带了五只蚕宝宝来班级，孩子们采桑养蚕，用蚕的排泄物养小金鱼，用养小金鱼的水去浇灌桑树和其他植物。事实上，我之前并没有想到孩子们会做出一个生态循环链来，后来这样的惊喜接踵而至。

葡萄树植入幼儿园的第一个春天，并没有爬满整个架子，现在也还没有，矮矮的，不足一个大班的孩子那么高，但它给了我们惊喜，唯一的一串葡萄在它还是一串绿色小花蕾的时候就被孩子们在层层绿叶中发现了。从花蕾到葡萄成熟，等待的时间是漫长的，但每天早晨葡萄树下孩子们欣喜雀跃的身影却从来没有缺席过，这样的欣喜雀跃感染着我的每一个早晨，我们共同见证了这串葡萄的成长。四月，当我出差去北京时，有孩子用老师的微信给我发来了语音：“园长妈妈，葡萄被××小朋友摘掉了，你快回来呀！……”孩子，谢谢你关注生命，谢谢你为此难过，谢谢你学会了原谅。葡萄树生命顽强，也如我们这般善良，明年春天我们还会与葡萄相见，也许是三串、四串，也许会更多。就这样，孩子们更加精心地照顾这颗葡萄树；就这样，我们期待着明年春天的故事。

炎炎夏日，幼儿园里充满孩子们的欢声笑语，鱼儿游、虫儿唱，是那么热闹。雨天，大孩子和小孩子们穿着简易的雨衣或者在操场上学小猪佩奇跳水坑，或者伸出双手感受雨水滴落时的奇妙。天晴也有天晴的乐趣，想玩水时我们可以带上玩水工具，在操场上追逐嬉戏，或者在屋后的草坪煮一盘红薯玉米、磨一杯豆浆、搭一顶帐篷、阅一本绘本、分享一个玩具，看阳光透过绿绿的叶子，数着数不清的叶脉……很庆幸，我们不再奔波于“教学”，而是懂得享受这样的相处；庆幸我们的家长朋友喜欢我们的新玩法并期待着能加入其中。《给童年“留白”：让孩子活在自然里的幼儿园》里有这样一段话：人是“自然之子”。作为自然之子，孩子们更需要保留那份原有的纯真与美好。大自然作为人类生活的栖息地，引发人类无数的美好遐想，而孩子们和自然的互动更是构成了一幅幅美妙的画卷。的确，当我们用心感受孩子的快乐时，我们才更接近孩子。在草地上野餐，在帐篷里说悄悄话，雨后蜗牛的爬行都变成了我们倾听、接纳、认同与共同体验的媒介。当老师和孩子们用自己的方式与节奏自然地学习时，他们内在的生命是绽放与自由的，这无疑是他们获得幸福感的重要条件。正是这样的参与与认同拉近了老师和孩子之间的距离，也正是更多这样的参与与认同让他们相互吸引并影响着彼此，一同向生命的更高层次迈进。

在《给童年“留白”：让孩子活在自然里的幼儿园》中引用了德鲁克的一段话：帮助每个生命彰显爱的才能，才是伟大的管理。管理者的任务不是“管理”人，而是引导人。管理的目标是让每个人的长处和知识发挥作用。我现在还不太确定自己是否已真正理解了胡华园长在《给童年“留白”：让孩子活在自然里的幼儿园》中所提到的“自我管理”阶段。但想着每一个人因为爱而停留并为之努力，想着我们的“伊甸园”中春风十里，芳草萋萋的样子，便觉得这是最好的模样。前段时间在甘露园长的名师工作室微信群中，一位园长在听完胡华园长关于“从文本课程到我的课程”的专题直播后曾说：“花草园是幼教人心中的伊甸园，美好又纯粹，我们虽然还做不到，但我们愿意向着那明亮的方向努力！”看着群里甘露园长和其他园长们的互动与相互鼓励，看着当时群里大家分处不同的角落却因同样的感情泪眼蒙眬，我觉得她们那样不易但又那样坚定。从北京的胡华园长，到深圳的甘露园长，她们带着对学前教育的信仰，一个人影响着一群人。所以，我非常喜欢《给童年“留白”：让孩子活在自然里的幼儿园》这本书，它让我更向往花草园及关于花草园的一切。

胡华园长曾在书中写道：“幼儿教育工作就是要用自己的生命去影响另一个生命。”花草园的课程是成熟的，公式是可以套用的，但只有当一个人有信仰时，才能够站在一个新的高度去解读生命的状态和意义，才能开始寻找生命中更积极的意义与方向。我感叹这是更高级别的追求，感叹教育何其简单，但责任又何其重大。在我们苦恼之时，甘露园长笑着调侃，说我们还没有到能放下一切的年纪。但幸运的是，我们生活的这个时代，只要愿意，我们就不仅可以尽情地徜徉在西方或东方的文明智慧中，更能通过多种途径受到如胡华园长这般优秀的教育名家的熏陶。在还不能实现“自我管理”的阶段，我唯愿自己可以执着于这种信仰，不走弯路，不走偏路，本着初心，脚踏实地地向优秀靠近。

轻轻合上书籍，我执着于一种追求，努力向着那一处明亮。让我们按着自己的节奏呼吸，让生命肆意绽放。

深圳市龙华区祥瑞华幼儿园　冉芸雷

冉芸雷

感悟

生命本有自己的光芒，教育只是寻找适宜的方法发现并使其绽放的过程。

《完整的成长：儿童生命的自我创造》

【内容简介】

《完整的成长：儿童生命的自我创造》一书告诉我们：人的成长从身体开始，经历情绪、感觉上升到心理、认知，最后到精神升华——这是人内在不同的存在层面，这些奇妙的内在层面将协助儿童创造出一个独一无二的自我。儿童的哪些行为是在进行自我创造、自我成就，书中都有详尽的阐述。

【推荐理由】

这是一本值得家长、教师精读细品的一本好书。书中用大量的实例来表明观点，让我们和儿童一起学习、一起成长。儿童有自己认识世界的方式，而我们成人已经失去了或未曾珍惜创造完整自我的机会，我们羡慕地看着儿童的成长，并借此反思自己。他们的成长令我们啧啧称奇，也令我们从中重获完整成长的机会。借用书中的一句话：“给自己一个机会，让我们一起成长为完整的人。”

图书：《完整的成长：儿童生命的自我创造》

拍摄地点：深圳市龙华区教科院幼教集团附属幼儿园

有质量的阅读

——读姚艳辉老师的读书笔记有感

2018年1月，我们工作室做了一次活动。我和浙江省绍兴市柯桥区中心幼儿园的陈宴园长分别做了题为“心灵的旅程”和“三次眼泪”的讲座。讲座之后，很多工作室成员对我说，我们的讲座让她们热血沸腾，仿佛前面的道路有了光。

我趁热打铁提出了阅读计划，让工作室成员在2018年上交一篇有质量的读书笔记。她们每个人都信守承诺，准时上交了作业。

其实，阅读本是一件平常事。习惯了阅读的人，从来不会觉得阅读需要刻意、克服和取舍，就像我在英国的火车、地铁、公园草地上看到那些阅读的人们安静地沉浸在自己的世界中，阅读已经成为他们的生活方式。

我想，在工作室三年，每个人的成长可能都不一样，但读几本书总是好的。

在阅读工作室每个成员的读书笔记时，我仿佛看见一位位思考者。

她们或在灯下，或在床头，或在书桌边，或在侃侃而谈的发言中。文字里流动的不仅仅是一本书，更是一种思维的美。

因为工作的关系，深圳幼儿园的姚艳辉老师选择阅读《完整的成长：儿童生命的自我创造》这本书。我带着欣喜，一口气读完了她的读书笔记。我想通过她的读书笔记解答什么是有质量的阅读。

首先，一本专业书籍必然能让人增长知识。朱锡庆在《知识笔记》一书中说：“在任何阶段，人类社会发展的唯一动力都是知识增量（获得新知识）。”姚老师在和我微信互动时告诉我，《完整的成长：儿童生命的自我创造》已经出第二版了，两个版本她都阅读过。如果说这本书里有许多解读儿童的知识，我想姚老师是通过一次又一次的阅读习得了这些知识。

知识的习得和积累的过程是漫长的，但一旦完成，也是坚不可摧、稳如磐石的。

其次，人在学习书本中的知识时，也在建构自己的知识。这种建构，是通过自我反思获得的。在反思的过程中，知识不再是一堆毫无意义的堆积物，而是一个批判—反批判—再批判的线索清晰的知识树。

姚老师在读书笔记中谈到对“完整”和“完美”的理解：“我们无法做到完美，但我们可以使自己更完整。”理解了这些之后，我们可以成为每个儿童完整成长的“引路人”，而不会苛求他们足够优秀；我们可以在和同事的相处中坦然通泰，而不会发出“既生瑜，何生亮”的局促心态。我们欣赏完美的状态，但我们脚踏实地地令自己变得更完整。

在读书的过程中，反思也是需要火花的。只有在人们和自己的经验、感受建立连接时，这种火花才会迸发出来，阅读的感受才会更深刻。以前，单位发过一本书《把信送给加西亚》，好多同事看了以后激动不已，写下了启迪心灵的读书笔记，我却毫无反应。至今，我只记得这本书的名字，弄不懂为什么有人会对这本书有相见恨晚的感觉。

姚老师在文章中谈到自己的反思之二是连接——协助儿童完成自我创造。如果你读过孙瑞雪老师从早期开始到今天的书，你会发现，孙老师对环境和教育的理解也在一步步靠近灵性和神性。不管怎样，发掘儿童自身的能量，创造让儿童与自身的经验、感受建立连接的环境，永远都是一种对儿童深层次的尊重。

最后，知识一定是被拿来使用的。知识是活动的副产品，人类习得知识（特别是默会知识）的最佳途径就是参与相应的活动。

在专业书籍的阅读中，最重要的不是你有没有把一本书一字不落地读完，而是书中的某一个片段有没有变成你的实践场，有没有成为你心悦诚服信仰的观点。

在姚老师的读书笔记中，我欣喜地看到了这些。她谈到自己读完这本书后与家长交流的故事时说这是一种有价值的尝试——超越自己过去的经验，用书中的观点来解决问题。

谈到阅读问题，我们常常会用以色列人每年64本书的阅读量来映衬自己阅读的贫乏。其实，一年读多少本书，数字并不重要。

一本书，只有一次次和你的感觉建立连接，一遍遍让你有讲给别人听的冲动，一次次在实践中验证有效，才算真正成为你的书。

在被碎片信息淹没的当下，我们唯愿执一手墨梅芬芳，与好书相遇。

甘 露

2018年3月6日

做帮助孩子完整成长的“引路人”

——《完整的成长：儿童生命的自我创造》读书笔记

一生中，我们会遇到许许多多的“引路人”。蹒跚学步时，父母是我们的引路人；上学了，老师是我们的引路人；工作了，同事、前辈都是我们的引路人。如今，我也成了引路人，引导着可爱的孩子们前进的方向。但是，要做一个合格的引路人，就必须尊重孩子，让孩子能够完整地成长，让孩子能够进行生命的自我创造。

几年前，我有幸遇到了孙瑞雪的《完整的成长：儿童生命的自我创造》这本书，冲着作者，更冲着书名，我毫不犹豫地接连几天深深地沉浸在书里，直到合上书的一刹那，我长长呼出一口气，感觉自己仿佛武林中人得到了一本上好的修炼秘籍，让我洗筋伐髓，重新认识自己的工作，重新认识自己的职责，重新认识自己和孩子们的关系。这本书令我内心焕然一新，成了我职业生涯中的另一个“引路人”。

认识一本书，要从作者开始。在我们的印象中，孙瑞雪，不仅是儿童教育专家，更是家长心目中的“育儿百宝箱”。她的书总能成为妈妈们的“枕边书”，遇到育儿问题了，就去翻一翻，想知道孩子发展的特点，也去翻一翻，总能从中找到答案。她的书中提到的教育模式应该是中国很多家长一直寻找和向往并努力实现的教育模式。

《完整的成长：儿童生命的自我创造》讲述儿童如何和成人创造的“外在世界”建立连接，创造“自我”；如何让儿童在身体、认知、情绪、感知和精神方面成为自己的主人；如何发现并尊重儿童自我成长的力量，引导其成为一个完整的人。

在这本书中，不论是我们平常认为的枯燥的理论，还是生动的案例、有趣的照片，抑或作者对案例精彩透彻的分析，乃至作者自己情感的表述，都深深吸引着我。作者的思想已深深地融入书中，给了我很大的启示。书中的很多观点，如我们对孩子的生命、兴趣、情绪等的尊重，接纳孩子的一切，让孩子感受到更多的爱和自由，让孩子成为完整的人等，有些和我自己的观点不谋而合，有些又带给我新的思路、新的想法和感触。可以说，这些观点改变了未知，加深了已知，与我达成了精神的共振。

接下来，我谈谈对书中一些观点的认识和理解以及给我带来的影响。

一、何谓完整？

什么是完整？完整是完美吗？读完这本书，我得到了答案：完整，并不是完善，更不是完美。我们常说“金无足赤，人无完人”，也就是说，人不会完美，也无须做到完美，当然，也无法做到完美。所以，我们要接纳自己的缺点和不完美，就如同接纳自己的优点和美好。完美，我们做不到，但完整，我们是可以做到的，我们也可以帮助孩子成长为一个完整的人，这里的完整表明一个人是丰满的、立体的、多层面的。我们都知道，人是一个生命体，很复杂，按照书中的说法，生命体是由情绪体、感觉体、心理体、认知体、精神体、灵性体等组合而成的一个奥妙无穷的有机体，是一个生命流动的身、心、灵的复合体（这个说法深深地打动了我）。因此，一个完整的人是一个拥有自我的人，他在生命的中心点，时刻和生命的各组成部分连接着，产生着关系，并成长着，他的生命也以最柔软、最美妙、最喜悦、最智慧、最充满爱的状态和谐地盛开着。反过来说，如果人的发展的任何一部分遇到障碍，其内在的所有部分都会受到影响并出现故障，不完整就出现了。孩子发展中遇到的障碍、内在部分受到的影响，极有可能是成人带给孩子的。如果孩子稚嫩的心灵受到终身不可弥补的伤害，那么孩子的成长将变得不再完整，孩子也就无法成为一个完整的人，我们也就成了一个不合格的甚至失败的“引路人”。这本书让我联想到曾奇峰老师的心理课《足够好的妈妈：60分妈妈VS100分妈妈》，两者之间有异曲同工之妙。作为妈妈，在孩子的成长过程中，我们是要做到100分，成为力争让孩子成为“完美”孩子的“完美妈妈”，还是要做到60分，成为给孩子成长空间，让孩子能够完整成长的妈妈？这需要我们进行取舍。

听到这里，你会问："那怎样做一个完整的人呢？"这本书告诉了我们答案：人的完整需要一个完整的成长过程。要让孩子依靠自己的精神胚胎，借助内在和外在的环境，通过生命的不同阶段，创造出一个完整的自我。这实质上就是儿童自我创造的过程。

我们班有一个叫妞妞的孩子，在小班入园的时候，我们就发现她的身体协调性和运动能力达不到同龄孩子应该有的水平。在户外活动中，遇到难度稍微大一点或具有挑战性的运动时，不管老师如何鼓励，她都绝对不会参与，然后自己找个角落安静地待着。作为老师，我们从不强迫她，也从不放弃，只是在鼓励过后给她一个温暖的笑容。终于在中班上学期的一天，在老师的鼓励下，她勇敢地挑战了园内一个她从未接触过的木质攀爬架，从我们一步一步地牵手、引导，给她建立安全感，到她自己虽不灵活却能够独立攀爬，再到自己独立且熟练地完成攀爬，这其实不是一个容易的过程。虽然这在孩子的生命中只是一个阶段，但却是一个孩子创造自我、实现完整的过程。

二、连接——协助儿童完成自我创造

儿童的自我创造历程是由儿童自己完成的，所以真正的"教育"应当是协助儿童。我们都知道，孩子们生活在自然环境中，生活在复杂的社会环境中，也生活在音乐、美术、语言、数学中，等等，这是他们和万物的连接，这个连接是需要我们协助孩子完成的。我们总是在强调环境的力量，而忽略了环境为什么能对孩子起作用。如果一个环境能对孩子的生命起作用的话，那一定是孩子的心灵和这个环境中的某一事物产生了碰撞或者连接，连接产生了关系，关系使孩子感受到了环境，环境发挥了作用，这是一个循环且非常有意义的过程。接受教育并不是被动地听讲，而是和环境发生连接，从环境中汲取经验。我们要为孩子创造适宜的环境，在这个环境中，我们只是起到引导作用，而创造自己的"教育"过程，则由孩子自己来完成。关于这个问题，可能每个人都有自己不同的想法和做法。

我个人认为，精神环境和物质环境的影响非常重要。我们要为孩子创设

合适的物质环境，这个环境安全、丰富、温馨、自由、开放又富有挑战性，让孩子在这个环境中自己感觉和体验，让孩子有对环境的掌控感，做环境的主人。

我们要为孩子创设合适的心理环境：尊重孩子的兴趣，根据孩子的兴趣生成探究活动；信任孩子的各种能力，相信孩子有自我创造的力量；和孩子在一起的时候，放慢速度，作为一个观察者和感觉者存在，不过度打扰孩子；常常给孩子温暖的拥抱，对孩子说“我爱你”，让孩子感受到更多的温暖；接纳孩子的一切，不仅包括优点，更包括缺点，让孩子对自己产生悦纳感；帮助孩子进行情绪的认知，引导孩子学会合理地管理自己的情绪；理解孩子，不否定孩子的情绪和感受，就像书中所说的，请不要启动自己尚未成熟的情绪去理解孩子的情绪，情绪是孩子的，不是你的，从而让孩子对自己有一个更系统的认知；当孩子出现问题时，“温柔地坚持”，让孩子既能感受到被理解，被支持，又能感受到规则的力量，而不是被禁锢、被束缚。在这样的环境里，孩子拥有自由的身体，更拥有自由的精神、自由的心灵，这才是我们为孩子“自我创造”创造的条件。相对于关注孩子“学到了什么”，我们更应该关注孩子的生命成长，关注孩子的内心，关注孩子的精神。

我曾经看到这样一个现场，一个孩子在探究区玩玩具，沉浸在自己创造的“小世界”中，玩具铺满了桌子，老师走过来，在没有观察、没有了解的情况下，对孩子说了一句话：“这个玩具不是这样玩的。”并且提醒他把桌面上的玩具收起来一部分。孩子被打断，有点不开心，但没有马上“执行”老师的指令，继续专注地探究。过了几分钟，老师再次出现在他面前，重复刚才的指令，孩子不情愿地收起了一部分玩具，桌面看起来清爽了很多，老师满意地离开了。然而两分钟后，孩子兴致索然地收起了所有的玩具，我问他为什么不玩了，他低声说了一句“没意思”……

在这个过程中，我不知道这个老师的想法是什么，或许仅仅是为了让孩子遵守规则，然而他却忽视了孩子的内心，打断了孩子和环境建立连接的过程，破坏了孩子的自我创造。

从业多年，总有家长问我：“我的孩子为什么总是不听话？”以前，我会用很多很专业的理论教育我们的家长，意图用理论改变他们的想法，但往往收效甚微。再遇到孩子“不听话”的时候，家长依旧不理解，依旧抓狂，依旧通过电话、微信求助于我。读了这本书以后，我在自己获益的同时，也对家长提出的这个问题进行了深思，我知道我没有让家长找到孩子“不听话的根源”。后来，家长再问我这个问题的时候，我会告诉家长一句话：虽然我们也是从孩子过来的，但慢慢地，我们都忘了自己当初的想法，总想用大人的方式看待孩子，其实我们都应该学会蹲下来，重新从孩子的角度看待孩子。然后，把这本书推荐给家长看。上个学期，有个家长看完这本书后和我交流，她说的话让我印象深刻：“以前孩子哭闹时我会很着急，有时控制不住会吼他，过后又万分后悔，看了这本书后，我开始学着对自己宽容，我知道世界上没有完美的妈妈，妈妈也需要学习，尤其要学着控制情绪。”这位妈妈还告诉我，她发现当她能够控制自己的情绪，接纳孩子的情绪，回忆自己小时候并尝试着从孩子的角度看待孩子，不再试图控制孩子之后，居然有了意想不到的收获——孩子越来越懂事了。最后这位妈妈还意味深长地总结了一句话：“每个孩子都应该在爱与自由中长大。”听了这位妈妈的话，我非常感动，这难道不是家长成长的过程吗？我觉得这就是心灵的碰撞，这就是心灵的连接。

如果儿童能够成为自己身体的主人，成为自己情绪的主人，成为自己感觉、认知、精神以及心理的主人，那么儿童就能完成自我创造，成长为一个完整的人。

希望我们的孩子们能生活在与万物连接的环境中，与他人连接的环境中。让我们守候在孩子的身边吧！多给孩子一点爱、空间和耐心，引导孩子在爱、尊重和自由中真真实实地生活、长大，尽力让孩子完成生命的自我创造，从而成长为一个完整的人！

深圳市深圳幼儿园　姚艳辉

姚艳辉

感悟

世界上最美好的事情是什么？读书一定是其中之一。读书的时候，使用的是眼睛，调动的是五感，收获的是心灵。世界上最快乐的事情是什么？读书一定是其中之一。读书的时候，心中充满着想象，充满着向往，充满着光亮。

《教育的细节》

【内容简介】

《教育的细节》一书认为细节背后是大故事，蕴藏着深刻的教育秘密，讲述了一个个鲜活的教育案例。全书共分五辑：“活在观念里”“守住教育的重心”“一厘米之变”“教育中的习以为常”“过有思考的教书生活”，道出了鲜活案例中蕴含的思考和启示。

【推荐理由】

这本书每一篇都既有一个与教育相关的故事，也有作者对故事的深入解读，以娓娓道来的方式讲述了学生、老师之间关于教育的故事。细节虽小，却能穿透灵魂，体现育人智慧。

图书：《教育的细节》

拍摄地点：深圳市龙华区教科院幼教集团附属幼儿园

细节，于幽微处动人

2018年的某段时间，中国教育报、人民日报、光明日报等媒体纷纷报道了杭州市拱墅区教育局推出的“推迟半小时上学”“晚10点，不作业”等一系列符合教育规律、顺应民意的政策。我知道，这些政策背后的智慧来自我的导师、杭州拱墅区教育局局长赵群筠。

一、直觉的力量

我打电话给赵老师，询问其决策背后的故事，她说：“都说一日之计在于晨，我们常常把这个‘晨’当成学习、背诵的黄金时间，却忽略了一天的心情和状态也是从早晨开始的。推迟半小时上学的初衷是希望孩子们在上学前能够和父母在一起从容地吃个早餐，从容地在上学路上聊天，在早晨到达学校时，有好的心情和好的状态投入一天的学习中。”

赵老师几乎是不假思索地做了这个决策。2017年8月底，她召集区里的校长们开会，征求了他们的意见之后，很快对全区学校的作息时间进行了调整。

我把她的这种决策称为“眨眼之间”的决断。有些人，天生具有这种能力，他们在眨眼之间做出的决定，或许比三思而后行更具有大师级的水准。在心理学层面，人类大脑执行瞬间决断的部分被称为适应性潜意识（Adaptive Unconscious），基于此种决策方式的研究已经成为心理学中最具影响力的新兴科学之一。

于是，我继续追问她，做出“推迟半小时上学”的决策时，这种“直觉思维”来自哪里。她回答我：“因为，我是一个母亲。”

在孩子十几年的学业生涯中，作为母亲，我们有无数个这样的早晨：我们在路上边走边吃，我们会因为天气变化而匆匆赶路，我们会因为塞车而焦虑不已，我们会在上学路上不断叮嘱孩子好好学习、上课认真听讲……而这一切，都是因为我们在追赶时间。

让我们在脑海中切换一幅画面：餐桌上有热气腾腾的早餐；我们牵着孩子的小手走在上学路上，看看和聊聊季节在大树小草上留下的痕迹；在校门口，挥挥手目送孩子蹦蹦跳跳地走进去，直到他的背影消失在我们的视线中……这半小时，我们可以让自己和孩子在时间面前舒展自如。

我们一直惜时如金，却在追赶时间的路上丢掉了许多生活中的小确幸。增加幸福感最简单的方法是分配好时间，半小时换来的小确幸温暖了我们。

我们认为决策的质量与做出决策所消耗的时间和精力密不可分，大脑会根据不同环境，在意识与潜意识的思考模式中来回转换。此刻，一个母亲的潜意识和直觉完胜理性思考。

可见，直觉背后的内涵远比表象来得深刻，所以才有了一个深谙教育规律、注重教育细节的女性教育局局长“推迟半小时上学”的行政决策。

二、理性的思考

在生活中，我们常常会遇到一些“拍脑袋”决策。头脑发热过后，留下的烂摊子无人收拾，然后留下无数暗礁，后来者不得不制定更多的政策来弥补（当然不排除后来者也是布暗礁者）。因为，对于继任者而言，即使知道这个决策的错误性，也会出于一种官场生态的潜规则，用一句“改革不走回头路”将其轻轻抹去（很多以改革为名的案例均属此类）。

深圳市教育科学研究院阳光测评项目结果显示，每天2小时的作业量对提升学习成绩有帮助，而超过2小时的作业量与学习成绩没有正相关。作为一个即将升入中学的孩子的母亲，我问过很多人，孩子们在深圳残酷的中考压力下（能够考入公办高中的比例不超50%）每天做作业的时间是几个小时。她们中的每一个人都言之凿凿地告诉我：晚上11点前能完成作业的概率不超过20%。“减轻学生过重的学业负担”的导向性政策提出了很多年，但真正实施的学校寥寥无几。

在这样的背景下，一个区教育局局长，提出“晚10点，不作业”“小学生写作业超过晚9点，初中生写作业超过晚10点，可以选择不完成剩下的作业”这样的倡议，需要的不仅仅是勇气，更是一种解决问题、破解困局的理性思考。

那天，坐在深圳一家酒店49楼的咖啡厅，我听赵老师仔细讲述这个决策背后的思维路径。通常，决策的产生包括解决框架问题、收集引导决策的相关信息、反馈以及检查几个步骤。

首先，在政策决策中需要一个基本的价值判断。学生的身体发展和学业孰重孰轻？赵老师说，对学生来说最重要的三个竞争力，首先是健康，其次是善良，最后才是学有所成。所以，她选择了减少作业量来成全孩子的身体成长。

其次，任何决策都需要统计型思维。我们需要把同一时间的多件事情串联起来，系统思考。如果把学生晚10点前完成作业作为决策目标，那么就需要提高做作业的效率和效果。在这个框架中需要了解每个学校的作业量、教师批改作业的方式、作业效果和家长态度。

在做出这项决策前，赵老师给全区的家长发放了问卷调查，83%的家长支持此项决策，6%反对，11%持观望态度。

问卷的好处是什么？从心理学角度来说，我们常常对自己认为熟知的事物确信不疑，因为我们无法了解自己的无知程度，无法确切了解自己所生活的这个世界的不确定性。我们总是高估自己对世界的了解，而低估事件中存在的偶然性。问卷让人清晰地看到确定性。这个统计数据，坚定了赵老师推行新决策的决心。

再次，由每个学校写出自己的“作业减负行动实施方案”，推行“一本作业本”、分层布置作业、教师自己先做作业再为孩子精选和合理改编作业、作业有改必评、评后再纠的二次批改等策略，提升作业的精准度。

这个过程，是作业减负最核心的环节。因为解决问题的专业性和复杂性，所以需要思维过程更慢、更严谨，投入更多脑力，这是理性思考的过程。

最后，可得性思维让决策推行深入人心。整个“晚10点，不作业”决策的制定，经历了大约6个月的时间。在各方面的决策障碍都扫除之后，这项决策在2018年3月推出。当时，正逢两会，教育部频频推出各种为学生减负的改革政策。杭州市拱墅区教育局的这项经过周密思考、可行可信的政策一经推出，便引起了媒体的广泛关注。赵老师说：“改革有三个要素：顺应民意、符合规律、尊重个性需求，我都做到了。”

从我们的人生经历可知，我们总是能够记住发生频率高的事情。当事情频繁发生时，它们之间的关联性会得以增强。所以，大家在看到赵老师做出的这些决策时，会发出感叹：和教育部的决策神同步！在政策影响力方面，赵老师打了一个漂亮的宣传战。

三、教育的细节

几天前，我忽然有了把赵老师的决策过程用心理学来解构一番的冲动。这时，我读到了深圳大鹏中心幼儿园汪秀珍园长写的读书笔记《让教育在细节中绽放》。她细细阅读了朱永通先生的《教育的细节》一书，从园长的角度生出了很多思考和感慨。

赵老师在杭州市拱墅区教育局做出的两项决策和汪园长的读书笔记之间似乎没有什么关联，但是，“细节”一词把两者联系在一起。

在一位优雅睿智的教育局局长面前，教育细节是有温度、有远见、有理性的教育政策；在一位受人尊敬的园长面前，教育细节是一所儿童有期待、有探索、有快乐的幼儿园。

甘 露

2018年3月12日

感悟教育细节的意蕴

——朱永通《教育的细节》阅读分享

我国古代伟大的哲学家老子曾说过："图难于其易，为大于其细。天下难事必作于易，天下大事必作于细。"这句话的意思是说天下的难事都是从容易开始做起的，天下的大事都是从细枝末节处一步步形成的。

近期，我品读了朱永通老师的《教育的细节》一书，颇受启发。朱永通老师曾担任中学语文教师，后来从事教育刊物和书籍的编辑工作，现在是华东师范大学出版社策划编辑，《教师月刊》首席记者、编辑，独立教育研究者，教师阅读推广人。《教育的细节》是他在教育领域多年观察和思考的心得的一个结集[①]。本书虽名为"细节"，却颇有"重量"，是一本蕴含教育情怀、有思想分量的书。"捕捉细节，以小见大"，是本书的一大特色。

《教育的细节》一书将一个个鲜活的案例、一个个引人深思的故事娓娓道来，读之让人欲罢不能。它让我走进一个个教育细节、教育场景，对照幼儿园日常的教学和管理工作，使我产生了深深的共鸣。

一、在细节中履行教育的责任担当

幼儿园管理要从小事做起、从细节做起，将看似微小的事做大，将看似常规的事做深，将看似平常的事做细。"从细节中发现教育的智慧，使自己在工作中做到更加完善。"这是我担任园长以来一个很深的感触。

---

① 朱永通. 教育的细节［M］. 上海：华东师范大学出版社，2015：1.

初夏的风吹散了疫情的阴霾。继中小学陆续开学后，2020年6月2日，幼儿园也终于开学了。孩子们告别了“超长版”假期，回到了阔别已久的校园。沉寂了许久的校园又响起了孩子们的欢声笑语，恢复了往日的勃勃生机。

当天晚上，我收到了一个家长的信息：“汪园长，咱们大鹏中心幼儿园工作做得真是细致，特别是提前两天让家长错峰把棉被送到幼儿园进行紫外线消毒，避免了复学日孩子入园的忙乱；把入园一日常规录制成小视频，让家长、孩子提前熟悉，做到了入园当天的井然有序……这次复学把孩子们送进幼儿园，作为家长，我们真的很放心。”

疫情后的复学牵动着家长的心，复学工作能否做到万无一失，家长对幼儿园复学是否充满信心，孩子对复学后一日常规是否熟知，取决于幼儿园对工作细节的安排和部署。细节决定成败，细节成就精彩。提前拿被子来园、录制小视频……就是这些看似平凡的细节，成就了我园疫情后复学工作的平稳有序。开学当天和第二天，关于我园开学的报道不但上了大鹏教育卫生微信公众号、深圳新闻网，还上了“学习强国”深圳学习平台，得到了上级领导、社会、家长的一致肯定和赞赏。

我们要精心做好细微，反复琢磨细节。其实家长对幼儿园的信任、对幼儿园的肯定、对幼儿园工作的支持，也是从我们对教育细节的重视开始的。因为细节源于对孩子的爱，细节始于对教育的情，细节里有我们的责任担当，细节里有我们对生命的敬畏，细节里有我们深深的教育情怀。

二、在细节中体现对孩子的爱与尊重

“观念”是本书第一辑的主题，也蕴含在其他各辑的论述中。观念的重要性在于它决定了人的行为方向。“看一所学校的教育观念是否对头，不必看校园文化是否有声有色，教育改革是否轰轰烈烈，检查考核指标是否名列前茅，有时一个细节，就足以让背后隐藏的问题暴露无遗。”①

如何成为好老师？如何让教育变得更加美好？朱永通老师给了我们很多启示，其中一点就是让我们先学会从身边习以为常的细节开始反思和探索。他

① 朱永通．教育的细节［M］．上海：华东师范大学出版社，2015：2.

说："真正具有现代意识的教师，总是对教育中那些不容易引起注意的细枝末节，保持反思性的警觉，并努力用实践智慧去完善它。"①

我一直很欣赏陶行知先生的一句话："真教育是心心相印的活动，唯独从心里发出来，才能打动心灵的深处。"只有真正理解和读懂孩子，才能让教育发生。

记得一次中班观摩半日活动，我发现该班孩子有事情总是喜欢找班主任罗老师，即使肖老师就在旁边，他们也要绕过肖老师去找罗老师。我好奇地问其中一个女孩子："你们为什么总喜欢与罗老师说话呀？"她说："因为肖老师总是站得高高的，罗老师喜欢蹲下来和我们说话，蹲下来就和我们一样高了，所以我们都喜欢和她说话。"

我们常说，教育是一门"良心活"，也是一门"精细活"，教师在教育现场的一举一动，都会对孩子幼小的心灵产生重要的影响。"蹲下来和孩子说话"，一个看似细小的动作，却体现了一个全新的教育理念，体现了教师对孩子的尊重，体现了平等的师幼关系。"蹲下来和孩子说话"，我想，应该不只是肢体的蹲下，也是心灵的蹲下，是在心灵深处"平视"孩子。

三、在细节中让教育回归本真

小细节，大理念，细节不细，铸就伟大。关于"细节"与"教育本质"两者之间的关系，朱永通老师在书中通过正反两个方面的例子告诉我们，"美好的教育蕴藏于学校生活中每一个以人为本的细节里"，反之，"教育最大的失败，莫过于没有足够的耐心来做好每一个细节，无法达到呵护人性的目的"②。

将朱老师的理念与幼儿教育相印证，就是提醒我们幼教工作者要以孩子为本。为了呵护孩子的天性，我们要做好每一个细节。这几年，我园秉承"走向自然，阳光成长"的办园理念，坚持让教育回归本真，让孩子自然真实地感受大自然的美好，在与大自然接触的过程中自然而然地获取知识和经验。

"阳光下，一群孩子在草地上奔跑，撒欢儿……"是我们一直追求的教育

① 朱永通.教育的细节［M］.上海：华东师范大学出版社，2015：19.

② 朱永通.教育的细节［M］.上海：华东师范大学出版社，2015：85-86.

场景。我认为，这才是成长最美的样子。

我园去年接待了一位来园参观的家长，她是从国外留学归来的高端人士。记得当时她问的第一句话就是："咱们大鹏中心幼儿园有没有草地？"我说："我带您走走看看吧。"在幼儿园转了一圈后，她说："这就是我理想中的幼儿园，我太喜欢户外这块绿油油的大草地了，因为现在很难在幼儿园看到这么大块的草地了。"

我记得当初幼儿园进行户外活动场地改造时，针对给这块场地种上真草，还是铺上假草或悬浮塑胶地板的问题，大家还讨论过几次。有些教师倾向于铺假草或塑胶地板，原因是真草难护理，假草或塑胶地板容易护理，从管理的角度来说，会更方便，也会显得更干净整洁。最后，大家还是坚持在幼儿园给孩子们留一块充满自然生机的草地。如今，这块富有生命力的天然大草坪，已成为幼儿园中最美的一道风景，给孩子们带来了无穷乐趣和美的体验。

这几年，教育部门一直在强调幼儿园要为孩子们的户外活动提供遮阳设备，这样，在炎热的夏天，既可以保证孩子们的户外活动时间，又可以避免孩子们被紫外线晒伤。

很多幼儿园都采用拉遮阳布、搭遮阳棚、买遮阳伞等方式解决遮阳问题，而我园坚持创新，做到细节上与众不同、细微处别具特色。除了一些遮阳设备外，在一些户外活动场所，我们通过搭果棚、种植爬藤绿植来解决遮阳问题。一个个遮阳果棚，给了孩子们太多的快乐。如今复学了，天气渐渐炎热，孩子们在挂满百香果的遮阳棚下学习、游戏。微风吹来，果叶飘动，一幅人与自然和谐的画面成了我园另一幅美妙的风景。

教育中的这些细节看似平常，但平常中却蕴含智慧；看似简单，但简单中却孕育思想。正如朱永通老师所说："什么是好的教育？答案就藏在教育生活一件件看似琐屑微小的事情中。"[①]复学前让家长先把孩子的棉被送来消毒，蹲下来与孩子说话，户外场地给孩子们留一块大草地，搭果棚解决孩子们户外活动的遮阳问题……一个个细节，都是我们办园理念、教育观、儿童观念的体现，也是践行我园"绿于心，韵于行""绿韵课程"的体现。

---

① 朱永通. 教育的细节［M］. 上海：华东师范大学出版社，2015：191.

“行胜于言”，让我们大家一起行动，做一个细心的人，发现教育的细节，让爱融入每一个孩子心中、每一个教育场景中、每一个管理细节中……

深圳市大鹏新区中心幼儿园　汪秀珍

汪秀珍

感悟

读书，是为了遇见更好的自己。书带给我们坐看云卷云舒的淡然，书带给我们扬帆起航的勇气。愿读书的乐趣，成为我们人生中不断进取的主旋律！

《幼儿园生活化课程：回归传统、自然与本真》

【内容简介】

《幼儿园生活化课程：回归传统、自然与本真》凝聚了中华女子学院附属幼儿园十五年课程探索经验。历时六年成稿，耗时两年校验，这套丛书终于出现在我们眼前，小班的粉色是花蕾的颜色，中班的米色是大地的颜色，大班的蓝紫色是天空的颜色。“生活化课程”是花草园教育探索的核心，既反映了目前国内自然主义教育理念下幼儿园生活化课程实践方面的研究成果，也是联系中国学前教育课程改革实际，体现儿童认知结构和哲学结构相统一的一套全新课程。

【推荐理由】

中国学前教育研究会理事长虞永平教授评价道：这套课程植根于中华文化沃土，以儿童发展为核心，强调课程与自然、文化的深度融合。

图书：《幼儿园生活化课程：回归传统、自然与本真》
拍摄地点：深圳市龙华区教科院幼教集团附属幼儿园

同　行

2020年10月，我有幸来到花草园，
看到眼前的一草一木，
看到幼儿园里的孩子和老师，
眼泪如潮汐，涌上来，又退下去。

我不知道这是什么力量，让我静下来深深地思考。
我每天在幼儿园里转来转去，把每一个活动做得丰富多彩；
使园本课程可圈可点；
让每一个家长由衷感激；
助每一位老师不断进步；
令每一个领导对我满意……

我以为，这够了。
其实，远远不够。

我以为这够了，是因为我没有站在更高的山顶，看到更美的风景。
我以为这够了，是因为我以为精雕细琢之后，可以令技艺游刃有余。
我以为这够了，是因为我觉得千帆过尽，应该皆是春天。

回到原点、回望儿童、回归本心，我们不过是宇宙中的一粒微尘，和儿童相伴一场，完成自己的重生。

技术在下，善良在上；
认知在下，唤醒在上；
责任在下，使命在上。

“乘物以游心”。如果我有幸，能和胡华园长一样，一直用这样的力量行走下去、思考下去、影响下去，也许，内心深处便可以逍遥……

与胡华园长在花草园

写给胡华园长的信

亲爱的胡华园长：

如期而至的美好，终于让我置身于花草园中。

当张芬老师打开您为我们录制的VCR，我看到许多人在静静地流泪。没有了初来乍到的不适应，我们迅速被包围，被温暖。

这是细节之美，您不在这里，但隔着屏幕我们也能感受到这份尊重与用心。为了让我们读懂花草园，您把15年的用心奉上。

这是善意之光，照亮每一个走进花草园的人。在这里，有的人汲取力量，努力绽放；有的人记录童年，倾听成长；有的人追寻理想，向光而行……

站在花草园那方小小的池塘边，我看到金红色的小鱼，仔细地嗅着一片落在水面的树叶。那一刻，世界好安静。我愿意变成那条小鱼，留在这花草园里，感受四季之美、自然之美。

随着生命的流动，我对世界、对教育的认知越来越清晰，也可能越来越接近原点。理想的幼儿园，在对岸忽隐忽现。教师、儿童、我自己，站在远处轻轻挥手。满怀喜悦与坚定，我朝对岸走去。

甘 露

2019年10月30日于北京

遇见“生活化课程”，遇见美好的教育

——读《幼儿园生活化课程：回归传统、自然与本真》有感

2017年，在读了胡华园长的《给童年“留白”：让孩子活在自然里的幼儿园》后，我开始关注花草园的公众号，看花草园里发生的课程故事。第一次听到“生活化课程”时，尽管脑海里对它究竟是个怎样的课程没什么概念，但“生活化”三个字足以唤起我内心的好奇和渴望。“生活化课程”，让人想到的是阳光下老师和孩子们自由地奔跑、玩游戏，是孩子们随性自由地玩着玩具，是孩子们三三两两坐在一起聊天，是不被追赶的生活。带着一份渴望，一份憧憬，我开始想象它在幼儿园落地生根的样子。两年之后，《幼儿园生活化课程：回归传统、自然与本真》终于出版了。整套课程含大、中、小三个年龄段，每个年龄段分为上、下两册，共计六本。拿到书的那一刻，我迫不及待地打开，一口气读完了秋季课程。读完的那个星期，我的内心久久不能平静，无法从“生活化课程”中跳出来。

“生活化课程”是自然的、生活化的。花草园的“生活化课程”围绕一年四季的更迭，以孩子的生活为依托，选取有价值的内容开展主题活动。三月春风始，是阅读的好季节；四月万物复苏，宜种植；五月风和日丽，自由探索；六月儿童节，将时间交给孩子；七月学期将结束，回归与期盼；九月新学期伊始，充满憧憬；十月社会实践月，踏上寻根之旅；十一月绚丽多彩的秋季，进行艺术创造；十二月万物归至，专心制作美食；一月，一年的时间接近尾声，回顾与感恩。此外，“生活化课程”中有很多细微处的考虑。以九月的课程设计为例，小班孩子初入园，面临的是一个全新的生活环境，难免产生焦虑的心理，我们在课程的设计上便聚焦“嗨，你好”的主题，以孩子们每天遇到的

人、看到的风景为线索开展课程。同样是九月，中班则以成长的概念设计了“我上中班了”的主题，大班设计了“我在幼儿园的最后一年”的主题，引导孩子关注自身的成长和变化。在“生活化课程”里，生活和课程已然融为一体，生活即是课程，课程融入孩子每天的生活，孩子和老师可以不急不缓地按照自己的节奏学习、生活。

“生活化课程”里有自然、灵性的儿童，有完整系统的结构，本质上是帮助儿童形成三个联结：与自然的联结、与社会的联结、与自我的联结。这三个联结的核心在“儿童”，这点无论是在环境的创设还是在课程的设计上都得到了很好的体现。花草园的环境多以自然为元素，葡萄架、小池塘、小菜园、小河桥比比皆是。在灵动自然的环境中，孩子们感受着“天地之气”，也因此拥有了灵性的翅膀。在这里，孩子的学习是一种心灵的体验，他们以天真质朴的本真之心与世界的本来面目相对。孩子们也是环境创设的主人，他们的创意作品，如自制标签、“艺术月”的作品等都变成了幼儿园实实在在的环境中的一部分。在课程实施上，“生活化课程”采用“3+1+1”的模式，每月一个大主题，一周一个小主题，从一个开放性的问题开始。“3”代表前三天的小组教学，孩子和教师将围绕预设的一些话题展开讨论；第一个“1”指周四的分享总结，教师利用思维导图，将孩子零散的信息结构化，帮助孩子形成新经验的同时提升他们的认知能力；第二个“1”代表“畅游日”，当天孩子们可以自由选择玩伴，选择幼儿园的任何角落自由游戏，以游戏化的方式呼应与拓展前四天的学习经验。“生活化课程”中有预设的概念，但同时将生成课程的很大空间留给孩子和教师。透过课程，一个个完整、独特、自然、灵性的儿童跃然纸上。

传统文化与现代文明在“生活化课程”中相遇。胡华园长曾经提到，“生活化课程”有两个视角：一个是基于儿童的视角，另一个是基于文化的视角。我们不能忽略我们的教育对象是“儿童”这个事实，但与此同时，我们要思考我们要培养“什么样的人”这个命题。我们生活在当下、生活在中国，我们理应清楚我们的父母、祖辈、国家的过往。我们培养的是对父母、对故乡、对国家有情感、情怀的中国人。在“生活化课程”设置中，有很多寻根之旅。例如，在“认识自我”这个大主题下，孩子们会先从爸爸妈妈的故事开始，过渡到小时候的自己，再逐步过渡到对自我能力、情绪情感的探索，最后到未来的展望。在“我的家乡”主题中，教师鼓励家长带着孩子走访北京的各个角落，了解过往的故事，同时鼓励孩子大胆畅想未来，想象20年后北京的样子。在帮助孩子理解“冬藏”这个概念时，花草园的教师和孩子一起探寻从古至今食物冬藏的方法，并以实际操作的形式带领孩子们效仿古人“冬藏”食物，感悟古人的智慧。此外，扎染、花草纸制作、庙会迎新等日渐淡出我们视线的多种传统文化也频频出现在活动中。在课程中，我们唤醒了那些珍藏在我们内心深处的回忆，拾起了那些广为人知的故事，看到了课程线索与民族文化基因的有效融合，我们的内心时刻感受着温暖，不断地被触动。

“生活化课程”的背后是专业的教师。在阅读《幼儿园生活化课程：回归传统、自然与本真》时，我会特别留意每周活动后教师写的教育笔记。透过这些教育笔记，我们能清楚地看到课程设计的缘由、课程实施过程中教师的所思所想以及课程结束后教师的感悟。我时常惊讶于花草园教师的专业能力。他们是有准备的教师，在活动开展前进行系统的思考，不做无效的提问，活动过程中他们清楚地意识到并履行好自己观察者、倾听者、支持者的角色；活动后的反思不仅仅针对活动本身，而且以系统、深入的眼光来分析活动，评价孩子和家长在活动过程中的参与和表现，字里行间透露着哲学思维和深厚的文化底蕴。教师的专业不仅体现在具备系统专业的知识，更体现在教师与孩子之间建立的情感连接。在花草园，教师与孩子共同营造了一种自由讨论的氛围。在这种氛围下，孩子们可以大胆、自由地表达自己的观点，而教师更多的是用心倾听、理解和尊重孩子，并想办法支持孩子将想法变成现实。教师与孩子相处的感觉是自然的、真实的、温暖的，而自然、真实的东西也是最打动人心的，对人的影响也最持久。

在花草园，孩子们可以好好吃饭、好好游戏、好好生活，是我们希望看到的孩子的样子：简单、真实、美好。但这份简单、真实、美好又是那么难能可贵！幼教人身上有太多的包袱，有些来自思想层面——视野限定了我们的想象；有些来自现实条件的限制——我们艰难地在现状中寻求改变和突破。感谢花草园，感谢《幼儿园生活化课程：回归传统、自然与本真》，为我们呈现了一个理想的幼儿教育样态。致敬课程背后那群对专业有着执着追求的教育者，致敬你们精耕细作的匠人精神！

深圳市龙华区教科院幼教集团附属幼儿园　龚桂红

龚桂红

感悟

阅读是一个透过笔墨书香，与智者对话、与自我对话的过程。任时光流淌，任文字流向心间，任思绪延展，我们在对话中不断找寻自我、丰实自我。

《儿童的一百种语言》

【内容简介】

卡洛琳·爱德华兹、莱拉·甘第尼、乔治·福尔曼编著的《儿童的一百种语言（转型时期的瑞吉欧·艾米利亚经验第3版）》（以下简称《儿童的一百种语言》）充分体现了瑞吉欧幼儿教育的精髓，融经典性与理论性为一体，为幼教工作者提供了瑞吉欧的幼儿教育经验，让读者能够了解其理论基础和实践策略。

【推荐理由】

瑞吉欧教育其实是一种不断进化的、充满生命活力的体系，不是一个呆板不变的可以被简单复制的范式。“一百种语言”阐述了孩子多种自我表达的方式，“一百种语言”创造了现实并使其变得有意义，“一百种语言”建立在倾听的课程之上，为教师提供了破解孩子发展密码的钥匙，让教师能亲身体验孩子在进行高层次思维活动时产生的兴奋感。

图书：《儿童的一百种语言》

拍摄地点：深圳市龙华区教科院幼教集团附属幼儿园

教师的一百种语言

2020年6月的最后一周，韩杰梅老师来到深圳市龙华区教科院幼教集团附属幼儿园。上楼梯的时候，她一边走，一边细细品味走廊上的画。这是疫情期间教师们的美术作品，他们把自己对教育的理解浓缩为一句话、一幅画，展示在墙上。

韩老师说，为什么你们的教师画得这么真切动人？幼儿园和中小学太不一样了，到处都是灵动的色彩啊！我说，这是我们幼儿园教师的一百种语言啊！

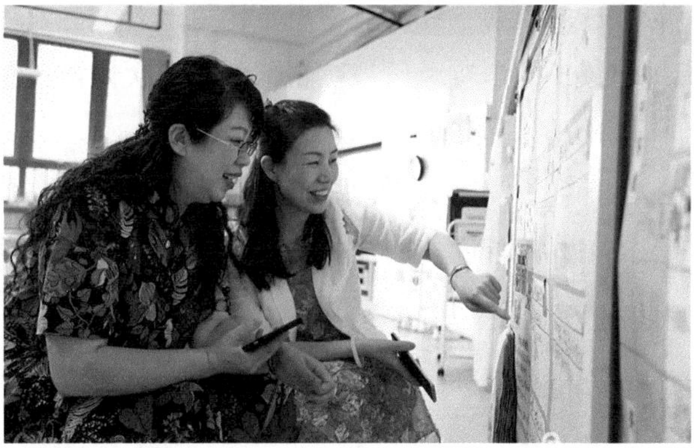

韩杰梅老师在龙华区教科院幼教集团附属幼儿园欣赏孩子的表征作品

在很多场合我都推荐过《儿童的一百种语言》这本书。它是记录瑞吉欧教育思想的一本经典学术著作。意大利的教育家、家长及市民一起努力建立了这个公共的儿童保育体系，被视为欧洲教育改革的典范。瑞吉欧教育模式是20世纪最具影响力的幼儿教育实践模式。《儿童的一百种语言》应该成为幼儿园教师案头的工具书。

教师在不断靠近儿童，理解儿童的时候，他们自己在哪里?

他们在自己的世界里。他们通过不断学习新的知识，产生新的经验。疫情期间，有人听完了大学的心理课，有人听完了喜马拉雅的哲学课专辑，有人收看了30多节网易公开课，有人购买了日敦幼师社的生活化课程，有人让“学习强国”积分冲顶，有人把名师课堂浏览了个遍，有人学习了所有我推荐的免费课程……通过各种各样的课程，我看到了他们各种各样的兴趣、天赋和选择。在每一个教师独立、自由而丰富的精神世界里，蕴含着他们走向未来的力量。

他们在大家的世界里。各种思想的不断交流碰撞，产生了火花。疫情期间，我们的企业微信、腾讯会议被最大效能地使用，20多场次的教研中，有真知灼见，有天真提问，还有无厘头的丰富联想。信息时代是外向的、连接的，协同效应之下，他们通过与他人并肩，寻找提升专业水平的路径。幼儿园课程改革的任何时候，都需要这种连接的力量。

他们在儿童的世界里。疫情期间，他们会把自己最擅长的教学内容用云课的方式存储在企业微信里，让孩子们随时观看。他们在每一个特殊的时间节点，在全国各地、天南海北一起聊天，分享孩子的居家日常。6月2日孩子们返园，他们带着一份重逢的欣喜，在幼儿园里重构更亲近、更温暖的师生关系。他们接纳和倾听每个孩子的声音，珍视孩子们的每一次惊奇和发现。在每个孩子那里，他们拥有了看不见的力量。

幼儿园教师在画里说：“牵着你的手，慢慢陪你走。”“在倾听中，慢慢懂你。”“和你一起，向世界发问。”“你的一万种尝试，我都愿意陪伴。”……

吴婷老师作品，从事幼教行业8年

唐文青老师作品，从事幼教行业12年

严玉珠老师作品，从事幼教行业4年

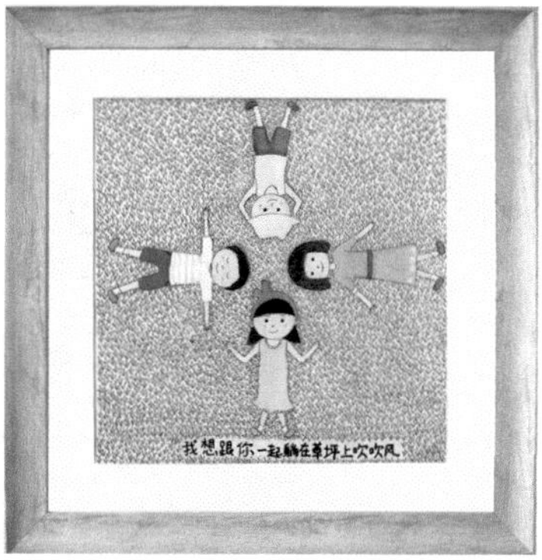

陈珊珠老师作品，从事幼教行业2年

教师的一百种语言，是爱，是专业，是尊重，是真心俯下身来，靠近儿童、理解儿童、温暖儿童。

教师的一百种语言，是欢喜，是接纳，是欣赏，是相信儿童拥有无与伦比的与世界、与自然、与自己对话的能力。

教师的一百种语言，是发掘，是激励，是创造，是坚信每一个独一无二的儿童都是大师，可以创造无数个精彩的世界。

孩子们上下楼梯的时候，也会把这些画一一看过。有些字，他们认识，就大声读出来；有些字，他们不认识，就小声讨论画里自己喜欢的一朵花、一棵树、一条裙子或一个小姑娘。

他们，懂我。

甘 露

2020年6月27日

一百种倾听

——读《儿童的一百种语言》有感

《儿童的一百种语言》这本书是我们幼教工作者案头的工具书，它讲述了：“孩子有一百种语言，一百双手，一百个想法，一百种思考、游戏、说话的方式，一百种倾听、惊奇、爱的方式，一百种歌唱与了解的喜悦。”瑞吉欧·艾米利亚出生在意大利北部的一个小镇，其卓越的幼儿教育理念熠熠生辉，成为全世界教育家的灵感来源。瑞吉欧教育体系鼓励儿童通过各种可“表达的、交流的和认知的语言，探索周围环境及表达自我”。

看完书中对瑞吉欧·艾米利亚这个地方的介绍，我想它会成为我们所向往的地方吧。它除了向公民提供高质量的文化服务外，还提供优质的婴幼儿中心与幼儿园服务，在这样的教育系统里，许多优秀的教育工作者为幼儿教育奋斗终生，并致力于找到更好的教育方法来为这个社会的儿童提供服务。在这样的社会氛围里，儿童能感受到社会的关怀，因此他们长大以后就会以关怀他人来回报社会，成为优秀的工作者和公民。在这里，良好的人文环境才是最宝贵的财富，教师为孩子默默无闻地付出，家长也默默无闻地参与和贡献着，教师和儿童之间、教师和教师之间、教师和家长之间、学校和社区乃至社会之间默契地合作与交流，无时无刻不在传递着对处于该环境中人们的兴趣、权利、需要以及能力的尊重。

书中给我留下印象最深的是第三章——马拉古齐的故事、其他人的故事以及尊重儿童。“从爱孩子到尊重孩子”这一节中提到，对幼儿的尊重并不意味着采用被动或袖手旁观的态度，甚至可以经常提出反对或者干涉的意见。尊重和爱类似，但没有尊重的爱会遮蔽双眼，成为束缚。我们必须给孩子提供那些可以激发他们兴趣和天赋，并增强他们实践和思考能力的环境。还有第四章中提到的公众的幸福，它存在于公民能够负责地参与公众事业与公众生活之时。无论在哪里，无论男还是女，年老还是年轻，富裕还是贫穷，高还是矮，聪明还是愚笨，每个人都强烈地渴望被发现、被倾听、被承认、被尊重，由此形成了瑞吉欧建立和尊重共同生活的社会规则，以及互惠合作的城市风格。

在日常教学活动中，应怎样让儿童在他们的世界里健康、快乐地成长呢？下面，我以读完《儿童的一百种语言》这本书后的一些体会和感悟来回答。

第一，学会尊重和理解儿童。就像书中所说的那样，要尊重与孩子有关的一切，将孩子视为独立的个体，尊重孩子的想法并接受他们的个体差异。在孩子的眼中，世界到处都是陌生的，他们以自己的方式探索奇妙的事物，方式可以是看、听、闻、触摸……但没人知道他们下一秒会用什么手段去探索和表达自己的思想、对世界的感知。因此，儿童有一百种语言、一百种可能性。探索的天性使他们不遵循成人的思维方式，有时这使我们感到惊讶。作为教师，我们只能在尊重儿童的好奇心和丰富的想象力的前提下，更加贴近他们的世界，了解他们的想法，并确保提供更多正确的帮助和教育。

第二，学会听。本书解释了“听”的许多定义。例如，听是一个主动动词，它包括给予解释、赋予意思和倾听他人意见；听是学习的基础，学习是通过行动和反思在主体的思想中发生的，通过想象和交流成为知识和技能。这本书使我对“听”一词有了更深刻的理解，还教会了我如何科学有效地倾听儿童的声音。在日常教学生活中，我们必须与儿童交朋友，倾听儿童的发现和梦想，全心全意地关注儿童，进入儿童的内心世界。实际上，书中的倾听更多是面向观察的，我们每天制作的各种记录都是针对儿童的一种倾听。例如，我们记录孩子的情绪、社交互动、手动操作、集体教学等方面的变化，并寻找变化的原因进行相应的个人教育，因为只有认真观察和理解孩子生活中的快乐和悲伤才能更贴近孩子的心。

第三，认识教师的基本作用。我们经常说教师在儿童教育中扮演着支持者、促进者和合作者的角色。为了充分尊重孩子，有必要给他们空间，倾听他们的表达。马拉古奇在书中说：“要给出定义以说明幼儿教师工作的整体含义和程度并不容易。”确实，关于教师角色的定义是综合性的、多维的并且是经常变化的，它随着社会不同时期儿童的家庭和社会需求的变化而产生新的内容。在对话、共同行动和共同建构儿童知识的过程中，教师的角色集中在专注和启发式倾听上。教师需要使用一种有趣的对话形式来走近孩子，并感受他们的情感和好奇心。由于生成课程或预设课程的运用，教师时常要面临挑战。对教师而言，比较有难度的任务是帮助儿童发现足够大、足够难的问题，让他们花费足够的精力和时间反复思考。每天会发生很多事情，只有某些事情可以计入这类问题，教师要探寻某个流逝的、重要的或者值得期待的时刻，并帮助儿童将这些时刻吸纳到他们未来的生活之中。就如文中所说，我们需要这样的幼儿教师，他是指导者，是策划者，是观众，是鼓励者，有时又是严格的要求者和质疑的评判官。

第四，借用书中反复出现的一句话：孩子有一百种语言，一百双手，一百个想法，一百种思考、游戏、说话的方式，一百种倾听、惊奇、爱的方式，一百种歌唱与了解的喜悦。希望我们在未来的教学中用新的眼光发现不一样的孩子，使他们健康、快乐、幸福地成长。

深圳市龙华区书香小学附属华府幼儿园　殷婵

殷婵

感悟

我喜欢在一个晴朗的午后，沏上一杯香茶，在缕缕轻雾中捧起一本书，品着茶香，反复咀嚼、品味每一个字、每一句话……阳光温柔地洒下，一丝丝地，透过皮肤进入血液，伴随着书中的文字，让我的心暖暖的。

高质量学前课程

——读《儿童的一百种语言》有感

畅游在书海里能让人找到精神的寄托，万千书目中的《儿童的一百种语言》一书让我很受启发，每每阅读都让我感受颇深。因此，我希望用文字将学习到的知识与大家一同分享，让我们在幼教专业的道路上一起前行。

通过对这本书的精读，我们不难发现，一个高质量的课程体系，是经过不断进化、演变和再造的。世界上唯一不变的就是“变”，没有一蹴而就的课程，有价值的课程都是在不断更新观念，进行实践检验，形成最终方案的过程中形成的。我们要认真汲取本土文化的养分，辩证地吸收国外先进的教育理念，为培养具有中国文化底蕴、具有国际化视野的儿童打下良好的基础。为此，我们应关注以下几个方面。

一、政府对学前教育的重视，关系着学前教育的发展状况

在瑞吉欧·艾米利亚，市长和政府相关部门的领导非常重视学前教育的发展，如出台一些学前教育法律、法规，将学前教育纳入市政工程，以时间投入、空间投入、经费投入等方式进行全方位的参与和支持，还积极与相关教育资源合作。由此可知，一个良好的学前教育面貌，一定是基于国家、政府，乃至整个行政管理部门对教育的重视。我们今天看到的瑞吉欧教育体系为什么让世界幼教同行都如此青睐？是因为在它背后有着强大的后盾，整个国家、政府、人民全程参与教育，这也形成了他们对教育本身的独特见解，所以受到了世界幼教专业人士的瞩目。

我们会发现，瑞吉欧不只是一个教育体系这么简单，在它成功的背后，还

有一些其他因素，如国家的文化、历史，也是瑞吉欧教育体系如此完美的因素之一。所以，当我们尝试去学习或模仿某一个先进课程的时候，需要先弄清楚这个课程的前因后果，有一个全面的认识后，再与本国、本地、本园的实际情况进行比较，分析本园借鉴该课程的可行性，不要盲目地照搬，以免到头来只落得东施效颦的结果。

二、课程资源的开发与利用，助力学前教育的发展

我们还发现瑞吉欧教育体系非常善于挖掘本土文化和社区相关的教育资源。当地的人民对生活充满着积极向上的态度，每一个人都热情友好，城市整洁而干净，他们通常将特色的农产品——麦穗，送给参观的友人。随着对瑞吉欧教育体系的了解，我们透过他们的课程，看到老师们将极具特色的文化直接融入孩子的生活和游戏中，让孩子们潜移默化地吸收。瑞吉欧的教育工作者认为，孩子不仅可以传承本土文化，还有创造和改变世界的能力。老师们一致认同，好的教育方式一定是基于对文化的传承、浸润，对儿童权利的保护，以及尊重和平等地对待每一位儿童。

除了对文化的传承之外，老师们还会连接家庭、同伴、学校、社区相关的可利用资源，进行开发与整合，尽量将这些资源的作用发挥到最大，以此来满足儿童的学习与发展需要。由此可见，教育的发展需要开发和利用各种能为己所用的资源，并将各类资源进行二次整合利用，我想这也是瑞吉欧教师在资源利用中的成功经验之一。瑞吉欧教育如此先进，乃至经久不衰，无不与它整合了很多相关的资源有关。所以，我们看到世界很多国家的幼教同行、教育研究者、教学实践者，都在模仿它，都在借鉴它的教学模式。我们不能一味地模仿，要力争超越，从中汲取更多的养分和精华，再结合我国优秀的本土文化，在教学实践中逐渐形成自己的课程特色。

三、立足于教学理论与实践相结合，做一名专业的幼儿教师

瑞吉欧教育体系最让我惊奇的是，它的理念研究与实践操作几乎完美结合，这也是我读完这本书之后感触最深的地方。反观我们自己的教育实践，我们会发现两个普遍存在的现象：一是很多幼儿园理论扎实的高学历学前教育研究员，说得条条是道，可一旦到了实践现场，就很难发现问题的关键点并给出有效指导；二是有多年带班经验的成熟教师，知道如何合理组织孩子的活动，也能够做到良好的师幼互动，可一旦上升到理论层面就说不出、道不明，实践缺少理论的支持，长期卡在进一步发展的瓶颈之处。所以，我们要思考如何将理论与实践完美结合，如何做好两者之间的连接，这也是很多幼儿园教学管理者和教师急需解决的问题。

其实在瑞吉欧的教学实践中也出现过类似的问题。为了解决这些问题，它的教师抽出大量的时间和儿童一起游戏、一起学习、共同思考，持续关注儿童每天的活动情况，用摄像、拍照的形式记录儿童的表情、动作，然后将这些碎片化信息收集起来，为每个儿童精心设计他们感兴趣的活动，并积极地研究相关信息，形成研究报告。在这样的教学模式下，教师的专业成长是飞速的，状态是积极参与和享受的。他们认为只有不断地与儿童沟通、交流，了解儿童的内心所想，才能更好地为儿童服务。

所以，我们看到瑞吉欧的教师大量收集这些信息后，会为每个儿童建立相关的成长档案，并组成研究小组，反复琢磨和推敲儿童的成长档案。成长档案也是他们工作中非常重要的一个环节，教师观察每个儿童的作品，分析儿童作品背后的意义，深入研究这些作品背后可能存在的、可挖掘的教育价值，并不断地了解儿童的学习发展状况，基于每个儿童的兴趣，积极地为他们设计适宜有趣的活动，支持他们的可持续发展。

在儿童的成长档案中，我们看到了儿童作品是形式多样、丰富多彩的。教师们尊重每个儿童的表征方式，如绘画、文字、涂鸦、特殊的符号、设计的图片、陶泥雕塑等，并将这些作品整理成册。在每一个作品旁边，教师都会记录客观的文字信息，反映孩子当下的活动情况。课后，教师们围坐在一起，交流、沟通、反思，提出不同的观点和建议。

因此，在幼儿园里成立一个研究小组非常有必要，而且每天应该给教师提供固定的时间围绕一些问题展开讨论。作为管理者，我们应该看到教师对教学实践的思考，尊重来自教师的不同声音，充分给予教师表达的机会，让他们在畅所欲言、宽松自由的教研氛围下自主成长。

优秀的教师都是在实践中不断反思而发展起来的。教师要学会提出不同的想法，抛出不同观点，让大家共同思考、集思广益，并借鉴其他教师良好的教学策略，用于自己的实践中。只有立足于“现场实践—共同研究—抛出观点—

寻找解决策略—回到实践现场—提炼观点—形成理论”这种螺旋上升的教学模式，教师才能不断地发展。

我想，真正的教育就应该尊重大家的思考，保护大家的观点。我们不做形式化的教育，要基于实际情况，立足于教学实践，提炼教育观点，形成独特的教育理念，真正发挥教育的最大价值，为儿童的学习与发展奠定良好的基础。

深圳市龙华区振能学校附属观壹城幼儿园　田　斌

田斌

感悟

儿童的世界是丰富多彩和充满好奇的。我们要尊重每一个儿童的身心发展规律，让他们快乐成长。我们也相信儿童是有能力改变世界和创造奇迹的。我们不妨静下心来，耐心倾听，一起畅想属于他们的天地。

《发展适宜性实践：早期教育课程与发展》

【内容简介】

卡罗尔·格斯特维奇著、霍力岩译的《发展适宜性实践：早期教育课程与发展》探讨了发展适宜性实践的概念，介绍了发展适宜性实践的一般原则，提出游戏是发展适宜性实践的核心，描述了教师在建设适宜性课程中的作用。

【推荐理由】

本书旨在帮助教师和学生在他们的早期教育实践中尝试发展适宜性实践。书中的观点具有实践性和综合性，广泛适用于各类早期教育机构。每章都有清晰的学习目标、教师评论和师生互动的具体例子，使得书中的观点和建议更加真实。每章都会围绕教师在教学中遇到的共同问题进行讨论，结尾部分以及教师指南中列出了学生要进行的练习，旨在帮助学生积极反思各种概念以及应对在不同环境中发展适宜性实践遇到的各种挑战。

图书：《发展适宜性实践：早期教育课程与发展》
拍摄地点：深圳市龙华区教科院幼教集团附属幼儿园

一场讨论引发的思考

——再谈发展适宜性实践

因为疫情，我们停下了脚步。幼儿园没有开学，留下更多的时间让我们开展线上学习。

陈宇华老师身在美国，情牵国内学前教育，也加入了公益直播课程。我们学前部四个人，在办公室用小音响听着直播课，仿佛回到学生时代。

我听完，抑制不住交流的欲望，马上开始头脑风暴。

不想一节好课如清风般抚过，不留痕迹，所以，必须记录，必须分享。

就如一盏茶，品过，唇齿留香，回味悠长……

陈宇华是“海森高”教育首席专家、哈佛幼教专家、美国幼教年会专家导师。

甘露：为什么推荐大家看陈宇华老师的这个视频？是因为我发现角色游戏是很多幼儿园在游戏教学中最弱的一个部分。它受制于很多因素，比如儿童的原有经验、材料投放的适宜性和有效性、教师引导的有效性、教师对角色的教育价值判断以及儿童本身对角色的认知。所以，角色游戏的水平，某种程度上能代表一所幼儿园的游戏水平和教研活动开展水平。

强瑞：在《发展适宜性游戏——引导幼儿向更高水平发展》中提到，儿童的游戏分为三种：混乱失控的游戏，简单重复的游戏，有目的的、复杂的、能够让儿童聚精会神的游戏。不同的人在听这个课时会有不同的感受，他们接受知识的侧重点也是不一样的。

甘露：这取决于每个人各自的知识积淀。过去我们常常从儿童社会性行为的角度将儿童游戏的发展分成四个阶段，即独自游戏、平行游戏、联合游戏和合作游戏。但随着我们对儿童及其游戏中的行为表现等方面的认知不断丰富，我们开始从各个角度评价孩子的游戏水平，如我们通过观察孩子游戏中的互动，来了解孩子的游戏水平。不管游戏材料的种类和数量如何，孩子都有可能表现出较高的游戏水平。如沙水区，这个区域的材料是低结构的，但孩子却可以长时间投入，制作出各种的山洞、城堡等。这不禁让我们反思，为什么仅有这些简单材料，孩子也能玩出高水平的游戏呢（孩子进入心流状态）？其实孩子游戏中需要的材料究竟是怎样的并不重要，我们评定孩子的游戏水平，主要是通过孩子的神情、语言、行为、合作情况和持续时长等方面进行的。

强瑞：我想到了两个场景。第一个场景是和教师进行关于儿童游戏观察的教研活动。教师会存在这样的问题：不知道在游戏中何时介入。比如，一个小班孩子在给娃娃穿衣服时，因为精细动作发展还不成熟，不能顺利地给娃娃扣扣子，于是请求教师给予支持，教师帮助孩子扣扣子，但这一过程中可以看出这名教师其实是犹豫的，不知道自己这时该不该介入，是给孩子锻炼的机会，还是给予帮助？所以，我们作为教管人员，要清晰地给出教师关于“介入”的概念以及要点与策略，即何时介入，介入后如何处理孩子的需求。

第二个场景是关于我女儿的一个故事，她在完全自发的情况下，拿着小扫把假装小提琴进行游戏。那一刻我在想，我应该如何参与或是介入到她的游戏中？于是我放了一段小提琴的音乐，然后她就跟着音乐“演奏”，我无形中已经在支持她的游戏。

所以我觉得，我们首先要让教师清楚地知道何时介入，以及自己的角色是什么。

甘露：我们在评课的时候，都会提到介入的问题，但孩子游戏的情境有一万种可能，不同的情境需要采取不同的介入方式。所以，当情境或区域发生变更时，教师就不知道应该采用哪一种介入方式了。这个问题应该怎样解决？

卢亮辉：我觉得如果一个教师会玩，那他的介入会相对有效。因为我们知道，教师在和孩子相处的过程中其实具有多种身份，要根据不同情况进行身份的转换，而其中一种身份就是同伴或游戏参与者。教师放低身段，真实地、全身心地和孩子玩在一起，就能和孩子一起感受游戏给人带来的愉快体验，教师和孩子之间的心理距离就会缩短，和谐的师生关系就会产生。在这样的情境下，教师的介入就是有效的。我们需要认识到，其实孩子需要的教师的介入是陪伴，或者说孩子需要一个可以分享、合作和协商的同伴角色。

所以，教师在介入时，要忘却他们习以为常的一个身份——“教”的身份，控制好自己“想教”的冲动。虽然教师的出发点都是为了孩子，但只有清楚地知道应该以什么样的身份介入，才能收到有效的介入效果。当发现孩子再次投入游戏当中时，教师就可以从游戏同伴的身份中抽离出来，重新转变成一个观察者，将在之前的互动中，幼儿的语言、行为等表现进行回顾与记录，并进行后续的观察，以此有效地完成教师角色的转换。

甘露：所以教师变成参与者的前提是“会玩”，然后要忘掉“教”，这是介入的一种路径。

胡佳林：还有一种路径，教师不是作为参与者。研究者尝试将“海森高”课程加入中国的幼儿园一日活动中时，发现它并不能有效地提高中国幼儿教育的质量。李辉博士对中国的幼儿园教育进行研究发现，目前，只有将有学习指向的区域活动和主题探究相结合，才能平衡孩子主动性和教师主动性的关系。针对幼儿园的实际情况和师生比很高的现状，教师在介入孩子的游戏时，必须有“教”的意识，但也不能强化这个意识，因为孩子之间具有差异性，不能以同一的标准去教导孩子，而且如果教师过分地强调“教”，那么孩子得到的知识经验就是机械性的记忆，并不是内化的经验，甚至只是在某一模式下的动作再现，这对孩子的发展并不会产生积极影响。

甘露：有些教师“教”得不好，选择的支持策略不当，还不如选择以同伴的方式和孩子玩在一起。其实我们在投放材料时、在和孩子一起玩时，已经将我们的教育目标隐含其中了，那就是用“有准备的环境”去支持孩子的学习，而不是没目的地和孩子玩，没目的地投放材料。

从《维多利亚早期学习和发展框架》中，我们知道游戏可以分为三类：引导性的游戏、成人主导的游戏及以儿童为导向的游戏。这三类游戏是交织在一起的，因为在最有效的学习环境中，这三种情况都有可能发生。

所以，我们在开展游戏教学时，要给教师几种路径去介入。而在以儿童为导向的游戏中，教师不需要过多地介入。但在引导性的游戏中，教师需要给予引导，因为这种游戏是具有教育目的性的，如角色区游戏，角色区的创设隐含着教师的教育目的，所以在孩子游戏的过程中，教师需要进行观察以及介入和延伸。

那么，我们需要解决的一个问题就是如何观察游戏，这是我们教师的痛点。很多教师会模仿其他幼儿园来投放材料，但是在师幼互动的过程中我们发现，他们的观察和指导跟不上了，所以我们会看到琳琅满目的材料却看不到有意思的游戏。而有些教师完全放养，有些教师全程紧跟，有些教师手足无措。在这样的时刻，教师显得比孩子更无助。

作为教研员，我们到一所幼儿园的时候，第一步，要了解整个幼儿园课程的概况。只有在他们的课程框架之下，我们才能理解为什么他们这样布置活动区，这样开展游戏教学，这样开展关于游戏的培训和教研。第二步，要带幼儿园的教师到教学现场观察一个游戏。周念丽老师说，所有的观察都要有脚本。看孩子游戏的时候，心里有没有脚本呢？观察的方法有很多种，哪一种是最为教师所接受、最能贴近他们课程的呢？这是教研员需要提早做的功课。第三步，当我们离开教学现场回到研讨的现场回放这些游戏场景的时候，脚本就开始发挥作用了。我们用视频、文字、录音等方式记下游戏中的场景，然后像陈宇华老师那样帮教师一段一段地分析。这样的方式是所有的幼儿园教师都能够借鉴的，因为他们喜欢在现场学习。在这个过程中我们需要把学到的关于观察的记录方法，对比实践一步步地教给教师，然后引导他们进行观察的记录，并帮助他们回到书本和理论，巩固关于观察的知识。一个好的教研员，从构思过程到教学现场，再回到研讨现场，自始至终必须把思考前置。其实结合周念丽老师和陈宇华老师的课，就可以把观察和现场两个场景对接起来，我觉得这是一种很好地连接。

甘露　强瑞　卢亮辉　胡佳林

2020年5月11日

让游戏回归儿童　让初心回归教育

——《发展适宜性实践：早期教育课程与发展》阅读分享

一个有温度的团队、一本有智慧的书、一群有梦想的人，相聚在甘露园长工作室，不在一个平台、不在一个园舍，可我们同在一个思维空间，共读着一本好书，共同分享着人生的另一番意义。

2020年的春节有点特别，我们度过了一个超长版的假期，但并没有虚度时光。在甘园长的带领下，我们利用疫情宅家的日子，重拾书本。在学富五车的甘园长给我们工作室成员推荐系列好书的书单中，我一眼看中了被西方教育界称为“绿色圣经”的书籍——《发展适宜性实践：早期教育课程与发展》，然后迫不及待地去当当网上购买。书拿在手中沉甸甸的，有一种厚实感。随意翻阅，书中好像有很多神秘高深的内容，我不禁有些“担忧”，作为一个从事一线教育十几年的实践者，也是刚从一线出来的教学管理者，我能吃透吗?

我带着一点点心虚与底气不足开始了“啃书”的日子，怀着崇拜和“担忧”的心理细细地、认真地读了几遍。细细品读的时候，沉甸甸的感觉再次充满了身心；再次认真阅读的时候，书页被我画上钩钩圈圈；深度阅读的时候，随性的感悟被我书写在空白之处，随手的笔记在美篇里诞生。就这样，这本书成了我疫情期间毋庸置疑的“宠儿”，它给我最真实的灵魂撞击就是早期教育发展适宜性实践对幼儿一生有极为重要的影响。在此书中，我看见了儿童，看见了自己！

初次阅读一本书，我习惯做的第一件事情是查阅《辞海》，注释书名。从字面上解释，“发展”是“开展、扩大、膨胀”的意思，“适宜”是“切合、相合”的意思。从书面上的理解，这是一本探讨转变学前教育发展方向，尝试建构发展适宜性课程的书籍。

本书是卡罗尔·格斯特维奇在总结自己从事早期教育30余年经验的基础上创作的，为中国的学前教育研究者创造具有中国特色的、适宜的教育模式提供了宝贵的经验。译者是北京师范大学的霍力岩教授。一篇长长的译者序引领我走进发展适宜性的课程，三个“适合”（适合儿童的发展特点、适合儿童的个性特点、适合儿童的家庭文化背景）与一个“确保”（确保教师教学的有效性），“以人为本”和“可持续发展”的育人理念深深吸引了我。

一、透过书本追随教育初心

作为教师，要对什么是游戏、如何让孩子回归自然、如何给孩子的游戏提供支持等问题有深度的思考。

我在书中得到了什么是游戏的答案，游戏是愉快的、自愿的和自发的活动，而且游戏是不受现实情况和指令束缚的活动。

我们需要为儿童创设一个支持游戏的环境，书中细致地阐述了这一目的是如何达成的。首先是游戏的物质环境打造，场地的安排，材料的安置、移动和使用的灵活性；其次是真实世界的经验，这也对我们在游戏中不定时的实地考察做出了合理的解释，体现了这样做的重要性。最让我关注的是“教师的干预”，斯米兰斯基提出了以下干预技巧：为儿童的游戏提供真实的经验，并提供与经验相关的道具。仔细观察儿童的游戏，留意谁没有参与进来，谁需要教师帮助扩展游戏，教师适宜的干预可以帮助儿童发展他们的游戏能力。维果茨基的追随者们是这样描述儿童如何获得下一步理解的：这里的干预，指游戏指导，是一种“脚手架”。在此，和大家分享一个案例：“大鹏古墟”。游戏创设时，孩子们和老师讨论开哪些游戏店，孩子们说：“这里要开个海鲜街场，因为大鹏的特色是海鲜，而且客人来大鹏就是为了吃海鲜的。”意见一致了，那怎样开海鲜街场呢？孩子们展开了深度的讨论。我们先去参观水头海鲜一条街，也就是书中提到的“为儿童的游戏提供真实的经验”，随后，提供了半成品、成品，供孩子们进行买卖的游戏，即“提供与经验相关的道具”。在这样的深度游戏中，儿童的自主参与、自发探究的能力得到了明显提升。“大鹏古墟”的海鲜一条街游戏满足了儿童的需求，促进了儿童的适宜性发展，也追随了教师的初心。

二、透过书本读懂幼儿、尊重幼儿

发展适宜性实践并不是要让所有的教育实践都遵循同样的模式，而是试图为教育工作者提供一种思想和方法上的指导。在这种思想的指导下，我们将与幼儿一起成长、一起工作。

书中详细地诠释了十种有利于幼儿社会化发展的情感环境要素，包括安全感、温暖的人际关系、接纳、积极倾听、对表达方式的限制、提供发泄途径、示范、提供表达用的材料、认识情感和学习表达情绪情感的词汇，从稳定情绪、表达情绪、情绪情感的合理释放、情绪情感的有效表达等方面来促进幼儿社会化能力的发展。

书中几个案例给了我很大的启发，通常来讲，反复点名批评幼儿不利于幼儿自尊心的发展，不利于培养其个体认同感，从而导致其不能进行自我控制。

这让我想起2016年班里转来的小郑小朋友，他有着“四大金刚”（俗称调皮、捣蛋等）的绰号。从刚开始和他亲密接触的一天时间里，我由衷地明白了他绰号的来历，也知道他为什么总是有攻击性的行为，总是故意和老师作对。这是他的原生家庭给他造成的影响。从心理角度来说，他可能觉得遵守规则没有任何意义，不管出于什么原因，至少说明父母和老师还没有走进他的心里，这样一来父母和老师的任何教育行为对他都很难起作用。小郑小朋友接受的批评太多了，这让他变得没有自尊，以至于养成了我行我素、对什么都无所谓的行为习惯。第二天，我开始有意关注他，每天早上真诚地看着他的眼睛问好。区域活动中，当他又想对小朋友动手的时候，我只是平静而又坚定地制止了他的行为，告诉他正确的交往方法。慢慢地，一个月之后的一天，户外排队时，我看到他用最快的速度站到了队伍里，没有像以往一样挤掉小朋友，也没有和其他小朋友打打闹闹。我看到他像个小大人一样替老师“操心”，他帮小朋友们晾衣服、擦桌子、拖地等。他还会说：“徐老师说……”我想这是一个好的开始，我感谢自己抓住了这个契机，当我看到他为了我提出的要求而做出努力时，我真的很感动。

从幼儿早上入园的那一刻起，教师就要为幼儿营造一种温暖、关爱、民主的情感环境，这建立在教师无条件爱幼儿的基础上。我们都应该无条件地平等对待幼儿，在与幼儿的交往中保持温暖、亲切、关爱的态度，给幼儿以安全感和亲近感，使幼儿保持积极愉快的情绪。教师要充分地接纳和尊重幼儿。教师在与幼儿的交流中，要用积极的语言，用注视、微笑、点头、肯定性手势或肢体接触，让幼儿有一种被重视感和接纳感，沐浴在温馨和谐的气氛里。我们能做的就是真正地宽容和尊重幼儿，当他们感受到什么是尊重的时候才能有自尊，当他们被宽容的时候才能学会宽容别人。亲社会行为正是在这样的氛围中慢慢培养出来的。

三、透过书本读懂幼儿园课程改革的需要

秉持“以人为本”和“可持续发展”的育人理念，为每一个儿童建构“发展适宜性实践”，这不单是一个具体的课程模式，而且是一套儿童教育哲学、理论框架、行动指南和评估标准，应该成为当今学前教育改革的需要，以及幼儿园课程改革的努力方向。“发展适宜性实践”是由美国幼儿教育协会在学前教育出现较为严重的小学化倾向的背景下提出的，是在尊重儿童的基础上促进儿童发展的一套价值理念。发展适宜性实践在不断改进与完善中，始终坚持学前教育应该适应儿童的发展特点、适合儿童的个性特点、适合儿童的家庭文化背景的理念，并确保教师教学的有效性。

我园一直秉持“走向自然，阳光成长”的办园理念，让绿色回归自然，让儿童拥抱绿色，让游戏、生活、生态成为一日生活的课程。在阅读的过程中，我不断思考“发展适宜性实践”如何与我园实际情况相结合。通过反反复复地阅读和理解，我认为就是“让游戏回归儿童，让初心回归教育”，有了这样一个目标，我们的教育行为就要紧紧围绕这个目标去扎实开展。

让读书成为我们的习惯，让读书伴随着教师专业成长的每一个脚步，让读书成为我们共同拥有的亮丽风景，让读书引领我们成长。用读书的厚度来提升我们人生的高度，让我们一起漫步书海，用心采撷，在细细地品读中，在静静的思索中，更加自信地走向未来！

深圳市大鹏新区大鹏中心幼儿园　徐秀云

徐秀云

感悟

儿时，我拿起一本书，只看里面的故事；现在，我拿起一本书，看的是里面的涵养。儿时，我看书是津津有味；现在，我看书是修身养性。人说书香醉人，并不是说书香有多芳馨、多甜蜜、多温暖，而是说书香是书本的涵养，是书本的魅力所在。

为孩子创设更适宜的环境

——读《发展适宜性实践：早期教育课程与发展》有感

凯勃斯说："书是随时在你近旁的顾问，随时都可以供给你所需要的知识，而且可以按照你的心意，重复这个顾问的次数。"看到《发展适宜性实践：早期教育课程与发展》这本书就让我感觉自己拥有一个高级顾问，它让我了解理论更多地付诸实践才能得到更好的成效，正所谓理论结合实践。《发展适宜性实践：早期教育课程与发展》这本书是美国早期教育专家卡罗尔·格斯特维奇所著，是拥有国际视野的专业性书籍，它吸引我的是"发展适宜性实践"几个字。在专业视角下，我认为发展一定是通过科学健康的方式，不是超前负重的方式，我们要遵循儿童的"最近发展区"，挖掘适宜的发展区域，从而获得绿色健康可持续的发展性实践。

儿童拥有一套自身特有的发展体系，成人需要注重其发展的适宜性并进行科学合理的学前教育实践，应秉持"以人为本""可持续发展"的育人理念，为每一个儿童建构"发展适宜性实践"。那么，儿童怎样参与发展适宜性实践呢？这是家庭、幼儿园、社会需要关注和落实的。

相信很多人听到"发展适宜性实践"，便会联想到一个具体的课程模式，但它不仅仅是一个具体的课程模式，还是一套儿童教育哲学、理论框架、行动指南和评估标准，它应该成为当今学前教育改革特别是幼儿园课程改革的努力方向。

"发展适宜性实践"是由美国幼儿教育协会在学前教育出现较为严重的小学化倾向的背景下提出的，是在尊重儿童的基础上促进儿童发展的一套价值理念。发展适宜性实践的提出与推进对美国乃至世界学前教育产生了重要的影响。

如今，我们可以看到学前教育已经受到国家的高度重视。儿童是祖国的花朵，是国家的希望。为了让社会更多关注儿童的科学、可持续发展，中共中央、国务院印发了《国家中长期教育改革和发展规划纲要（2010—2020年）》，国务院印发了《关于当前发展学前教育的若干意见》，教育部颁布了《幼儿园教育指导纲要（试行）》和《3—6岁儿童学习与发展指南》等指导性文件。很多家长都非常重视孩子的教育，在孩子出生前，就开始进行胎教，孩子出生后，抓住孩子的“最近发展区”以及教育的关键期进行适宜性的教育实践，这些都为孩子一生的可持续发展打下了良好的基础。然而，也有家长因为孩子自身先天条件好，觉得自己的孩子是“神童”转世，进行“超前教育”，忽略了儿童的“发展适宜性实践”，违背了儿童自身的发展规律，这往往在后天的教育实践中对孩子的可持续发展形成一定的阻碍。

儿童具有个体差异性，每个儿童的发展适宜性实践也是不尽相同的，都有各自的发展特点，我们应尊重每个儿童的个体差异，遵循儿童的科学发展规律，因人施教，正确评价儿童，不能用一把尺子衡量所有儿童。这本书对发展适宜性的阐释以及其中所蕴含的对简单学业技能培养和学业技能测验的批评在美国引起了极大反响，并很快在全世界教育界特别是学前教育界引起广泛关注。

本书倡导儿童可持续发展的理念，强调“儿童为本”“建构主义课程”，也表达了对让儿童快乐且有价值地发展的“可持续发展教育”的向往和追求，体现了教育者对儿童的一种教育方法和思想，是根据教育中存在的问题对教育进行的一种改革、一种创新。当然，我们作为当代幼儿教师，更应该结合幼儿的特点，与社会环境融合，体现幼儿的主体性，构建和谐融洽的教育。

教师要从自身的教学经验出发来思考早期课程与发展的重要性。3～6岁是儿童行为习惯、生活习惯、学习习惯建立的关键时期，作为学前教育工作者，我们肩负着新一代儿童发展的重任，选择了这一职业，就应该以热爱的心对待。我们应该跟上学前教育发展的步伐，努力研修学习，提升自身的专业水平，努力创建一个关怀幼儿成长的环境，明确定位教学目标，精心设计能够实现教学目标的课程体系，积极构建可以评价幼儿学习与发展的标准，持续搭建与家庭建立互惠关系的家园合作的桥梁，让幼儿受益，实现自身的社会价值。

我们看到一所幼儿园，首先想到的是幼儿园的文化，其次是幼儿园的园本课程以及办园理念，再次是这所幼儿园与我们自身的教育观是否有所共鸣，最后才会选择走进它。举个例子：看到幼儿园的文化墙上“开放、创新、和谐、国际”的文字信息，会让我们的内心产生共鸣，了解到本园所持的教育理念是“开启世界，给孩子无限可能”，进而亲近它，走进它，以教育理念为基础，进行园本课程的开发探究与适宜性实践的发展。

我们都知道幼儿园是以游戏为基本活动的，但现阶段，很多教师组织幼儿游戏活动时没有计划和提升，使得活动存在这样那样的问题。这本书对游戏进行了深入探讨，让我们了解到游戏应该围绕相关的主题进行丰富的研究。幼儿是通过积极地与材料、与其他幼儿以及成人互动进行学习的，所以我们要为幼儿提供发展适宜性的物质环境和游戏材料以供幼儿进行游戏。各个区域的布置以及教室的设计都应有利于幼儿获得有意义的游戏经验。

当然，发展适宜性除了要提供好的物质环境还要提供好的情感环境，这本书也适合为人父母者看。书中讲述了婴儿期，我们如何给孩子提供发展适宜性的环境。书中有相关案例和专家解说，可以更好地帮助家庭对孩子进行早期教育。我们都知道孩子的教育离不开三点——家庭、幼儿园、社会。孩子上了幼儿园，幼儿园就是小型的社会，孩子们的社会交往意识慢慢发展。上幼儿园后，孩子的亲社会行为逐步发展，在学习社会行为、规则以及控制情绪表达和行为时需要积极的指导。我们应该认识到这种学习的关键期始于学前期并一直延续到儿童发展的后期，因此，我们更要抓住孩子学习和行为习惯养成的关键期，积极地帮助孩子习得可接受的行为。

这本书让我受益匪浅，书中每一项内容和板块都引人深思，可以用来对照、分析自己的教育行为，以及发现自己的发展空间。这本书引领了我对早期发展适宜性实践课程的兴趣与深入研究。作为一名学前教育工作者，我更应该努力研修，努力提升自己的专业水平，为儿童创设更好的教育平台。

深圳市南山区金紫荆拉菲幼儿园　孟　霞

孟霞

感悟

一本书，好比太阳，能让我们远离黑暗；如同鲜花，能为我们带来馨香。一本书，好比一个聊得来的人，能让我们的灵魂得到升华；如同向导，能指引我们前进的道路，能为我们排忧解难。“腹有诗书气自华”。诗能言情，歌能咏志，书本是文字和知识的载体，读书不能决定我们的高度，却能使我们至少不落入庸俗。

对儿童游戏的思考

——读《发展适宜性实践：早期教育课程与发展》有感

放假期间，我阅读了《发展适宜性实践：早期教育课程与发展》一书，对幼儿的在园游戏有了更深层次的认识和思考。打开书的第一页——译者序，我发现，其中有几个问题也是我们一线教师长期感到困惑的。例如，为什么我们创设的游戏环境那么舒适，投放的玩具材料那么丰富，幼儿却不感兴趣？幼儿在区域中的游戏看上去为何那么简单、没有意义？怎样才能提高幼儿的游戏水平？带着这些疑问，我开始了《发展适宜性实践：早期教育课程与发展》的学习之旅。

书的前言中“如果儿童游戏，我什么时候教学呢？”这句话深深地吸引了我。是的，孩子们天天玩游戏，我什么时候才能教学呢？《幼儿园教育指导纲要（试行）》与《3—6岁儿童学习与发展指南》中提到教师应从幼儿的日常生活和游戏中发现教育契机，及时引导幼儿学习一些知识和本领。书的前言中有两个游戏：一个是“球类游戏”，另一个是“角色游戏”，即类似婚礼游戏。

读完前言中的这两个游戏，我更加明白了在幼儿游戏的时候，作为教师应该做些什么。教师是幼儿最信任、最信赖的人，所以在幼儿遇到困难、困惑时，就会自然而然地向教师求助。这时，为了促进幼儿的发展，推进游戏的进程，教师就要介入游戏。但是，在此过程中，教师并不是一个教导者而是一个促进者。当幼儿把“球”抛向教师时，教师要以适当的方式去接，并以适当的方式把“球”抛回给幼儿，在抛接的过程中不露痕迹地促进幼儿的发展，达到介入的目的。显然这种介入是支持性的，而不是干预性的，千万不要生硬地去抢幼儿的“球”。在游戏中，幼儿真正需要的除了游戏的时间、游戏的趣味性和游戏材料之外，还需要有价值的交流。例如，角色游戏（婚礼游戏）中，妈妈为孩子们提供了关于死的植物和活的植物的知识以及什么是适宜的行为及其相关解释，给予了孩子们大力的支持，促进了游戏活动的顺利开展。这两个游戏给我的启示是：我们要做聪慧的教师，认真观察幼儿游戏，发现幼儿需要，及时进行引领和帮助，经常做到助推幼儿游戏，帮助幼儿的游戏水平向更高层次发展。

本书第一章中提到不要进行所有的游戏，这一点教师是关键。教师要帮助幼儿参与有目的的、高水平的、成熟的游戏，支持和促进幼儿游戏，使游戏真正对幼儿有益。书中还提到了三种水平的游戏，即混乱失控的游戏、简单重复的游戏和有目的、复杂的、能够让儿童聚精会神的游戏。如何让游戏成为有目的的、复杂的、能够让儿童聚精会神的游戏，是我们日常工作中一直在思考的问题。通过学习，我找到了问题的答案，并在工作中学以致用，让幼儿快乐游戏并在游戏中健康成长。

本书第二章将理论运用于实践，使我对游戏的三种水平及特征、教师该如何处理有了新的了解。特别是第一种游戏，书中举的例子生动诠释了教师将混乱失控的游戏引向复杂的、能让儿童聚精会神的游戏的有效做法，为我们提供了很大的帮助。

三种水平的游戏中混乱失控的游戏有以下特点：儿童声音很大，音调很高；肢体接触较多，有时儿童的行为是不可控制的大笑或咯咯傻笑；争议较多，经常导致身体伤害或情感伤害。这种游戏，教师需要运用较多的技巧和策略让孩子安静下来，并根据孩子的特点做出调整。如在玩沙游戏中，孩子用力地挖沙，安全问题出现了，沙子被孩子弄得到处都是，有的弄到孩子眼睛里了，很多孩子在有沙子的地上行走摔跤。孩子的声调很高，挖沙的动作很大，笑声和叫声变得歇斯底里。教师温和地在一旁提醒孩子行动温和一些，并向孩子描述沙子的外观和触感，但都起不到什么作用。促进儿童游戏的目的应该是帮助儿童进行更高水平的游戏，而不是单纯地干预、打断孩子混乱失控的游戏。书中教师的做法非常好：她们认为需要向儿童清楚地说明让他们挖沙的理由，并去图书馆借了一些关于考古的书，将这些书念给孩子听，让他们知道人类是如何在土壤中发现动物遗体的，以及这些动物遗体可以为科学家提供信息，让科学家了解不同历史时期地球上的生命。教师将小动物玩具埋在沙子里，鼓励孩子小心挖出来，像考古学家一样，并能够让孩子更好地运用小肌肉动作技能。孩子发现了小动物玩具，将它们按动物类型、体格大小、生活的时代分类，并且制作表格记录自己的发现。每天有一名教师在孩子挖沙场地的旁边，协助孩子对自己在沙中的发现进行分类和记录。教师的行为增加了游戏的复杂性，提高了孩子活动中的认知及体能，平息了孩子过激的行为。

通过这个实例，我发现了丰富孩子经验的重要性，教师可以利用故事、科学实验、绘本等丰富孩子的经验，为游戏做好准备。另外，教师要在孩子旁边，为孩子的游戏提供指导帮助，这样孩子的游戏才能不断深入。

第三章“游戏的计划”主要讨论了教师该如何创设环境，怎样提供有吸引力的游戏材料让幼儿探索，这对我们以后布置教室游戏环境有很大帮助。

首先，创设一个有序的环境。游戏环境布置是制订游戏计划的重要方面。应将比较安静的区域集中在一起（如阅读区、美工区），比较吵闹的地方（建构区、角色区）集中在一起。彼此独立且组织有序的区域能给孩子安全感和明确的目标感，如建构区用来玩积木游戏，角色区用来玩角色游戏，操作区用来创造发明。有计划、有目的地布置教室，能帮教师了解游戏区域里有哪些材料，便于教师观察孩子是如何使用这些材料的。书中介绍了环境布置时，如果没有柜子等作隔离，可以用毯子、彩色胶带等，还介绍了很多优质的参考书供我们选择。

其次，提供适宜的材料。提供游戏材料有如下要求：教师要了解孩子的生活经验，为他们提供能反映其生活经验的材料（这是摆放材料、设置游戏区域需要考虑的重要因素）；提供的材料要能激发孩子兴趣，要有足够多的数量，避免孩子们因分享材料产生矛盾，也便于教师以孩子方便取用的方式来摆放材料；摆放材料的架子应矮一些，便于孩子们拿取；要为材料制作图片标签，便于孩子整理，养成物归原处的好习惯；要提供更多开放性的材料，如积木、道具服装、厨房用品、操作性材料（小块的彩色积木、拼插材料）、橡皮泥、不同类型的纸张（皱纹纸等）、书写绘画工具等，配对游戏、拼图等都是封闭型材料，虽没有什么不妥但开放性材料能使孩子较少感受到挫折，有助于创造力和问题解决能力的发展；要提供一些辅助材料，如在箱子里放些零碎的东西来支持孩子的游戏（布头、胶带、订书机以及其他能将物品固定在一起的材料）。

最后，根据孩子游戏情况改变游戏材料。以下情况下游戏材料暂时不需要调整：孩子游戏内容很丰富；孩子参与程度高，游戏兴趣高，很少出现行为问题。这些情况说明材料和游戏空间很好地被利用起来，暂时无须改变。如果孩子不愿意选择某个区域玩耍或者不能很好地利用这个区域，那么就应该变换材料为孩子提供新的游戏可能性，再次引发孩子的兴趣。以下信息提示教师应该更换游戏材料：孩子忽略某个特定的区域，厌倦现有的游戏资源，他们可能直接说出他们觉得很乏味，或者自己动手改变区域的布置，如增加一些新材料或者发明出不同的玩法；孩子在游戏区的活动不像以前那样踊跃，富有建设性。此时，教师可以在建构区提供卷尺和码尺，在厨房区提供烹饪书和超市广告单，在操作区投放不同机动车的图片等。书中有一个实例非常好，它通过对比来告诉我们如何改变游戏材料。教师提供刷子、石块，孩子用刷子将石块清洗干净后就没有事情做了，这种游戏材料只给孩子提供了一种可能性，孩子的兴趣很快就没了，一直处于简单的游戏水平。有时孩子没有游戏兴趣，往往是因为活动本身不复杂。我们可以这样改变游戏材料：提供各种各样的刷子、海绵以及布料，除石块外还提供松果、树枝、贝壳、豆荚等，教师可以引导孩子比较哪种工具最适合清洗哪种物品，还可以讨论沉浮问题。

这本书，让我受益颇多，在今后的工作中我将会不断地研读，好好地运用书中的知识点，引导幼儿向更高水平发展，健康快乐地成长！

深圳市大鹏新区南澳中心幼儿园　邝素娜

邝素娜

感悟

书中自有黄金屋，书中自有颜如玉。前段时间的亲子共读，无论是书中的道理还是奇闻令我产生了不少感悟。和孩子相处的时光总是令人难忘，正因为如此我才觉得这种恬静的时光十分难得。我很珍惜亲子共读的机会，虽然只是零零散散地读了几本童话书籍，却让我从中感受到了孩子的成长与懂事，这种难得的相处时光也让我开始关心孩子的感受并希望孩子能够有所收获。

《关注儿童的生活：以儿童为中心的反思性课程设计》

【内容简介】

以儿童为中心的反思性课程设计有哪些特点？以儿童为中心的反思性课程设计的基本步骤和过程是什么？教师怎样在反思性课程的设计过程中促进自身专业发展？《关注儿童的生活：以儿童为中心的反思性课程设计》（以下称《关注儿童的生活》）遵循“自我反思—案例分享—思考与分析—实践运用”的编写思路，对以儿童为中心的反思性课程设计进行深入分析，指出在反思性课程设计中关注儿童生活的具体方法和策略，通过生动的案例引发教师结合自身经验进行反思。

【推荐理由】

这本书值得一读再读，在幼儿园课程实施和研究方面有值得借鉴的地方，特别是其“反思性”值得我们学习。本书可以为课程开展的设计、实施和评价提供指导。读过阅读本书，你会发现：教师在课程设计中做到“以儿童为中心”，其实并不难。

图书：《关注儿童的生活：以儿童为中心的反思性课程设计》
拍摄地点：深圳市龙华区教科院幼教集团附属幼儿园

这些天，有诗也有远方

——记在广西支教的日子

因为深圳市龙华区对口支援西藏察隅县，对口扶贫广西东兰县、凤山县，所以我有机会走入山区，接触那里的儿童。

每次在跋山涉水、千里奔波之后，看到孩子们天真无邪的面孔，我就会觉得疲劳顿消。这些孩子小脸上的笑容和城市孩子的一样纯净。他们的眼神里，对人的亲近、渴望，与自然环境的水乳交融，表露无遗。

广西东兰县大同乡坡白小学的27个孩子，年龄很小（3岁）就在学校寄宿。陪着他们的是一位快退休的老校长、一位老师和一位保育阿姨。东兰支教队队长夏卫兵校长和我们说："你们不用捐书，他们不爱看书，带些吃的来，他们就很开心了。"

当孩子们穿着长长短短、四季不分的衣服出现在我们面前时，我们立刻就感觉到这些孩子所有的衣服其实都来自捐赠者。县人大常委会的主任说："如果有可能的话，你们给孩子们捐赠一些冬衣和鞋子吧，因为冬衣很贵，他们家里买不起。"我知道了，原来他们需要的是过冬的衣服和鞋子。

甘露教孩子七步洗手法

我们设计了一节名为“小手真干净”的健康课，教孩子七步洗手法。洗完手后，孩子们开开心心、小心翼翼地打开眼前的食物，愉快地吃了起来。有个头部被烧伤的孩子一直不舍得吃，我问他为什么，他说我想把这些食物带回家给妹妹吃。

这里的家庭，5个孩子是基础，5～10个是常态。多子多福是他们的传统观念。

儿童生长是儿童自身内在的自然展开，但内在自然展开的条件却是文化和社会。

刘晓东在《文化与儿童身体的发育》一书中说：“人类的身体与精神是共存的，如果儿童没有受到适宜的文化刺激，没有进入一定的文化活动，那么与这种文化相对应的生理器官的属于人的功能是无以发展的。儿童如果缺乏精神生活，那么与这种精神生活相对应的神经系统的发育也是难以充分达成的，所以儿童身体的发育需在全面的文化生活过程中实现。”

有朋友和我说，3岁的孩子寄宿和在福利院有什么区别呢？区别一定是有的，就是在学前教育系统中，对于3～6岁的儿童，我们会按照他们身心发展的规律来实施有影响的教育活动，让他们与社会、文化和自己的经验对接，在经验中建构认知。

甘露与东兰县的孩子们

东兰县支教队队长夏校长和我说，希望能有人来支教一个学期，带一带坡白小学附属幼儿园的老师们，让他们知道正确的幼儿教育方法是怎样的。期望我们龙华的教师中有这样的志愿者出现。目前我们支教的教师还是以中小学为主，幼儿园教师还没有。

我拍了几张东兰县大同乡弄彦村坡白小学附属幼儿园的照片给“六一设计”的张总，希望他能免费帮这所幼儿园做一些基础的设计，他爽快地答应了。看来这个世界愿意伸出援助之手的人还是很多的。人性是善良的，这是开展所有扶贫工作的前提。希望越来越多的人能关注广西凤山县、东兰县这群可爱的孩子们。

甘 露

2020年9月25日

构建以儿童为中心的课程

——读《关注儿童的生活：以儿童为中心的反思性课程设计》有感

2020年抗疫期间，我读了《关注儿童的生活：以儿童为中心的反思性课程设计》这本书。其实，在此之前我曾与这本书“擦身而过”，再次遇见值得细细品读。

关键词：以儿童为中心

以儿童为中心的反思性课程到底指的是什么？

当前，教师在课程实施中有很多困惑，常常按照幼儿园领导的教学安排去执行，很少有自主思考的空间；教师每天都很忙，很少能高质量地陪伴儿童；班级有自主游戏时间，但投放材料的功能被固定化，供儿童探索的空间很小，游戏水平较低；教师很少进行反思与深度思考。

以儿童为中心的反思性课程，就是基于教师日常的问题和现状提出的。它的核心是希望教师能够放慢脚步，更好地利用身边的各种资源，更细心地观察和发现，激发自己对教育工作的热情，激发儿童对学习的好奇和渴望。

教师应将游戏课程化、课程游戏化，为儿童的游戏提供充足的时间、丰富的材料和适时的指导。

关键词：反思性

该书的引言中说：吉姆·格林曼先生呼吁人们一定要为幼儿唯一的童年创造一片美好的天地。“唯一”两个字让我兴奋不已，又忐忑不安。兴奋的是自己是一位真正热爱孩子的教育工作者，愿意紧跟时代的潮流用最新、最适宜的课程观、儿童观与孩子一起成长；忐忑的是我能够给孩子唯一的童年留下什么？很多教师都有类似的焦虑，克服这种焦虑的唯一方法就是不断地学习，不断地反思。教师的不断学习成长是“以儿童为中心的反思性课程”实施的保障。

以儿童为中心的反思性课程的实施包括课程准备、设计、组织、评价等多个方面。教师在幼儿园课程的所有环节都要贯彻以儿童为中心的原则。

1. 环境与材料

书中提到任何一种幼儿园课程的基础都是环境。《3—6岁儿童学习与发展指南》中也提到环境是儿童重要的学习组成要素。环境起到的教育作用越来越大。环境不再是教师提供适宜的材料、确定活动的区域这么简单，而是不断激发儿童好奇心的具有挑战性、探究性、开放性的学习空间。儿童的游戏材料也应该更加开放，教师应投放更多的自然材料以及低结构的材料。

不久前，附属幼儿园小班年级教师对操作区区域布局和材料投放做了一系列教研，其大致路径为：观察（观察幼儿游戏情况）—培训（操作区材料分类）—班级自我排查—现场进班教研—持续关注（观察区域材料调整后的游戏情况）。

周活动安排表

周次	重点内容	推进	时间	地点
第十二周	操作区材料的投放	1. 班级自行调整材料（清单筛查）	11月20日 星期二	各班级
		2. 集体现场教研	11月23日 星期五下午4：30	小五班教室
第十三周	操作区材料的投放	3. 分组研讨自然材料在操作区的运用（数学、科学）	11月27日 星期二	三楼会议室
		4. 操作区材料调整后检查、反馈	11月30日 星期五下午4：30	各班级
第十四周	操作区幼儿游戏观察与指导	5. 观察与指导（幼儿在区域中游戏的情况）	区域游戏时间持续关注	各班级

2. 游戏指导

游戏指导水平关系到课程实施的效果。很多教师对游戏的指导很困惑，不清楚什么时候介入，怎么指导。我们常说儿童是环境和学习的主人，应该通过开放的环境、自主的探究和发现进行学习，所以在制定幼儿园一日作息安排时我们会将幼儿自主游戏时间的比例和教师发起的学习比例进行权衡，根据幼儿的兴趣和探究节奏给幼儿一定的弹性时间。

弹性时间，其实是我一直比较纠结的问题。这个弹性可以弹性到什么程度？三餐的时间点是否可以做弹性让步？弹性后各班作息时间不统一如何管理？

我认为可以给年龄越大的孩子越多的自主把控空间，如每天的喝牛奶时间是否可以自己选择；角色区游戏是否可以无固定角色，全由孩子兴趣做主；每天下午的活动安排是否可以由孩子来设计；等等。

3. 观察

教师通过观察幼儿可以捕捉到很多有价值的教育契机，也可以更加了解幼儿，还可以发现是否有一些微妙的因素影响了自己的观察。客观的观察尤为重要，它是以儿童为中心的反思性课程实施的关键因素。教师需要考虑的问题包括从儿童的角度出发如何描述？儿童发现什么是有意义的？儿童获得了什么样的经验和教训？等等。

4. 主题设计

过去提到主题活动，大多数教师的反应就是："主题活动不就是老师预先设计好的吗？只要按照预先设计的方案去'上课'就好了。"随着教育思想的转变，我们的教育观、儿童观也发生了改变。主题活动不再是教师的一言堂，而是更多地体现儿童探索和发现的学习痕迹。教师作为儿童的合作者、支持者，从中起到推动作用。

2019年12月是附属幼儿园的新年主题月，通过园级课程审议、年级统一备课的方式，我们梳理出主题脉络：小班——舌尖上的中国、中班——指尖上的中国、大班——生肖里的中国。这些主题纵向看，通过三个维度（美食、艺术、文化）让儿童全方位了解中国新年传统文化；横向看，三个年级不同层次层层递进，形成了整体的课程框架。我们以几个重要时间节点推动课程走向：冬至—元旦—新年庙会，每个时间节点前围绕重点制订课程推进具体实施计划。以冬至活动为例，小班年级在冬至活动前期重点围绕地域美食做文章，了解南、北方主食的文化差异。在冬至活动当天班级邀请家长来幼儿园与孩子一起制作冬至美食，如汤圆、饺子、花馍。我们知道幼儿的学习方式是直接感知、亲身体验、实际操作，通过感知、体验、操作，让小班的孩子了解冬至的饮食文化。中班年级围绕"指尖上的中国"开展了"剪纸奶奶"活动，让孩子听奶奶讲过去的事情，与奶奶一起剪纸。在这个过程中孩子们不仅感受了中国传统剪纸的魅力，还学会了对折、对称等数学概念。大班年级对中国生肖中的龙最感兴趣，世界上真的有龙吗？为什么动物园里没有龙呢？为什么中国人是龙的传人呢？为什么新年要舞龙呢？一切的探究都来自好奇，孩子们对龙的好奇引发了一系列活动，同时他们产生了一个大胆的想法——自己制作一条龙。从材料的选择、分组制作、解决难题到练习舞龙，整个过程涉及科学领域、社会领域、数学领域、健康领域等多领域的学习。

看见孩子，理解孩子，支持孩子；看见幼师，理解幼师，支持幼师；看见自己，理解自己，支持自己……让我们一起为幼儿唯一的童年创造一片美好的天地吧！

深圳市龙华区教科院附属学校珑门名苑幼儿园　刘晶蕊

刘晶蕊

感悟

我特别喜欢董卿在《朗读者》中曾说过的一段话：“如果说人生是一次不断选择的旅程，那么当千帆阅尽最终留下的就是一片属于自己的独一无二的风景。”是呀，做三、四月的事，八、九月自会有答案，读书就是这样。

无愧于我们的孩子

——读《关注儿童的生活：以儿童为中心的反思性课程设计》有感

“但愿我们从事的工作，无愧于所生活的世界，更无愧于我们的孩子。”这是汤姆·亨特辞世前创作的一首歌，同时也是书中的后记，表达了作者期待人们共同行动起来保护幼儿的心声。我看到这一页的时候不禁泪眼蒙眬，这是我们作为教育工作者和幼儿守护者工作的初心和最终目的，我们所做的，仅仅是为了无愧于我们的孩子。

每当看到孩子在幼儿园里快乐玩耍、开怀大笑时，我总是在思考，我们的课程要怎样更好地服务于孩子？幼儿园课程应以幼儿为中心，书中对幼儿园课程实施的现状是这样描述的：“幼儿学习的关键在于积极地参与游戏活动，教师需要为幼儿创设其能全身心投入的环境，使幼儿不受干扰，充满好奇地进行探索。”教师是课程的创造者，但是幼儿园的环境、幼儿所参与的游戏活动、教师的支持等都是课程实施的重要因素。

一、让会“说话”的环境与幼儿的生活相连，激发幼儿好奇心

环境时刻影响着我们的感受和行为，幼儿更是深受环境的影响。幼儿园课程的基础就是环境，“儿童中心”“适宜性材料”“简单明了”等关键要素都显示了环境的重要性。虽然布置幼儿园环境至关重要，但是环境创设不应仅仅局限于此。我们要让环境会“说话”，让环境去激发幼儿的探索欲、想象力和好奇心。

蹲下身来，从幼儿的视角来审视整个环境创设，观察教室环境是否能激起幼儿探索的欲望，是否有可以解密和探究的内容，这些内容是否随处可见、随

手可取，是否可以给幼儿带来家的安全感，是否有足够的空间让幼儿和伙伴分享自己喜欢的东西。

思考了以上问题，在创设环境时，我们就可以利用美学效果，通过存储性、光线和美感营造出能激发幼儿想象的氛围；利用自然资源为幼儿提供更多的感官探索，如设置感官桌、种植盆栽、养殖小动物、开设自然角等；将环境与幼儿的生活经验、兴趣相连接，这样幼儿才会感到安全、被理解和被肯定。此外，环境创设要具有灵活性，教师要放慢脚步，适当留白，给幼儿充分的机会和时间去探索、挖掘环境，这样才能激发幼儿的好奇心、探索欲以及与同伴交往的意识和幸福感。

二、通过游戏与学习活动的指导启发和帮助幼儿

作为幼儿教师，我们深知与幼儿互动具有很强的挑战性，因为幼儿正处于学习如何管理自我行为以及如何与他人交往的阶段。身为教师，我们需要更多的关心和耐心。在幼儿园的一日生活中，教师不仅需要“因材施教”，考虑个体幼儿的需求与兴趣，还需要进行有效的集体活动，使幼儿在集体生活的氛围中，学会表达和沟通，提高社会交往能力和自我认知能力。

教师可以设计以“儿童为中心”的日程表，给幼儿提供自由选择的时间和机会，寻求提供指导和拓展幼儿思维的机会。在幼儿进行多样游戏活动时，教师也可以选择不同的互动方式介入幼儿的游戏活动和一日生活，可选择直接介入、间接指导和共同参与三种方式，了解这三种方式可以帮助教师更好地对幼儿游戏和学习活动进行指导。

直接介入的师幼互动方式会压制幼儿，不利于培养幼儿的自我价值感。但当幼儿的行为伤害到自己、他人或损坏物品、财物时，教师必须采取直接介入的方式。

间接指导的师幼互动方式可以为幼儿提供辅导和支持，发挥幼儿自身的优势、智慧和才能，提高幼儿的理解能力。但教师要掌握好介入的时机，适时介入，适时退出。

共同参与的师幼互动方式给予教师和幼儿在互动中共同分享的权利，教师作为幼儿的朋友与幼儿一起游戏、一起交流，这种互动方式能提高幼儿的社会交往技能。但教师要控制自己，防止将共同参与的游戏变成直接参与的游戏，

从而使幼儿在游戏中失去自制力。

三、发现幼儿兴趣的过程中设计适宜性课程活动

在设计幼儿园课程活动时，我们常常有这样的疑问：课程活动的主题是否与幼儿的生活息息相关？活动主题是否反映幼儿的兴趣和现实生活？如何做到幼儿喜欢又有意义？如何回归发展适宜性教育？

对教师来讲，如果只选择自己喜欢或者自认为有意义的活动，那么这些活动可能对幼儿不会产生任何有意义的效果。探究孩子的兴趣是以“儿童为中心”的课程的核心，如何开展幼儿感兴趣又有意义的活动才是课程设计的重点。课程设计的起点应以“儿童为中心”。从儿童的视角看问题，选择儿童为主导的主题，有助于教师重新认识主题的概念，将“一般主题”转换为“发展性主题”。发展性主题往往隐含在幼儿的游戏中，教师需要通过观察幼儿来了解他们的兴趣，并围绕他们的兴趣选择易于幼儿观察和参与探究的主题，将其注意力吸引到有目的的学习上。教师要设计能不断延伸出复杂性和关联性的系列活动，逐渐拓展幼儿的经验。

以“儿童为中心”的课程结构源于幼儿能够专注于他们感兴趣的事物。教师应学会对幼儿的思考及发展进行分析，关注幼儿的学习方式，设计能衍生和深入探究的课程，引导幼儿自我管理、与他人协作、拓展经验。在以“儿童为中心”的课程设计中，教师准备环境，支持幼儿游戏，增加游戏复杂性，提供让幼儿展示和表现的不同方法。

四、教师的发展在与幼儿游戏和生活中实现

以“儿童为中心”的课程本质上是一种生活风格，是影响我们一系列教学行为的信念和价值观。在当前这个新的教育时代，我们不妨换个角度认识自己。身为幼儿教师，我们既是观察员、调解员、记录员，也是幼儿的同伴、同行者。“以儿童为中心”，首先，要保持一颗对幼儿的学习和发展充满好奇的心；其次，要随时关注幼儿，提升观察幼儿的技巧，为幼儿的学习提供支持和帮助；再次，要关注幼儿的想法与需要，透过现象看本质，而不是只看幼儿外显的行为；最后，要善于自我反思，不断更新与挑战自我，与幼儿共同学习和成长。

我们常常说，对待教师跟对待幼儿有无数相通之处。想要培养什么样的孩子，就先要培养什么样的教师。我们想要的孩子是具有探险精神和探索欲望的孩子，那么我们也需要鼓励教师多尝试和挑战，在课程设计中大胆预设，与孩子同行，一起学习和探索，一同体验共同构建课程带来的幸福感和愉悦感。

“关注儿童”“以儿童为中心”是我们课程设计中践行的价值观，也是我们幼儿教育者需要时刻谨记的初心，让我们一起做专业的守望者。但愿我们创造的空间、所说的话语、度过的岁月，无愧于所生活的世界，更无愧于我们的孩子。

深圳市龙岗区龙城街道保利上城幼儿园　李姗姗

李姗姗

感悟

教育是一段旅程，我们与孩子在旅程中相遇、相伴。我们努力地了解孩子，关注孩子，帮助孩子成长，这个过程中我们也在不断重塑自我，与孩子一同成长，在教育旅程中遇见更好的自己。

和孩子一起成长的追梦人

——读《关注儿童的生活：以儿童为中心的反思性课程设计》有感

从喜欢买书，到选择买什么书，再到需要读什么书，我以这样的顺序开启了一种全新的学习方式。我喜欢在每本书首页标注买书时的心情，待再次翻阅时，当时选择此书的心情和困扰，已有了解答。再次阅读时，我会从新的角度引入新的问题进行思考，再记下当天的时间和观点，这样的过程充满乐趣，令人愉悦。

阅读《关注儿童的生活：以儿童为中心的反思性课程设计》这本书的目的，是解答幼儿园课程建设中的一些疑惑，比如，在幼儿园，什么样的环境才是安全的？什么才是孩子想要的游戏？在游戏中为什么总有个孩子提出与活动无关的问题？对于有些教师的提问、介入，为什么孩子会显得那么无奈？为此，“建议将对本书的学习过程当作自我思考和实践的过程”。

本书的反思性课程之旅是从自我反思开始的，看到这个标题，在问自己“什么是课程，什么是反思性课程”的同时，我已经踏上了寻找课程的旅程。

环境是幼儿园的重要资源。一所新幼儿园、新团队的建立都要从打造环境着手，包括初期对幼儿园的活动室及办公室的划分，考虑活动室大小及格局适合什么年龄段的孩子，根据行政岗位设计考虑办公室的位置；还要从管理角度着手。我偶然接触到一位线上体验设计师，我们经过讨论发现，从另一个角度看“体验”二字，会给幼儿园的教育者一种全新的认知。例如，班牌如果做成立体造型，是不是会给不同的群体带来不一样的体验？从家长和教师角度来说，指引目的明确；从孩子角度来说，三个方向都能给出正确的指引信息。除此以外，当二楼走廊与楼梯形成直角时，如果孩子在奔跑时相遇，即使减速也会有碰头的现象，以“儿童为中心”考虑：是不是可以通过交通场景游戏，在这块区域设计缓冲地带？这是不是比“禁止奔跑”的标识更适合孩子？发现幼儿园的安全隐患后，思考解决方法的过程就是我们解决管理困难的过程，也使环境变得游戏化。得到这点启示后，我开始尝试蹲下来，体验以孩子的视角爬楼梯，思考：如果把游戏与学习放在这个过程中，可以用什么样的标识让孩子觉得楼梯没有那么高，也没有那么无趣，还能提供什么环境可以让孩子有运动的欲望。除了这些思考，还有通过幼儿的游戏行为，判断幼儿的发展水平。

本书还讲到了“反思性课程设计、创设幼儿园环境、指导儿童的游戏与学习以及回归发展适宜性教育”的内容。对不同的问题提出反思、站在孩子的角度进行分析，是自我审视及思考的路径。相信这本书会带给还在寻找幼儿园课程设计方法的朋友不同的视角和感受。

建构“以儿童为中心”的课程的必要技能是观察。观察与记录孩子的游戏过程，必须掌握观察技术，这是需要练习的，要以事实为基础，而不是基于假设，要使孩子在游戏过程中能够真实体现自己。我经常会和几个教学管理者谈论幼儿园里孩子近期发生的一些趣事。有几个节日是老师们购物的高峰时期，一个大班的老师带孩子户外活动时，门卫提醒她：“老师，快递到了，下班记得拿！”“老师，你买的什么呀？”“老师，我妈妈也经常在网上买东西呢。”“老师，老师，怎么这么多快递呀？”孩子们很热情地说。“老师，我去帮你拿回教室吧！”孩子们争先恐后地想去帮忙拿，进入保安室后他们发现有很多快递，提出疑问：“这么多快递都是老师的吗？”老师认真地回答道：“这是幼儿园所有老师的哦！”其中一个孩子提议：“要不，我们帮忙送快递吧！”孩子们纷纷来了兴致。自发游戏开始了，他们探究快递单上的收件人，思考怎么送，送到哪里。孩子们开始分组解决问题，自主把识字多的孩子分配到一组，作为“报单员”。知道快递是送给哪位老师后问题来了，“报单员”不知道快递送往哪个班级，于是她们找到园长，说明缘由，要了一份老师的班级分配名单，解决了快递送到哪个教室的问题。接着下一个问题来了：这么多快递怎么拿呢？孩子们又找到了厨房阿姨，借了一辆小拉车把快递分类放好，然后就分头行动了。送快递的活动持续了一段时间。几个月后，孩子们产生了在班级成立“快递公司”的想法，又开始收集制作LOGO的方法和资源，设计下一个主题。

回顾这一故事，结合书中提到的重新设计课程主题要进行思考与分析，我也进行了反思：孩子们从中获得了哪些经验？我们如何把这一个目标整合到课程体系中呢？孩子们在这个游戏中社会交往能力有哪些进步？从各个年龄段孩子的活动发展方面看，中、小班的孩子是否也感兴趣呢？在幼儿园的大型活动中，如何让家长在游戏中体验幼儿园的课程？

“幼儿园教研的重点是研究儿童的兴趣、需要和发展可能及其与环境和材料的关系，研究老师的观察、分析和引导的合理性和有效性”。“以儿童为中心”的反思过程是不断修正和创新之路。“通过不断分析与碰撞，反思和审视，确保幼儿园课程开发的科学性、适宜性和教育性。”关注幼儿的发展，用真实的教育来检验课程的可实施性。这是这本书给我的启示，它是在工作中给我帮助最多的挚友，帮助我从根本上解决问题的同时，让我在不同的时期有不同的反思和思考，也让我遇见了一些志同道合的幼教人，一起在这充满好奇的世界里畅谈，我想这就是教研的魅力吧！

深圳市龙华区松和小学附属振声幼儿园　胡　成

胡成

感悟

我们在幼儿园做着跟孩子一样的梦，一起发现，一起观察，一起成长，在“错误”中反思，在反思中思考。生活因孩子而多姿，生活因阅读而多彩！

《和儿童一起学习：促进反思性教学的课程框架》

【内容简介】

本书在对当前幼儿教育观念和方法提出质疑的基础上，提出了反思型幼儿教师培养的课程模式，并分别从课程文化的建立、课程材料的建设、教与学的过程、幼儿的学习特点、环境的创设等方面对反思型教师的课程模式进行全面系统的阐述。

【推荐理由】

本书没有枯燥的理论灌输，而是用真实生动的教学活动实录、反思案例和照片，详细介绍了反思性幼儿园课程和教学应该具备的五个核心关键实践经验，以及利用这些核心经验的引导幼儿教师对教学进行有效反思的具体原则、组织思路和方法，有助于幼儿教育工作者系统把握反思型教师的特点，了解反思型教师培养的具体过程，对于指导一线幼儿教师的反思性教育工作具有参考价值。

图书：《和儿童一起学习：促进反思性教学的课程框架》
拍摄地点：深圳市龙华区教科院幼教集团附属幼儿园

致亲爱的他

教师节在我的生活中，逐渐成为一个越来越重要的节日。

在花半里幼儿园，教师们为了庆祝在花半里幼儿园难忘的第一年，举行了一个特别的仪式。我说，要真心感谢这些陪我们吃了半年盒饭的教师们，要真心感谢在幼儿园环境改造过程中等待了我们半年的家长朋友们。他们的信任与宽容，为花半里幼儿园的家园关系赢得了一个良好的开始。这个教师节，让花半里幼儿园的每一个人都感受到成长和蜕变。

在附属幼儿园，厨师做了一个特别的蛋糕，把每一位教师的名字都做成巧克力片，镶嵌在蛋糕的周围。孩子们选择自己喜欢的教师，然后把那片写着教师名字的巧克力片吃下去，从此，他们就甜甜蜜蜜地在一起了。

在中海锦城幼儿园，刚上任14天的强瑞园长组织了一个特别的活动，让教师们聊一聊曾经影响自己最深的教师。

这是教科院幼教集团成立后的第一个教师节。我参加了三场不同的教师节活动，对幼儿园教师这个职业有了更加深刻的理解。看着很多90后幼儿园教师在舞台上青春欢快的身影，我觉得孩子们应该会很喜欢他们吧。

时代在变化，我们对教师的要求也在不断地改变。过去幼儿园教师传统的弹唱跳技能渐渐被淡化，长期以来形成的幼儿园教师的刻板印象也在逐渐被专业形象所替代。我们更希望看到能够倾听儿童、理解儿童、读懂儿童的教师。

他，有足够的专业能力，不仅仅了解3～6岁的儿童，也能看到0～3岁儿童的发展，并了解不同的家庭教养环境对儿童发展带来的影响。

他，了解社会学，喜欢心理学，懂得教育学，愿意用科学的知识来解释儿童发展和儿童行为。

他，有强大的学习能力，是终身学习的实践者；无论处在怎样的环境和变革中，总能够快速地适应环境，寻找路径，为自己创造出成长的空间。

他，有一颗善良的心，热爱生活，喜欢孩子，精神独立，内心丰盈；会把生活中的四季更迭、风霜雨雪、春花秋月变成一场诗意的教学，成为儿童生活经验和课程的一部分。

他，有一双懂得审美的眼睛，会把艺术变成儿童环境中的一部分，变成最好的课程资源；在随着课程不断变化的教室环境中，能让每一次活动都有仪式感和美感；一花一木，一山一水，皆为其心中所栖。

他，是合作者与分享者；在与家长三年的同行中，能用专业赢得尊重，用真诚赢得信任；在和同事的共处中，懂得利用团队的力量让自己和大家走得更远，成为可信赖的友好伙伴。

写下这些文字时，我把“她”改成了“他”。一方面，希望更多的男性教师进入学前教育行业；另一方面希望这个“他”有更多的可能性。

过去，我们很难期望有留学背景的研究生进入幼教行业，但现在，学前教育的“海归”们越来越多了。很多年轻人开始因为自己内心的兴趣而抛弃偏见，进入自己喜欢的行业。当你问他们为什么选择幼儿园教师这个职业时，他们会很明确地告诉你：因为，我喜欢。

面对这样的职业选择变化，我的心里充满了欣喜。如果说学前教育未来可期，那么未来就掌握在这一代更专业、更了解自己兴趣需求、有更清晰的职业定位的幼教人手中。

真心期望教师这个行业不仅仅是“长大后我就成了你”，而是长大后，“我”就成为有更多可能性的“你”。

让我们跟着孩子们一起成长......

甘 露

2020年9月11日

创设富有活力的班级文化，与儿童共同成长

——《和儿童一起学习：促进反思性教学的课程框架》读书笔记

教师精心创设符合学生身心发展特点和需求的学习环境是十分重要的，尤其在幼儿园阶段，儿童处于被引导的状态，一个充满活力并能够让儿童一起生活与学习的班级环境有利于儿童的终身学习。

正如《和儿童一起学习：促进反思性教学的课程框架》这本书中所说，幼儿园的活动安排和教学策略要符合儿童成长的自然节奏，不要试图强迫儿童进入人为模仿、商业文化催生的成人世界中，应当立刻停止对儿童的不断催促。幼儿园生活要有充裕的时间，让儿童有时间对事物好奇，有时间思考，有时间观察，有时间分享、交流，有时间关注最重要的东西。

3~6岁的儿童与其他年龄段的儿童不同，在幼儿园阶段，教师应根据儿童游戏的发展情况扮演不同的角色。教师是儿童学习材料的提供者，是儿童活动中的引导者、支持者、观察者和合作者，而不是监管者。

每个班级都有文化，这种文化体现着教师的教育价值观以及对儿童的期望。教师要与儿童及家长相处得跟家人一样，愉快地度过每一天的生活，并把自己看作和儿童及家长一起学习的人。

班级文化需要教师制定班级规则和一日生活常规，这能够培养儿童对关系的理解能力、归属感、责任感及为集体做事的能力等，使儿童学习在规则和个人愿望间相互协调。因此，教师创设一种丰富的班级文化很重要。

作为教师，如何安排时间，运用什么样的语言与儿童交流，如何与儿童相处，如何协调与自己看法不同的观点，创设丰富的班级文化呢？

首先，教师应该充分了解3~6岁儿童的年龄特点，太过烦琐的条条框框并

不适合他们，教师不能限制儿童游戏的自主性和创造性。

其次，班级文化应该贴近儿童的生活，并能够影响儿童的学习品质，让儿童形成认同感。这样，才能让儿童更好地融入班级文化，实践班级文化，并在班级文化中获得知识和技能。

需要注意的一点是，接受不同的班级文化对于幼儿园阶段的儿童来说是存在挑战的。教师与儿童及家长之间长期稳定的关系对儿童的发展是有利的，但有许多幼儿园会根据教师与儿童的比例、儿童生日或入园名额，把儿童从一个班调到另一个班，或者幼儿园机构根据园所的需要对班级教师进行岗位调整，从而干扰儿童与教师以及家庭间正在形成的关系。此时，教育工作者需要思考："我们怎么做可以加强和巩固现有关系？"如果认为关系的研究很有价值，那就要考虑运用一些方法来保证同一班级的儿童、教师和家庭有2~3年的时间在一起。可行方法是采用循环的方式，保证教育持续性，即一位教师在同一个班级跟班（一般是2~4年，也有长达5年的。当该班儿童从幼儿园毕业或集体进入新的教育机构时，该班教师再重新"循环"，从小年龄班带起）。循环的好处是儿童不需要每年重新适应一种新的班级文化，这使班级文化在儿童学习生活中起到更好的作用。

再次，班级文化在教师邀请儿童及家长一起参与建设的情况下会更加丰富和饱满。相较于普遍的教师占据主导地位，自上而下地向家长传递信息，提出希望家长配合的事情，设计不一样的家长会可以体现教师的教育价值观，建立与家长坚实的合作伙伴关系，重构家长的教育理念。教师可以在家长会上针对与儿童共同探讨过的问题，再同家长进行探讨，以此激发家长对问题的深层次思考；可以询问家长"你希望你的孩子未来成为什么样的人"并将家长的答案制作成书，展示给儿童欣赏，以此为家长和儿童提供建立联系的机会，同时与儿童探究经验或想法建立联系。班级教师、儿童以及家庭在班级文化的氛围中相互影响，既能培养儿童良好的学习品质，增进亲子关系，又能提高教师的专业水平。

最后，教师在教学过程中要经常针对观察和收集的信息进行批判性反思，体验"持续性观察—反思—行动"的过程。教师要让儿童参与到一日生活中来，并以儿童为中心，教师与家长成为"与儿童一起学习的研究者"。

这本书让我回想起之前在班级经常开展的各种各样的主题活动，其中有由教师根据儿童兴趣设计的探究性主题活动，如我班开展了"菜地里的番薯不见了"的自然探究活动。儿童都很好奇番薯去哪里了，于是我根据儿童的兴趣点设计了这一活动。我思考要从哪里引发儿童对自然探究更深的兴趣，儿童有哪些已知经验，儿童会对哪些问题更感兴趣，他们是想了解番薯是什么样子的还是想了解为什么番薯不见了，需要为他们提供哪些帮助，需要家长提供哪些支持，儿童能够通过这次活动获得哪些经验。在活动探究的过程中，儿童好奇是谁偷走了番薯，他们思考着怎么验证猜想的正确性，我在一旁关注着他们的各种对话，并保证他们的想法可以实现。在他们说要查看监控寻找的时候，我会跟着他们一起去监控室，但由于我急于让他们更快地验证查监控是否能够找到小偷，就直接告诉他们应该查看哪一天什么时候的监控，而不是让他们自己去思考和探讨。我想让儿童快速达到我预设的目标，从而忽略了给儿童更多的探索空间。在阅读了《和儿童一起学习：促进反思性教学的课程框架》之后，我了解到教师需要持续扩展儿童的探索兴趣，而不是急于教他们相关的知识，要保证设计的课程更多地展示儿童的想法，而不是根据教师自己的知识和想法塑造他们。在探究过程中教师不要急于让儿童达到教师认为要达到的目的，而要等一等儿童。我们需要思考如何让儿童拥有健全的思维习惯。

我们发现，教室里经常响起“老师，老师，老师”的声音，这是为什么呢？儿童在相处时总会遇到很多矛盾，此时他们最先想到的解决办法就是“告诉老师”，让老师来帮忙处理他们之间的问题。而教师一般都会很乐意帮助求助的儿童解决问题，但没有考虑到可以引导儿童把自己看作可以解决问题并有能力与别人协商的人，所以才会有“老师，老师，老师”的声音在班级内频频响起，并严重影响其他儿童学习的现象。书中说道“在儿童的游戏中，教师对儿童的尊重是非常重要的。教师应该给儿童充分的空间，让他们自己去探索、发现、交流，学会解决问题并体验其中的快乐。在这一个过程中教师不要给儿童提供解决问题的办法，但可以向儿童示范如何协商，让儿童亲身体验，从而培养儿童协商和合作能力的发展。此外，教师要对儿童克服困难的能力及协商能力的提升表示赞扬，认可儿童的思考”。

我们在了解儿童想法的同时也在被儿童了解，我们在向儿童传授知识、经验的同时也在向儿童学习。日常生活中会发生很多事情，有些事情会因为太平常，或者由于其他事情的影响而被教师忽略，但是“你永远不知道自己会给儿童制造什么样的记忆”。日常生活中一些简单的小仪式（如每天早上的问好，离园时的再见，每月集体庆祝生日、节日，春游，秋游等）都能给儿童留下美好的记忆。例如，班上的动物观察屋里放着孩子们从菜地里抓来的虫子，我每天带着孩子们观察虫子时，都会要求他们把自己的发现画在纸上记录下来，并互相分享。有一天，当我在忙着别的事情而没带孩子们观察时，一个孩子突然很大声地告诉我："老师，我发现虫子变成蝴蝶了，我要拿笔把它画下来跟其他小朋友分享。"这样，观察虫子就成了具有仪式感的事情，孩子开始对仪式感有了自己的探究和理解。

幼儿园阶段是儿童习惯养成的关键时期，教师关注儿童在学什么、有什么想法和计划、儿童的兴趣是什么，会使得班级文化更有智慧和活力。好的班级文化能够促使儿童养成良好的习惯，身心得到全面健康的发展，让他们在今后的学习生活中也能受益匪浅。

书中通过很多的教学活动、反思案例和照片引导教师在教学中有效地自我反思，同时告诉教师如何把教育价值观与日常生活环节进行整合，细细品读总会有与你共鸣的点以及值得你学习的方法。作为幼儿教育工作者，最重要的一点是要充满耐心与关怀。教师对孩子的爱，孩子是可以感受得到的。我们要在爱中一点点引导儿童，充分相信儿童、尊重儿童。

深圳市大鹏新区南澳中心幼儿园　杨秀峰

杨秀峰

感悟

读书和学习是在别人的思想和知识的帮助下，建立起自己的思想和知识。身为教育工作者，要学会读书，学习精髓，不要照搬，要落到实处，让自己成长为一名专业的幼教工作者。

《教育：让生命更美好》

【内容简介】

本书文字优美、自然，意蕴丰厚，耐人寻味，立意突出而高远，在轻灵与明快之间闪耀着思想的火花，对于引导广大教师在教育中理解生命的价值，让生命更美好等方面富有积极的意义。

【推荐理由】

本书凸显了教育在生命中的重要意蕴，透露出浓浓的人文情怀，让读者懂得：教育让每一个生命都得到全面而完善的发展，教育是对生命个体人格与心灵的唤醒，教育倡导的是民主和谐的师生关系，教育是教会学生学习和生活。

图书：《教育：让生命更美好》

拍摄地点：深圳市龙华区教科院幼教集团附属幼儿园

教育，为了更美好的生活

前几天，我和深圳职业技术学院的第一届学前教育大学生聊起自己的成长经历。我觉得时间过得飞快，自己怎么就到了和后辈谈历史的年龄了呢?

她们很坦率地问我：“你对幼儿园教师这份职业一直这么坚定吗？”

我坦言，在很难很难的时候，也曾经无数次想过逃离。

“那为什么留下了？”

我陷入沉思。

不久前，我从一本钢琴琴谱里翻出一封没有发出的、泛黄的信笺，信是写给一位姐姐的。我告诉她自己刚刚实习结束，因为告别那些孩子哭得泪流满面。20多年后再读自己的文字才知道，原来，这就是初心。

生命没有如果，只有凭着自己的直觉一直朝前走。环境、人、事，都可能改变你的每一个决定，不用纠结，你能选择的，就是最好的当下。因为，一切经历，都有顽强的生命力，它深挖生命的河床，容纳更充沛的水流。

教育，为了更美好的生活，对我如此，对教师如此，对孩子们亦如此。

“幼儿教育是一门教育科学，是教育的基础。要摸索出一条中国化的幼儿教育之路，必须十分重视和切实开展对幼儿教育的科学实验研究，以促进全民族幼儿教育事业的发展。”陈鹤琴老先生的话，犹在耳边。中国教育发展史，也是由每一个人构成的独特的个体教育史。我们身处其中，从中汲取养分，传承文化，一代一代，薪火相传。

如果奇迹有颜色，那一定是中国红。我们信教育，信自己，信国家。

甘 露

2019年10月2日

甘露与深圳职业技术学院第一届学前教育专业学生的沙龙活动现场

教育是心灵的自由行

——《教育：让生命更美好》读后感

《教育：让生命更美好》这本书从教育的理想、教育的理解、教育的解读、教育的改变、教育的寻美等方面去诠释教育。读后而思，不禁有灵魂三问：什么是好的教育？教育与生命有哪些关联？教育的初心是什么？

什么是好的教育？在书中肖川教授这样写道："也许我们很难给予它一个周全的描述，但我们可以肯定地说：如果一个人从来没有感受过人性光辉的沐浴，从来没有走进过一个丰富而美好的精神世界，从来没有读到过一本令他激动不已、百读不厌的读物，从来没有苦苦地思索过某一问题，从来没有一个令他乐此不疲、废寝忘食的活动领域，从来没有过一次刻骨铭心的经历和体验，从来没有对自然界的多样和谐产生过深深的敬畏，从来没有对人类创造的灿烂文化发出过由衷的赞叹，那么，他就没有受过真正的良好的教育。"①

这段话让我想起，有一次听韩杰梅教授的讲座，她讲了一个案例：在希腊的一个博物馆中，教师带着孩子们参观，她没有介绍雕像的过去种种，而是交给孩子们一面黄色的旗帜，让他们发现感兴趣的点时用举旗来示意并表达分享；最后跟孩子一起在窗户旁瞭望远处的神庙，让孩子们想象神庙的模样，使每个孩子都成为充满想象力的"建筑师"。

幼儿园做"师幼互动"教研时，教师与孩子们之间发生了一个故事——"美丽的发夹"。在中班的区域活动中，平时很少去美工区的小远在班里的

① 肖川. 教育：让生命更美好［M］. 北京：北京师范大学出版社，2015：5.

DIY手工创意区做起了蝴蝶结发夹，虽然动作不是很熟练，但非常认真专注。老师及时关注到这一点，准备在接下来的区域活动总结环节请小远进行分享，希望能抓住这一教育契机，引导小远更加大胆地分享和表达。区域总结环节，小远拿着自己做的小发夹，略显羞涩地上台分享。

老师：“小远，请你介绍一下你的小发夹吧，你用了什么材料？”

小远小声地说：“我用了一块蓝色的纱。”

老师：“那怎样可以做成蝴蝶结呢？”

小远没有说话，于是老师拿起DIY的材料盒递给了小远，并说：“这真是一个漂亮的蝴蝶结，你可以教教我们是怎么做的吗？”

小远点点头，拿起一块纱，开始安静地做起了蝴蝶结。

老师边看边描述小远制作蝴蝶结的过程：“可以从中间一捏，然后用胶带一粘，再用小手捋一下褶皱的位置，一个漂亮的蝴蝶结就做好了。”

当他做完后，老师紧接着说：“可以给小朋友们看看吗？”

小远高高地举起蝴蝶结，同时露出了灿烂的笑容。

老师又问：“小远，你是怎么会做蝴蝶结的？谁教你的，还是你在哪里看到的？”

小远说：“我看见妈妈的发夹是这样的，有一次妈妈的发夹坏了，她就是这样修好的。”

老师：“小远很细心，会观察生活中的细节，然后再用于DIY创意。你想把这个漂亮的蝴蝶结发夹送给谁呢？”

小远说：“我想送给老师。”

老师：“哇！我真的很荣幸，那你帮我戴上它好吗？”

小远满脸笑容，轻柔地帮老师戴上了发夹。

老师：“谢谢小远，这真是一件珍贵的礼物。小朋友们，你们觉得漂亮吗？”

小朋友们都鼓起掌来。

老师继续说：“你们可以用手指相机（班级小朋友熟悉的一种用手指摆成拍照姿势的形式）为我和小远拍一张照片吗？”

小朋友们纷纷伸出手指相机，还发出“咔嚓咔嚓”的声音，并接连不断地说道：“真的好漂亮啊！”“老师，我明天也去做一个蝴蝶结发夹送给你。”“我想做一个送给妈妈。”……

小远从最初的羞涩到最后的绽放笑容，当她将蝴蝶结发夹“举”得高高的那一刻，她就走出了自己的内心，这是她敢于自信展示的第一步，也是师幼感情靠近和信任的开始。整个对话展现了教育的智慧与师幼关系的温暖。

这个故事让我重新思考，教育到底注重目标还是形式？为了教还是为了学？同时，这个故事诠释了什么是好的教育。

我认为在教育中达到一种心灵共润的关系，是肖川教授所提到的教育理解的关键。胡华园长在生活化课程中提到师幼关系是一种相遇，这种相遇是具有完整人格的人的精神相遇，也就是说，师幼相遇的主题不仅仅在于“知识”，更在于情感、思想、智慧的碰撞和精神世界的交互成长。[①]教育也是一个不断向儿童靠近的过程，是研究、探索、反思的过程，是共同成长的过程。

教育与生命有哪些关联？肖川教授倡导“生命教育”，认为教育的目的是向人类传递生命的气息，真正做到“珍惜生命、尊重生命、热爱生命、承担生命”。所有教师都有责任教会学生拥有欣赏生命的态度，尊重、正视每一个生命，让学生享有完整的、发展的、愉悦的、健康的生命。教师要努力地创设情境，带给学生更多的感动，更多温暖的关怀，让学生形成一个积极的、光明的内心世界。[②]

这让我想到了另一个故事——“五颜六色的我”。天昱小朋友在区域活动时基本没有自主选择过美工区，每到画画时，总是保持“沉思”状，很晚才下笔，有时甚至会直接跟老师说：“老师我不会画，我不想画。”

针对天昱“绘画困难”的问题，老师跟天昱进行交谈，但是天昱只是说“不会画，不知道怎么画”。有一次坐在他身边的一个小朋友突然说道：“他画画很丑啊。”听完这句话，天昱又一次低下了头，原来天昱是因为听到了一些负面的评价，导致自信缺失。在一次画人物的美术小组活动中，小朋友们都已经开始创作自己的作品了，天昱还是迟迟不动笔，老师拿了张纸走到他的身

---

① 赵莉. 对话哲学视野下幼儿园师幼关系存在的问题及对策［J］. 早期教育：教科研版，2014（1）：2–3.

② 肖川. 教育：让生命更美好［M］. 北京：北京师范大学出版社，2015：6.

边坐下陪他一起画，天昱拿起了笔，开始慢慢画线条和轮廓，最后，画面上出现了一个长着几根头发、全身都是五颜六色的人。终于看到了天昱完整的绘画，老师内心很欣喜，希望能把握住这次机会与天昱进行更加深入的沟通。

老师：“你画的这是谁呀？”

天昱：“我画的是芬芬老师。”（教师本人）

老师：“哇，好特别的我，为什么我的身上是五颜六色的呢？”

天昱：“因为你超级漂亮啊！”

老师仔细观察了那幅画，发现画上人的脖子上戴着一条项链。

老师：“天昱，你好细心，这条项链是我常常戴的哦，你竟然发现它了，还画了出来，我好感动。”

天昱嘴角上扬。

老师：“谢谢你让我拥有了五颜六色的美，以后你可以多多来美工区用你自己的方式画出你发现的和你喜欢的任何事物跟我们分享，我相信小朋友们也会很喜欢的。”

天昱笑了笑，把画递给老师：“老师，这幅画送给你吧！”

老师：“谢谢你，我一定会好好收藏。”

那天回家之后，天昱的妈妈跟老师反馈说：天昱回家非常高兴，因为他送给了老师一张好看的画。老师当即跟家长沟通，让家长在家多让天昱绘画或者进行手工小创作，并在过程中给予他鼓励和肯定。从那之后，天昱经常会从家里带一些他的绘画作品来跟老师和小朋友分享，在幼儿园里进美工区的次数也变多了。

在教研时，我问这位老师，这幅五颜六色的画最打动你的是什么？她说：“最打动我的是画中的那条项链，它说明孩子是想着我的，心里是有我的。他用他认为最好看的颜色描绘了他心中最漂亮的我，证明我们之间是有情感链接的。那天在美工区其他孩子也画了我，我都保存着，但是这一张最有幸福感，特别是看到他对画画这件事的接受，我很开心。”

这位老师能够及时发现天昱小朋友“绘画困难”、缺乏自信的原因，并尝试通过悉心的陪伴和关注激励他。天昱感受到了老师的关爱，并通过自己的作品大胆地表达出来，也深深地感动了老师。3~6儿童对自我的评价多半来自成人和同伴，他们会根据这些评价不断自我认同。这个故事中可贵的是天天陪伴在孩子身边的老师能够敏锐地发现，及时地调整。这就是“看见的力量”，只有看见才能“心见”，才能因“爱”而生“智”。

在教育中，如果我们用心营造出一种充满真情与关爱的氛围，良好的教育就有了最真切的保障。在我看来，教育是生命与生命的互动，心灵的感应远超教条的理论。教育最终是为了让儿童健康快乐地成长，有温暖幸福的童年，拥有幸福的能力。真正幸福的人，是精神上富有的人，是有完整生命表现的人。教育是让每一个生命都得到全面而完善的发展，教育是对生命个体人格与心灵的唤醒，教育倡导的是民主和谐的师生关系，教育是教会学生学习和生活。

教育的初心是什么？

阅读完这本书，我不断地回想，我们习惯了“从小立志然后成就一番事业”的故事模板，其实人生的路，有时候是走着走着才开阔起来的。开始我们并没有什么野心勃勃的计划，只有一种坦率而强烈的冲动，而这个冲动是始终坚持自己的信念。有时候我们可以停下来，问问自己，不要因为走得太远，忘记最初为什么出发。

所谓初心就是真正让你心生喜悦的东西，能让你内心充盈着力量的东西。2004年，我20岁，扎着马尾辫，带着行李和一盘磁带（面试的舞蹈音乐），憧憬着所有的美好来到深圳，一待就是16年，从教师一步步做到了班主任、教研员、园长、教学园长，支撑我的就是那份坦率而强烈的冲动，哪怕再苦再累我也没有放弃。很多人说我是个执着的“疯子”、勇敢的“傻子”，在我成为“疯子和傻子”之前，我遇到了很多的“疯子和傻子”，他们是真诚待我的园长、同伴，他们中的很多人将自己的一辈子奉献给了教育事业。

校长决定着学校的高度，教师决定着学校的厚度，家长决定着学校的宽度，孩子决定着学校的温度。而这些深爱着学前教育的、执着的“疯子和傻子”，从不图什么，只想为社会培养一代又一代人，帮助一代又一代孩子在未来的生活中，更成功地寻找自己的幸福，他们是在完成教育让生命更美好的使命。

过去可寻，未来可期，我们要培育教育的“种子”，也要努力改良教育的“土壤”，哪怕只能影响身边一个人对待工作、对待生活的态度，教育的未来也会变得越来越美好。

生命最完美的状态是保持工作与生活的平衡，使工作与生活能够水乳交融，成为生活与工作的创造者。创造者和非创造者的区别就在于，能不能从平凡的生活里萃取出核心的、美好的、有价值的东西。

一所幼儿园可以很大也可以很小，可以很豪华也可以很质朴，但是一定要能安放我们的灵魂。“士不可以不弘毅，任重而道远”，让我们一起从容智慧地走过。

人生的路，有时候是走着走着才开阔起来的。当我46，56，直到76的时候，也许没有辉煌的功绩，但我为教育而生，爱着教育，我便可以会心地淡淡一笑：“我一生只做了一件事，做了孩子童年最亲爱的人，让我们彼此的生命更美好！”

教育是一段旅程，是一场心灵的自由行。

深圳市龙华区教科院幼教集团附属中海锦城幼儿园　强 瑞

强瑞

感悟

读书不是为了雄辩和驳斥，也不是为了轻信和盲从，而是为了思考和权衡。

教育让生命更美好

闲暇之时翻开了肖川教授撰写的《教育：让生命更美好》，封面的一段话映入我的眼帘：生命是一段旅程，不管路途开满鲜花还是布满荆棘，走或不走，时光都会将你带到尽头。用欣赏的姿态对待人生，就会发现生命原本是这样美好。忽而感慨万分，回望十五载的幼教生涯，我从一名教师变成了管理者，在这一过程中，转变的是角色，不变的是自己对幼教这份职业的坚守。一路寻觅生命、教育的本真，有鲜花，但也遇到不少荆棘，或许正因为有“缺”，所以人生有了另一种意义的“满”。

翻阅《教育：让生命更美好》一书，我跟着肖川教授的脚步走进他的教育世界，里面有星辰大海、斑斓色彩，还有孩子们的欢声笑语。在守望、理解、解读、改变、寻美、行走中，我看到了教育的美好，惊喜于教育给生命带来的变化——它让人独立、知性、优雅。

本书讲述的是一个“好”教育的理想，以及好教育与好人生。何为好教育？何为好人生？我认为适合的教育就是最好的教育，即符合孩子的身心发展需要，能挖掘、支持孩子兴趣爱好的教育；过自己想要的生活就是最好的人生，但明白自己想要何种生活并不是一件简单的事情，需要敏锐的感悟和丰富的经历才能体悟到何种生活是自己喜欢并且适合自己的。不管是学校还是家庭，父母还是教师，站在给予者的角度，都觉得自己给孩子的教育是正确的、最好的，却极少蹲下来问问孩子是否喜欢，也极少认真反思是否适合孩子。没有走进孩子的内心世界就难以了解他们的想法、需求，制订出来的教学计划就不一定是好的、适合的教学计划。所以，我们不妨蹲下来，与孩子交友谈心，看看孩子的内心世界，尊重孩子的每一个想法，重视孩子人格的培养、理性智慧的训练、充分和得体的自我表达，制订符合孩子需求的教学计划，做孩子成长路上的观察者、引导者、支持者和合作者，这样才能帮助孩子在适合自己的轨道上奔驰。再者，好教育能帮助我们寻求好人生。教师让孩子观察天气、落叶，培养孩子的生活观察力；把知识传授给孩子，拓展孩子的视野与思维深度；鼓励孩子挑战自己害怕的、未知的事情，丰富孩子的生活体验……这些都会帮助孩子积累生活的感悟和体验，找到自己真正想要的生活状态。

理解，是教育的“关键词”，也是生活的“关键词”。理解需要摒弃自我的想法站在他人的角度思考问题，但人是从自我出发的生物，也没有知晓他人心思的超能力，因此，学会换位思考以及表达自我，才能更好地理解别人以及更容易地被别人理解。我们把视线聚焦在刚上小班还不善于用语言表达想法的孩子身上：陌生的环境、陌生的人群，一切都与孩子所熟悉的家庭环境不同，他们会胆怯、不安，然而这种感受孩子们不懂也还不会用语言表达，所以哭闹成了孩子表达自己抗拒的方式。这时老师要有善于观察的眼睛，去揣摩孩子的需求、想法、情感，并知道熟悉的、可把控的事情能给人安全感。多带孩子看看幼儿园里可爱的花草和动物，让孩子熟悉幼儿园；晨谈时做好一日的活动预告，让孩子知道幼儿园的活动是可预测的；跟孩子一起玩，给孩子拥抱，让孩子打开心扉……这些都能帮助孩子快速适应幼儿园的生活。同时，教师引导孩子学会用正确中肯的语言和行为表达自我也极为重要，这能让孩子在以后的生活中减少因误解而产生的纠纷，也能帮助教师更好地理解孩子的想法，制订更好的教学计划。

我们尝试用发展的视角解读教育，会看到教育的力量、灵魂、意蕴和期待，也会看到在科技的推动下不断变化的教育形式。从用竹简传道授业解惑到纪录片《你好未来人类》的英国篇中只用科技产品进行教学，每一次教育形式的变化，都依托科学技术的发展，以及对未来社会所需要的人才素养的思考。在当今科技发展迅猛的时代，未来社会需要的人才特质是具有创造性、认知灵活性，有解决问题的能力、领导力……正如杜威所说：如果我们仍用昨天的教育培养今天的儿童，那么我们就是在剥夺他们的明天。我们既要立足当下和以往的教学经验、科学技术，更要思考未来需要的人才素养，这样才能帮助孩子更好地适应未来社会，并创造自己的人生价值。

改变可以影响人的一生。“观念改变，行动就改变；行动改变，命运就改变”。我想谈的改变，是孩子基于前代人为标准的改变。作为家长和教师，我们如何做才能让孩子青出于蓝而胜于蓝？我们要改变观念，把守旧的、不符合未来社会发展要求的教育观抛弃，学习先进的教育理念；不要轻易地给孩子贴标签，或者漠视孩子的真正需求；做孩子的朋友，了解孩子的想法，制订符合孩子自身的教育计划，这样孩子才能在一步步的引导下站在更高、更开阔的地方看世界。这个改变是上一代牵引下一代的改变。

教育者的一生都在寻美，寻找一根可以撑起教育的长篙，寻找教育的后花园，只为教育的枝繁叶茂。我们知道“一日生活皆课程”，显然教育是烦琐的，需要教师具备善于发现教育契机的眼睛，也需要教师具备先进的教育理念进而引导孩子。教育者需要不断地思考，难免有倦怠时刻，但只要找到教育背后的风景，便会抚平自己的疲倦，给自己加油鼓劲——当你因翻阅资料、精心准备的课程被孩子喜欢而欣喜，当你失意时被孩子跌倒站起来拍拍灰尘继续奔跑打动，当你陪伴孩子走过幼儿园的三年因孩子成长了许多而自豪。这些都是教育生涯的美丽风景，也是教育者的成就感所在。

教育探索从自我反思开始，我们在亲历中探索教育的真谛。教育是一场跋涉，会遇到阻碍我们前行的绊脚石，甚至是悬崖峭壁。作为一名教育管理者，我带领着团队，遇障破障成为每日必不可少的挑战，每天就工作进行复盘，与同事们进行工作总结，对自己的工作进行总结归纳，思考事情有无更为合适的解决办法，在一点一滴中感受教育，探索教育的真谛。

作为一位妈妈，我一直在反思自己是否给予了孩子“好”的教育，是否认真倾听了孩子的想法；作为一位幼教工作者，我一直在思考“为何而教”，要怎样才能给懵懂期的孩子们更多的自由发展，更多的天性解放。同样，龙华区教科院幼教集团附属幼儿园的教师们也一直在寻找这个问题的答案。在甘露园长的带领下，龙华区教科院幼教集团附属幼儿园和腾讯合作，组建了全国第一家“云智慧幼儿园”，并不断进行探索。通过在教学中植入科技的力量，利用人工智能记录孩子们每天的点点滴滴——运动情况、进区情况等，我们得以了解在户外运动中孩子的运动量是否达标，频繁选择的区域是否是孩子感兴趣并且擅长的……科技让我们更了解孩子，帮助我们为孩子制订更符合孩子天性的教学计划。总而言之，教育不仅让教育者的生命更富成就感，也让孩子的生命更值得期待。

深圳市龙华区教科院幼教集团附属幼儿园　杨洁茹

杨洁茹

感悟

读书是一种享受生活的艺术。当你枯燥烦闷时，读书能使你心情愉悦；当你迷茫惆怅时，读书能平静你的心，让你看清前路；当你心情愉快时，读书能让你发现身边更多美好的事物，让你更加享受生活。

《为生活和学习而设计：早期教育机构的环境变革》

【内容简介】

本书从儿童立场出发，围绕几大元素解读了70多个不同的早期教育机构的实景，内含350余张精美的环境图片。在这本书中，两位作者以倡导者和专家的身份引领教师更深入地理解环境改造背后的理念，精心规划室内和室外环境，在支持儿童学习的同时滋养儿童、家庭和教师，帮助教师进行环境变革。

【推荐理由】

这本书引领了一场早期教育机构的环境变革，它告诉我们如何设计吸引感官的自然环境，是不可忽视的一本专著。相信阅读之后，您对园所环境设计会有新的改善性思考。

图书：《为生活和学习而设计：早期教育机构的环境变革》
拍摄地点：深圳市龙华区教科院幼教集团附属幼儿园

为孩子而设计

今天，我第一次尝试用直播平台授课。因为教科院幼教集团附属幼儿园参与了中央电教馆的“家园共育”项目，安排我为河南的家长和教师授课。直播平台的人对我说，装个软件在家里就可以授课，很容易。可是我不敢，害怕直播出状况。

上午，收到马老师寄给我的一本书，是朱永新老师“新鲜出炉”的《未来学校：重新定义教育》。未来学校的概念已不新鲜，很多国际学校，已经开始用这种概念包装他们的学校。

朱老师说，教育的变化有三个阶段：首先是技术的变革，其次是教育模式的变革，最后是教育结构的变化。学校的教育结构如果不发生变化，教育是很难变化的。这些年，我一直在跟着蒲公英智库听关于未来学校的各种讲座，接受了各种关于未来学校的信息。但是，很遗憾，这些闪亮的想法、理念，很难在传统的学校中找到。无论技术怎样进步，无论脑科学、认知科学的研究怎样，无论对学习者本身的解读如何，这些新的东西很难进入传统的学校。它们的结构太稳定，无法承受改变带来的风险。

在教科院幼教集团附属幼儿园，我深度研究的两个项目，一个是信息技术，一个是家庭教育。选择他们的原因是我深信学前教育和家庭教育迫切需要靠信息技术完成第一次变革。为了让儿童的学习看得见，让每一个家庭都能够成为学习的中心，只有依赖信息技术。从2G到5G，在人们的生活方式已经发生巨大变化的时候，我要依靠科学重新发现家庭和父母在教育中的意义和影响，而传统路径已经无法实现这个梦想。

幼儿园应该成为可以温暖安放孩子童年的地方。我们创造各种环境，让学习无处不在地发生；让世界的教育资源通过万物互联的方式呈现在孩子面前；

让幼儿园没有围墙、没有边界；让不同的孩子和不同的老师相遇，在相遇当中找到自己、发现自己、成为自己。这样的孩子，才会站在未来中央。

甘 露

2019年6月7日

基于儿童立场的幼儿园环境创设

——读《为生活和学习而设计：早期教育机构的环境变革》有感

这些年，幼儿园环境创设被推到了前所未有的高度，而环境创设能力已成为考量一名幼儿园教师专业水平的关键因素。幼儿园环境既是儿童生活的空间，也是儿童的游戏空间与学习空间。空间向儿童传递了什么，儿童便会成为什么。[①]我们所在的环境影响我们的情绪、建立关系的功能以及工作和生活的质量——甚至是健康。[②]无论是哪一种幼儿园课程，其根基都是环境。环境的重要性不言而喻！而我们也在不断地探寻环境创设的最佳策略，不断地调整幼儿园的环境。我们希望自己的幼儿园、自己的教室是充满吸引力、有美感、有质感的空间。如果你想改变环境，阅读《为生活和学习而设计：早期教育机构的环境变革》这本书，一定会收获满满。

一、儿童立场的环境

翻开这本书，你一定会被大量精美的图片深深吸引，你会迫不及待地把所有图片看完。但是，请你不要只看图片，要关注文字，要细细品读一字一句，去领悟图片背后的理念和思想。这本书的序“坚守环境创设中的儿童立场”是南京师范大学王海英教授写的，每一段文字都值得我们反复品读。王教授从五

① ［美］德布·柯蒂斯，玛吉·卡特. 为生活和学习而设计——早期教育机构的环境变革［M］. 朱金兰，译. 南京：南京师范大学出版社，2018：1.

② ［美］朱莉·布拉德. 0–8岁儿童学习环境创设［M］. 陈妃燕，彭楚芸，译. 南京：南京师范大学出版社，2014：1.

个方面诠释了如何在环境创设中坚守儿童立场，每一句都是箴言。参与环境决策是儿童的公民权利，“它要求我们越来越多地考虑儿童的权利，特别是他们的环境，寻求并根据他们的想法来进行规划、评估和改造环境，这是我们向他们表达尊重的终极方式，也是他们作为公民的权利①”。当下，“儿童的视角”和“儿童立场”成为业内高频词汇。在环境创设思路上，越来越多的幼儿园开始从“成人的视角”转换到“儿童的视角”，这是一个跨时代的变革。

什么是“儿童的视角”呢？系统阐述这一现象的是瑞典儿童教育研究者索默尔，她认为“儿童的视角”代表着儿童对世界的感知和体验，指的是儿童作为自己世界里的主体，能建构其所在世界的意义，并表达自己的感知体验，这是一种“儿童自己的现象学”。②这里的儿童，是活生生、具体的儿童，是生活于当下的、文化情境中的儿童，即使是一个小婴儿都有自己的视角。“儿童的视角”时刻提醒着成年人，要蹲下来，要努力去理解具体的儿童，要通过观察和倾听去感受儿童的世界，通过“达成共识”的方式参与到儿童世界的构建中去。

在我们这所新创办的幼儿园里，坚守儿童立场的理念是从建园伊始就定下的基调。我们珍视儿童的想法，收集儿童对幼儿园游戏的期待，鼓励儿童参与幼儿园的户外玩具设计。幼儿园有一片草地，是连接操场和蜿蜒小路的必经之地，开始草地上空无一物。经过大班小朋友的实地探索、测量、设计、合作、制作，一个攀爬组合最终成功地安放于此。在这个过程中，发生了一系列有价值的学习。

大班小朋友和玩具商沟通设计户外攀爬玩具

根据小朋友的设计制作的攀爬组合

① ［美］德布·柯蒂斯，玛吉·卡特. 为生活和学习而设计——早期教育机构的环境变革［M］. 朱金兰，译. 南京：南京师范大学出版社，2018：1.

② 黄进. 探寻“儿童的视角”为何不容易［J］. 幼儿教育杂志，2020（6）.

在布置室内环境时，我们会蹲下来从儿童的视角审视整个班级的环境创设。其中，是否有能激发你好奇心的内容？是否有让你想去触摸和探究的内容？这些内容是否在你触手可及的范围内？如果你的好朋友过来和你一起玩，是否有足够的空间？是否有一些物品可以信手拈来，当作游戏的小道具？环境中是否有一些物品能让你有家的感觉？当你蹲下身来从幼儿的视角审视班级环境创设时，请运用下面的“环境创设评价表”进行评价，在符合情况的条目前面打“√”。[①]

环境创设评价表

□ 材料能被幼儿看到，能用得上，摆放整齐，有吸引力。
□ 有来自大自然的多种材质、形状和元素的材料，吸引幼儿去探索与发现。
□ 空间布置灵活，当很多幼儿在同一区域游戏时，空间可扩展。尽量不对进出各活动区域的幼儿进行限制。
□ 除了食物模型、木制积木、乐高积塑等玩具外，还有许多可拆装的零部件，如布、软木、管子及塑料环。
□ 环境布置体现幼儿的生活经验和兴趣，陈列幼儿作品的样本、照片、草图、在家中制作的图书及带有故事性的物品。
□ 有各种体现不同角色及文化特色的图片，帮助幼儿感受它们的异同

对照《环境创设评价表》，你在几个选项上打了“√”？不是很多，还是基本上都打“√”？本书作者认为，儿童视角下的环境创设应至少具有四个要素：开放性材料、灵活性空间、归属性情感和联结性文化。

二、自然美的环境

当孩子走进一所幼儿园，走进一个班级时，能促使他调动感官去观察、去倾听、去把玩、去探索的，一定是“吸引力”。充满质感、能吸引我们感官的自然环境，是当下幼儿园探究环境创设的核心要素。2020年疫情来袭，一场盛大的关于生命和自然的教育成为必修课题。2月19日，侯莉敏教授做客《育儿周刊》带来公益直播课《与孩子共享自然，是一场关乎生命的教育》，该课程在学前教育界反响热烈。在疫情的特殊时期，“共享自然”是一个不可回避的现

① ［美］德布·柯蒂斯，玛吉·卡特．关注儿童的生活：以儿童为中心的反思性课程设计［M］．郑福明，张博，译．北京：教育科学出版社，2015：35.

实问题。当今社会，快速的经济发展带来了物质财富的巨大增长和物质生活的改善，但也造成了严峻的自然生态问题。儿童是“自然之子”，我们也都是大自然的孩子。所以，在孩子幼小的心灵里播撒珍爱自然的种子，意义重大。

让自然元素充实园所环境，可以进一步安抚人的感觉和情绪。在幼儿园室内外创造一个具有自然美感的环境，会让人感觉到环境是会呼吸的，是和大自然联结的。因此，我们在户外保留了大片草坪，种植了20多棵果树，开辟了种植园。孩子们可以在种植园里播种，在草地上找蚂蚁，在果树上摘果子，感知生物在四季轮回中的变化和多样性。

在室内，自然元素的运用会让整个教室变得生机勃勃。在空中，你能看见老师带领小朋友用自然材料做的各种挂饰；在墙面上，一个树枝可以成为展示儿童作品的最佳媒介；在柜子里，石头、树枝、贝壳、树叶、树桩、木片等材料呈现在各个游戏区；在地面上，孩子们正在拿着放大镜观察树桩上的年轮和树皮的纹理……孩子们每一天都能和自然亲密接触，在富有自然吸引力的环境中爱上自然、感恩自然。

室内的自然材料

小朋友在户外摘阳桃

三、开放性材料

在“以游戏为基本活动”的课程模式下，幼儿园对游戏材料的投放非常重视。但是，我们会发现很多幼儿园的多数玩具和材料都由玩具公司生产。这些材料大多数是塑料的、人造的和预先装配好的，它们通常有一个主题、脚本或具体的使用说明。这些玩具能激发幼儿的探究力、想象力和创造力吗？大多数情况下不能。因此，教师要提供更多开放式材料，让儿童的游戏变得更有创意、更深入、更有价值。

“开放性材料”（loose parts）是由英国建筑师西蒙·尼科尔森（Simon Nicholson）提出的一个概念。它表示开放、可拆装的材料，可以为幼儿提供使用、转换和将自己的经验和想象融入活动过程中的机会。儿童的学习是通过直接感知、实际操作、亲身体验的方式实现的，而不同质感、不同触感、形色各异的开放性材料能给儿童带来多感官的体验，激发儿童的探究兴趣。在新天地幼儿园里，随处可见的开放性材料，等待着儿童用自己的方式去使用。树枝、莲蓬、松果、石头、竹梯、亮片、宝石、纱巾等不同材质的材料，支持儿童的创造性游戏，教师鼓励儿童根据游戏探索需要把材料搬运到幼儿园的各个角落。在“娃娃家”，孩子们用松果做饭菜；在沙池，孩子们用各种材料进行沙盘游戏；在幼儿园的草坪上，孩子们用开放性材料摆出各种各样的组合造型……

开放性材料可以在日常生活中收集。《为生活和学习而设计：早期教育机构的环境变革》这本书给了我们很好的参考。厨房类材料如筛子、钳子、开罐器、胡桃夹子、蛋盒、打蛋器、计时器、制冰格、压蒜器、蔬菜蒸锅等，绳线类材料如各种材质的绳子、麻线、纱线、鞋带、棉绳等，农田材料如秸秆、稻草、麦秆等，纺织品材料如表演服、纱巾、毯子、碎布等，废旧材料如门把手、开关、夹子、管子、大螺母、合页、滑轮、扳手、滚漆筒等，还有随手可得的自然物如树叶、石头、树枝、贝壳、椰壳、松果等，都是孩子们最喜欢的材料。

户外的开放性材料

幼儿使用开放性材料玩“过家家”

生活即教育，教育即生活。幼儿园是儿童和教师共同生活的地方，也是儿童学习的地方。幼儿园的课程，教师的教育观、专业性，儿童的学习，都投射在每一处环境里。所以，每一处环境都值得被认真对待，每一处环境都应蕴含教育价值，每一份材料都应是教师送给儿童最好的礼物。我们应该蹲下来，多听听儿童关于环境和材料的看法及需求。让环境创设从儿童出发，并回归儿童。

深圳市龙岗区龙城街道新天地幼儿园　张慧慧

张慧慧

感悟

幼儿园环境不只是承载儿童生活的物理空间，也不只是课程实施的媒介路径，更是具有人格特质的第三位老师。无论哪种课程模式，环境都是根基。《为学习和生活而设计——早期教育机构的环境变革》给一线教师一套基于儿童视角改造环境的方法，值得推荐。

让幼儿成为环境的主人

《为生活和学习而设计：早期教育机构的环境变革》这本书从儿童立场出发，两位作者以倡导者和专家的身份引领教师更深入地理解环境改造背后的理念，精心规划室内和室外环境，在支持儿童学习的同时滋养儿童、家庭和教师，帮助教师进行环境变革。书中围绕几大元素和不同案例解读了早期教育和学习环境创设需要考虑的因素，以及环境的价值。这本书让我在与幼儿一起生活和学习的过程中产生思考和灵感，也激发了我实施变革的热情，让我坚信每个幼儿都是奇迹，要尊重幼儿发言的权利，尊重幼儿的想法在环境规划和评价过程中的价值。作为教师，我们要了解环境的意义，并找到支持幼儿参与环境决策的方法，让环境成为一种活性剂，以帮助我们塑造在环境中的内部生活。

一、环境是早期教育中一位重要的老师

我们要拓展自己的思维，突破传统的布置环境的观念，要有立足儿童的立场，捍卫儿童的权利，关注儿童的生活，要有行动的意识和实践的策略。因为从幼儿到成人不是一段真空的旅程，而是一段循序渐进、脚踏实地的生命体验。在规划幼儿园环境时，评估应当从当前的空间设计开始，从一个简单的平面图开始，要通读评价的标准，以便了解环境的详细信息，做出合理的规划。教师要从儿童的不同视角进行评估，将充满魔法、奇迹和智力挑战的元素融入环境，充分考虑脑科学、美感、光线、色彩以及气味对儿童的影响，始终坚守环境创设中的儿童立场，使环境发挥最大的价值。

二、尊重幼儿创造环境的想法，让幼儿参与环境决策

成人的视角无法真正地了解幼儿对环境的偏好，需要以幼儿的视角补充不

足之处，要倾听幼儿对环境和材料的想法，满足幼儿对环境的需求，让幼儿养成自主自信，善学乐学，敢于探索，乐于创造的、积极的学习品质。要在创设环境过程中邀请幼儿参与其中，倾听幼儿的心声。

随着我园户外活动场地的重新创设，幼儿发现幼儿园新增了一条环形的水泥路，师生围绕这条水泥路做什么，为什么做，怎么做，展开了一系列活动。教师邀请幼儿参与环境的决策，倾听幼儿对环境的想法，师生一起通过谈话、画画、摄影和建构等方式表达自己的想法，表明自己的权利，实践自己的主张，最终将灰白的水泥路建设成了好玩的七彩车道。让幼儿的责任感、担当感、归属感、掌控感慢慢地生长，这就是维护儿童权利的一种方式。

三、从幼儿的角度进行环境改造

教师在创设幼儿空间环境时要处处关注细节，让每个环境都能为幼儿提供学习的机会，让幼儿像科学家一样探索，在室内外空间发现不同的学习价值。所以，教师创设环境时要进行以下方面的思考：

（1）突破传统的教室设计方式。

（2）建立联系以产生地方感和归属感。

（3）保持空间的灵活性和材料的开放性。

（4）设计吸引幼儿注意力的自然环境。

（5）激发求知欲、好奇心和智力挑战。

（6）吸引幼儿进行符号表征、读写和视觉艺术活动。

（7）帮助幼儿充分利用环境。

（8）启动环境改造程序。

（9）正视障碍并协商质量标准。

（10）寻求幼儿对环境的看法。

在上学期和幼儿改造七彩车道的过程中，我将重点放在幼儿身上，跟幼儿一起讨论确定七彩车道的初始愿景和改造目标，然后通过观察评估幼儿如何在七彩车道玩耍，又研究幼儿在七彩车道玩耍产生的所有问题，跟幼儿讨论并解决这些问题；按预期的设想改造七彩车道环境，添置材料，让幼儿再次探索新的环境，指导和记录幼儿在七彩车道遇到的种种问题，并一起解决问题，不断丰富和提升已有的经验。

通过将水泥路变成好玩的七彩车道，让幼儿参与环境的改造过程，师生不仅共同创造了一个美丽的、具有吸引力的材料空间，而且让教师感受到环境使幼儿主动性、持续性的学习和合作发生的变化。教师要为幼儿提供不同的材料，让幼儿持续专注地做自己想做的事情，体会到自己是有价值的、有能力的。幼儿是幼儿园环境的主人，师幼共同构建一个真实、有机发展的学习环境，有助于发挥环境的最大教育价值。

出于教育的热情和使命感，我们不要一味地追求达标或合规，而应该从幼儿的视角去评价身边的环境，真正地把幼儿的声音吸纳进来，让幼儿的身体、思想、情感和精神能以一个整体进入早期教育环境并成为环境的主人。

深圳市大鹏中心幼儿园　郑晓丹

郑晓丹

感悟

与书为伴，清净恬淡；以书会友，不见忧愁；与书相牵，美名相传。书乃圣洁之名、神秘之物，好书把握在手，书写壮美人生。

《幼儿园真谛》

【内容简介】

仓桥物三先生（1882—1955）是日本幼教界儿童中心主义保育观的确立人，由于其思想对日本幼教的影响巨大，在日本享有极高的威望，被誉为“日本幼儿教育之父”。《幼儿园真谛》一书是仓桥物三先生的讲演记录，其内容由“幼儿园保育法”“保育计划的实际”“保育过程的实际”三部分组成。

【推荐理由】

仓桥物三先生以“幼儿生活的自我充实”“充实指导”“诱导”“教导”“诱导保育计划”等一系列概念勾画出他的“以儿童为中心”的生活保育论，理论联系实际地阐述了教育目标与幼儿生活、个性发展的关系，以及幼儿生活形态的重要性、幼儿园的定位、幼儿园教育的作用、教师的位置和幼儿园保育计划的性质等若干“诱导保育论”的基本观点与重要内容。仓桥物三先生的许多思想非常深刻，发人深省。

图书：《幼儿园真谛》

拍摄地点：深圳市龙华区教科院幼教集团附属幼儿园

让儿童惦记的幼儿园

携程幼儿园的虐童事件还在发酵中。

昨天我在深圳市教育局开会时，正好遇到莲花二村的王微丽园长。散会后，她问我，一起去幼儿园吃饭吧？我很怀念她幼儿园的饭菜，所以欣然接受。

我忽然想起儿子念叨了很久的肉夹馍，就问王园长，今天孩子们吃肉夹馍吗？她说，每周五都吃啊，你忘了？

因为王园长是陕西人，所以幼儿园的孩子常常可以吃到面食。

儿子读幼儿园时，每到周五就欢呼雀跃，在去幼儿园的路上就盘算着：今天中午要吃两个肉夹馍，如果吃快点，可以吃到三个。他向我描述："妈妈你不知道那个肉夹馍多好吃，里面的肉汁流出来，我都要舔掉，一直流到这里啊！"他比画一下自己的手肘。

后来，我带他去西安，找到最有名的腊汁李、柯记、樊记和铁家，他都说，肉夹馍不是这样的，面皮应该是软软的，这些肉夹馍都没有莲花二村幼儿园的好吃。

一晃，儿子都快小学毕业了。忽然有一天他和我说："妈妈，我有十个愿望。呵呵，其中之一是再回莲花二村幼儿园吃肉夹馍。"这个愿望看起来很容易实现，但也不容易，因为他不太可能周五请假去幼儿园吃肉夹馍啊！

我用我的人生阅历告诉他："孩子，有时候最美的东西就是一直留在记忆中的。也许，你再吃到的时候，就觉得味道没有那么好了。与其这样，不如我们就留着对莲花二村幼儿园肉夹馍的美好记忆吧。"

昨天，因为王园长的邀约，我自己也尝到了儿子心中的"最美味肉夹馍"。

洁白香软的面皮一口咬下去，满嘴都是腊肉汁的香味。

王园长帮我打包了几个，交代我一定要满足孩子的愿望。

第二天早上，儿子终于尝到了念叨了六年的肉夹馍。

看他满足的样子，我小心翼翼地问："还有那么好吃吗？"他边吃边说："嗯嗯，你看，我说了吧，正宗的肉夹馍就是这样，我没说错吧？"

早上，微信中很多人针对携程幼儿园事件发声了。有人为大多数好老师正名，有人诟病目前的学前教育政策，有人担忧孩子的未来，有人反思幼儿园的教育质量。

作为一个家长，我只想说，孩子们心中的好幼儿园，关乎食物，关乎快乐，关乎温暖的记忆。

作为一个幼教工作者，我只想说，一个好的园长，就是一所幼儿园的良心。他的专业性，让所有教育活动用科学的方式呈现；他的经验，让儿童的发展符合成长规律；他的阅历，让教育避开急功近利，直指人的全面发展；他的温度，让周围的每一个人获得心灵的舒展。

但愿我的身边，有越来越多让儿童惦记的幼儿园。

甘 露

2017年11月11日

向仓桥物三学习

——读《幼儿园真谛》有感

2020年是特殊的年份，全球面临着疫情的严峻考验。此次疫情，让我们有所警戒，也让我们静下来、停下来，以觉醒性的反思来默想生活中的桩桩件件。作为一名幼儿老师，我利用这段时间对自己的教育理念和教学方法进行了深刻的思考与反省。在此期间，我认真研读了日本教育家仓桥物三所著的《幼儿园真谛》这本书。提起仓桥物三，中国的教育工作者将他喻为“日本的陈鹤琴”，因为他是“日本幼儿教育之父”，是日本幼儿教育的奠基人，可以和中国的陈鹤琴相媲美。仓桥物三的教育思想具有深厚的理念基础，并在实践中获得了骄人的成果。他的教育思想不但在当时产生了深远的影响，在今天仍然是教育界研究和效仿的对象。仓桥物三教育思想的精髓在于“自由游戏”“创设性意义的诱导教育”“幼儿生活的自我充实”等。我此次阅读的目的就是将仓桥物三先生的教育思想在幼教课堂上进行多角度、多方面的运用与实践，达到活学活用、举一反三的效果，从而推进幼教工作迈向传统与创新相融合的新未来。

一、阅读的初衷——站在巨人的肩膀上拾得教育的一粒火种

快乐是一把金钥匙，可以打开孩子的心扉；成长是一盏明灯，可以照亮童年前行的路。对于仓桥物三教育思想的探索之旅，充满艰辛与挫折，因为阅读本身就是一件极为辛苦的事情，但也是一次幸福之旅。只要有一个新亮光、新启迪从阅读中闪现，我就会收获从未有过的成就感，这大概就是阅读的痛与快乐吧。阅读《幼儿园真谛》的时间也许很短暂，但是学习前辈教育家的幼教思想理念却是一条漫长的探索之路——路漫漫其修远兮，吾将上下而求索。我没

有高言大智，只想用我全部的爱心来呵护孩子们的心灵花园。对仓桥物三教育思想的思考之旅是一次问道、寻道的过程。我也没有巧妙的方法，只是用一颗谦逊、虔诚的心在教学中进行探寻与挖掘。我想自己只是站在巨人的肩膀上拾得一粒与教育有关的火种，希望这粒火种不但可以点燃我内心的教育热情，也可以照亮孩子们前行的方向。

二、仓桥物三教育思想的重要价值

在现代化教育领域里，有太多的孩子受到了来自应试教育的种种束缚与压制。几乎每一个中国孩子的童年时代都充满了“灌输教育”“标准答案”“束缚思维”。我是一名幼儿教师，对应试教育的弊端有着深刻的思考与反思。我在阅读《幼儿园真谛》时发现了仓桥物三教育思想的闪光点，并觉得该教育思想可以成为中国孩子抵御灌输教育的福音。通过对《幼儿园真谛》的研究、探索与实践，我发现仓桥物三的教育思想重点在于激发、唤醒、启迪，让孩子学会自主思维、自主学习、自主游戏和自主生活，教师给予孩子诱导、启发与指引，而非指挥、命令与制约。在仓桥物三的教育理念里，每一个孩子都是天使，每一个孩子都有属于自己的天赋。教师要善于发现孩子的闪光点，给予他们肯定、鼓励与有益的建议，从而让他们的闪光点得到最大限度的发挥，创造他们成长中的无限可能。仓桥物三教育思想告诉我们教育的核心要点就是让孩子成为更好的自己，而不是被我们塑造成成人想要的样子，这就是教育理念之本，同时也是教育方法的实践之基。

三、对仓桥物三教育思想的深刻领悟

仓桥物三教育理论是一次历史性变革，它看到单一的课堂教学不仅环境闭塞、狭小，让孩子感觉到压抑与不自由，而且理论联系不到实际，孩子学的都是死知识，纸上谈兵。仓桥物三就是要让教育活起来，让活生生的生活成为教育的源泉，让孩子走进生活、融入生活，让知识得到实践，并在实践中得到升华。灌输与标准答案的教育方式带给孩子们的只能是思想的禁锢和心灵的约束。只有在教育中解放孩子的思想、释放孩子的天性、放飞孩子的心灵，才能让孩子获得真实的思想提升与生命成长。这个教育过程既是幼儿探索生命的奇妙历程，也是教师教育理念进步与成熟的阶梯。

在阅读中，我领悟到仓桥物三所倡导的一个很重要的教育观就是：不一定是在教室、课堂上的教学才能称为“学习”，幼儿的学习活动就在他们身边，哪怕是一张纸、一块积木都可以成为他们学习的具体对象。例如，前段时间我们班有一节课是艺术活动——学做理发师。虽然幼儿学习儿歌时积极性很高，但是小班幼儿很难记住儿歌的具体歌词，尤其是歌词顺序。这个时候，我拿出了自主性游戏“理发店”里的小道具：梳子、剪刀和吹风机。孩子们参与活动的积极性一下子提高了，都想要做一做理发师。这时候我请一个孩子扮演小客人，另外一个孩子扮演理发师，孩子们在唱儿歌的同时，理发师配合着音乐做出相应动作。出乎意料的是，孩子们很快就记住了歌词，每个孩子都能跟着音乐做出小小理发师的动作。

在阅读中，我还领悟到了仓桥物三教育理念中的一个精髓，那就是幼儿的互助精神与合作精神。人类社会是一个互相合作、共融的群体，任何人都不能离群索居、独立而行。幼儿的合作与互动就意味着彼此的接纳、包容与理解。当某些幼儿出现错误倾向的时候，团队成员就要表现出宽恕与谅解；当某些幼儿出现伤痛或病弱的时候，团队成员都要给予支持、鼓励与帮助。这就是团队的休戚与共、互助共生。合作意识将幼儿推向人际交往的前沿，让他们学会彼此谦让与共存；团队意识让幼儿从个体生命提升至群体共赢的高度，让他们学会交流、沟通与互助。可以这样说，团队活动就是仓桥物三教育思想的课堂实践，而这种教育理念也为幼儿的团体活动提供了有力的理论支持。这样的活动大大发挥了孩子的自我创造力，让他们收获了自我价值感，从而增强了他们的自信心；对性格孤僻、胆小怯懦的孩子有很好的治愈功能，有很多孩子在这样的活动之后，变得越来越勇敢，逐渐融入群体，变得更加活泼与合群。

四、进深阅读给我的幼教工作带来的启迪与觉醒

1. 教育需要理论联系实践

仓桥物三在书中告诉我们教育的宗旨并不是单纯地为了增长孩子的知识，更重要的是让孩子的整体生命有一个良性、健康的发展，这其中包括孩子的学习习惯、生活能力、思想素养与审美感知力等。而这些能力的培养仅仅靠理论灌输是远远不够的，必须将理论与实践、学习与生活进行高效融合，做到融会贯通、相辅相成。这种生活教育正好与我国著名教育家陈鹤琴的“活教育”思

想相契合。我在教学实践中，也曾将这一思想运用其中。例如，在学习《大自然》这一课时，我觉得课本知识是死板的、僵硬的。为了让孩子们真真切切地感受到金色草地的美丽，我利用节假日带着孩子们走进大自然、拥抱大自然，让孩子们的双脚踩在草地之上，让孩子们用眼睛来发现草地的金色之美。这种课堂让教育走进了生活，也让生活丰富了课堂。这让孩子们学到的知识既真实、实用，又充满生动的趣味，大大提高了孩子们的学习热情。这种生活课堂让孩子们不知不觉就将知识消化于心，又自然而然地了解了生活。在绘本故事课堂上，我也引导孩子将绘本故事用情景剧的形式表演出来，孩子们还原了现实生活的真实场景，表演更是融入了孩子们自己的创新与创意。这就是仓桥物三生活教育的目标所向："为幼儿创造更加自主的学习机会，从而让他们发现自我、发展自我、完善自我。"

什么是仓桥物三生活教育的精髓？我想他所倡导的新型教育课堂不是千篇一律的灌输与教导，而是让自信伴随孩子们成长，让孩子们拓展生命的境界。从课堂趣味活动到户外实践活动再到训练主题活动，我们都开展得精彩纷呈。孩子们通过活动中的自我表现和团队互动，不但增强了自信心和行动力，也增加了彼此的凝聚力和向心力。这种教育模式对我们来说是一次漫长的学习与探索的过程，因为给予孩子标准答案很简单、很容易，但是要让孩子的生命得到真正的成长，则需要教师付出十倍、百倍的努力，这其中可以说充满了艰辛与曲折。教育之路虽然漫长，但我们却一路努力一路欢歌，洒下汗水，无怨无悔。因为只要看到孩子的童年有了微笑、有了幸福，我们就为自己这守望童年的幼教工作感到莫大的欣慰与荣幸。

2. "活教育"就是让儿童做他自己

仓桥物三在书中也体现了他教育思想的又一重要理念：要教儿童做真人，让儿童成为他自己。在教学实践中，我推崇的就是从教师引导游戏逐渐转变为幼儿自主游戏。例如，我在游戏中用提问式的谈话方式来跟孩子们谈心，让孩子们说出自己的心声，而不是教导。作为教师，我就是要做一个真诚的倾听者。我还在游戏中给孩子听舒缓情绪的音乐，用欢快的游戏互动艺术来疏导孩子的负面情绪。在自主游戏中，我积极引导幼儿进行创意性的开拓。我会准备塑料纸、吸管、纸盘等材料，让他们自己做手工，在这期间，我只是一个建议者与帮助者，将制作的决策权与主动权交给孩子自己。是的，自主游戏没有设计者，教师只是负责提供低结构的材料，也没有规则，而是放手让孩子自主自由地玩游戏。在不断游戏中，孩子会自发性地生成游戏规则。

当然在学习过程中，教师也要允许孩子犯错误，让他们在错误中得到经验与教训，因为孩子就是在不断尝试、失败中成长起来的。我们推出自主游戏不仅仅是因为游戏本身的趣味与智慧，更重要的是让教育者看到参与游戏的人——也就是教育者要有一双看见孩子本身的慧眼。作为教师，我们应该把更多的主动权交给孩子，真正成为他们学习的引导者而非知识的灌输者。

五、结语

我是一名年轻的幼儿教师。仓桥物三的《幼儿园真谛》让我进行了深刻的反省、警醒与沉思，其中的教育思想给我的教学方式与教育理念带来非常大的启发与帮助。孩子的真善美体现在生活的细微之处，需要我们用敏锐的感知力发现，就像仓桥物三自己所传达的教育思想："幼儿园的真谛，也是教育的真谛，更是生命的真谛。"未来，我将用百分百的努力坚守，用十二分的仁爱之心，实现教育的真谛与价值。最后，用十六个字与大家共勉："平凡之路，与爱同行；智慧探索，与心同证。"

深圳市坪山区第一幼教集团第三幼儿园　彭美媚

彭美媚

感悟

一路风雨坎坷，一身疲惫艰辛，在捧读一本书的一刻光阴，就是我的心灵获得宁静与恬淡的时候。当一句经典名言从心头划过时，我就忘记了所有的疲乏与烦躁。书香是一抹永不消逝的氤氲，教育是一道与爱共存的光芒。最美的教育最简单，却在时空隧道里呈现绚烂之色；师生阅读的时间很短暂，却能在每一刻都体会到最温馨的情怀之美。

《幼儿与环境：致力于可持续发展的早期教育》

【内容简介】

本书融理论与实用为一体，系统全面地讲述了儿童早期可持续性教育的概念、重要性、教学法和教学伦理，探讨了儿童早期可持续性教育如何与环境教育、社会教育、饮食健康教育、艺术教育、信息技术教育相结合，并从国家层面列举了各国儿童早期可持续性教育的发展概况和实践做法。

【推荐理由】

全书汇聚了澳大利亚、新西兰、瑞典、日本、韩国、英国学者在儿童早期可持续性教育领域的最新研究成果和经验分享，是目前国际上比较全面反映儿童早期可持续性教育现状的学术专著，激励各地的幼儿教育工作者加入儿童早期可持续性教育的实践，并根据他们自身的环境、当地实际情况和社会关注点来创造最具创意的儿童早期可持续性教育实践范例。

图书：《幼儿与环境：致力于可持续发展的早期教育》
拍摄地点：深圳市龙华区教科院幼教集团附属幼儿园

感悟

很多东西消失了并不是因为它不合理，而是因为我们不得不让步于城市的发展。这是不得已才做出的选择，而这些消失的东西，恰恰是最能让孩子们释放天性的东西。

挪威的小孩子在荡秋千

林间小孩

——挪威卑尔根Eventus kindgarten参观记

今天我们来到了位于挪威卑尔根的Eventus kindgarten。这是一所由集团开办的私立非营利幼儿园。集团老总本身非常富有，做这个行业，完全出于情怀。因为非营利幼儿园意味着幼儿园的盈利率只能保持在5%以下，即使有盈利，也是用在幼儿园课程建设和教师培训方面。他坚信自己可以办世界上最好的幼儿园。16年前他致力于让更多男教师进入学前教育行业，于是，在这所幼儿园有12位女教师，13位男教师，这是我们见到的第一所男教师人数高于女教师的幼儿园。园长也是男性，是4个孩子的父亲。他认为男教师和儿童互动的方式不一样，但幼儿园推行的户外教育与教师性别没有关系。

上午九点半，孩子们需要进行户外学习。开展这样的学习，装备是必须首先解决的问题。下图是教师的装备。

教师的装备

在这所幼儿园，孩子们有超大的更衣室。在孩子们入园前，家长会被要求准备多达20多种不同的衣服，方便孩子们进行户外探索。

孩子、教师的更衣室

所有的孩子都是自己做户外教育准备。穿脱衣服、换鞋子、整理背包、衣服翻面，两三岁的孩子都有相当娴熟的技巧。

幼儿园的孩子自己更换户外远足的衣服

之后我们就跟着孩子们去远足了。

孩子们一起远足

孩子们在户外爬树

孩子们探究树枝的秘密

随后我与园长进行了一番交谈。

园长告诉我，在他们幼儿园，孩子刚入园的时候，就会被带着在社区和周围的森林区域散步。第一学期，孩子大多只有一岁的时候，就开始探索幼儿园里的游戏区。第二学期，孩子们开始在周边的森林散步。第三个学期，老师们开始利用小巴士带孩子探索更多的地方，如进一步深入森林和海岸。从这时起，老师们不断地给孩子们新的、粗放的体验，提高他们参与日常活动的水平。老师们允许并期待着孩子们玩得越来越冒险，玩得越来越舒服。老师们鼓励他们到户外去感受自然，学会保护自然，但这些活动，是以不损害孩子的健康为前提的。孩子们在森林里爬树，捡垃圾，清理营地，这让他们在大自然中有家的感觉。随着孩子们的成长，老师们会使用不同的鼓励方式，孩子们将使用不同的感官去探索，如味觉、触觉、听觉、嗅觉、视觉等。

在挪威，教师希望为孩子们营造接触自然世界的机会。当他们长大后，他们会看到越来越多的自然界的规律，鸟类吃浆果和筑巢，松鼠在冬天前长胖，树叶变红并在秋天掉下来等。在幼儿园生活的几年，孩子们学会了如何保护自然，如何利用自然的优势，以及在不同的季节对自然有不同的期望。同时，老师们希望他们在大自然中有家的感觉，所以挪威的孩子们早早就开始了一整天的户外活动，睡在户外的帐篷或防水布下（甚至在天气好的时候睡在天空下）。老师们给孩子们的经验是，只要做好正确的准备，掌握正确的技能和着装，大自然就不会让人感到危险或不舒服。孩子们可以享受大自然中的一切，甚至更多。因为大自然一直在变化，而且总是带来新的挑战，所以孩子们在大自然中玩耍的开心记忆，以及在森林附近长大的有趣经历。这些都将对他们的生活产生巨大的影响。我们应该为建设更美好的世界而努力。

甘 露

2019年8月15日于挪威

可持续的早期教育让未来可期

——读《幼儿与环境：致力于可持续发展的早期教育》有感

作为一个已从事幼教行业20年的幼儿园园长，一个生于20世纪80年代，长在深圳的湖北人，我看到了深圳一条条地铁建成，一座座高楼拔地而起，也见证了深圳从有90%的民办幼儿园到今天的大量民转公。深圳在变化，深圳的幼儿园也在不断变化，但不变的是一个个幼教人对幼儿教育的情怀，和他们对高质量幼儿教育的向往。我在没有读《幼儿与环境：致力于可持续发展的早期教育》这本书前，心中也一直有对高质量的幼儿教育的一些标准，我所在的幼儿园曾在我的带领下获得"广东省一级幼儿园"和"深圳市优质特色示范园"的殊荣，但在读了这本书后，我开始重新思考。一代代幼教人都说："孩子的健康一定是第一位的，保教保教，先保后教。"实际我们又在怎样做呢？我一边读，一边反思。让孩子健康成长，我们幼教人责任重大。

我们一直说要保证孩子有2个小时的户外活动时间，一日活动要科学，教学内容要适宜等，我们幼儿园的办园理念也是"给孩子适宜的爱"，但是什么样的教育是"适宜"的？什么样的爱是"适宜"的？我认为领导者的观念非常重要。记得甘露园长还在龙岗区机关幼儿园的时候，她带领着龙岗区的幼教同行们不断前进，也引领着龙岗区机关幼儿园一路前行。在龙岗区机关幼儿园的历史背景下，她提出"和而不同，美美与共"的时候，我们都为甘露园长的睿智感慨。领导人的观念，决定着幼儿园的理念，也决定着幼儿园的未来。一路走来，我在深圳市龙岗区教师进修学校的带领下，也曾到全国各地的优质园所参观学习，与全国各地的幼儿园园长们深入交流。学习交流中，也时常会听到、看到各类以自然为特色的幼儿园，在这些幼儿园的介绍中，园长会说，他们幼儿园有多少植物，有多少绿化，小朋友在阳台上种了什么，他们的自然教育都融入了一日生活中，等等。这些活动与可持续发展的关系是什么？自然教育是什么？我们做自然教育的目的是什么？在读了《幼儿与环境：致力于可持续发展的早期教育》一书后，我深刻理解了“可持续”这三个字在教育中的重要性。在本书中，撰写推荐序的北京师范大学教育学部李敏谊教授以“为我们儿童建设一个可持续的未来”为题，从可持续发展源自环境教育，但不止于此开始，阐述了“可持续”的重要性。党的十九大报告明确指出要贯彻新的发展理念，“努力实现更高质量、更有效率、更加公平、更可持续的发展”，重点指出“坚持人与自然和谐共生”，并且强调“可持续发展战略”是全面建成小康社会决胜期的重要战略之一。今年的一场疫情将“人与自然和谐共生”这个话题推向了风口浪尖。如果我们这些幼儿教育的实施者，一线的幼儿园园长、老师们，能更好地落实可持续发展的教育，以人与自然的和谐共生为理念，不断以“可持续”的教育为目标，相信，我们的教育会更有质量、更有意义。作为一名幼教人，读完这本书，我更加深刻地理解了幼教人的重要性，也有了些许思考。

在书里的一个个故事中，“可持续”在一所所幼儿园里实施着，从这些故事中，我看到了“可持续”在幼儿园方方面面的落地，如昆士兰大学学院幼儿园的园长通过“可持续地球项目”践行自己的教育理念及价值观。虽然在实施过程中，有很多困难，也遇到了很多挑战，如教职工对环境的知识、经验缺乏等，但都在园长的带领下被一一克服。这个项目不仅仅是一个个活动，从活动中，也看到了领导力的重要性、园所文化的重要性、教师专业发展的重要性等，还有项目实施中采取的组织变革，也使教育者深刻地认识和理解了发展可持续性教育并将其融入管理，融入幼儿园日常活动的一些方法。昆士兰大学学院幼儿园在以人为本、以环境为本、面向未来的可持续性教育中形成了一种独有的文化，它也是昆士兰大学学院幼儿园的专属。在我所在的幼儿园里，也有一种文化——手拉手的文化。20岁开始做园长的我，一直非常重视人与人之间的关系，以人为本，尊重、平等一直在我所在的幼儿园里践行着，但是跟昆士兰大学学院幼儿园比起来，他们更深入，格局更大，眼界更广。这激励着我对教育进行不断地思考。

在书中的第二篇中，从瑞典早期教育机构，到日本的案例研究，再到韩国、英国的可持续性教育，无不体现着儿童早期可持续性教育正在成为主流。在前面我提到了中国的自然教育，我们的幼儿园也正在这样做。书中提到，日本对游戏场地有法定配备，50%的早期教育机构拥有花圃、野生草坪、果树等，但是我们国家呢？有这样场地的幼儿园，园长认为不高档，家长认为不安全，一个个园所都铺设上了塑胶地板，为了防蚊虫，所有的草木都被清除了。是的，我们是该好好反思自然教育的真谛了，该反思如何处理幼儿园中一片片的假草地，一座座的假山，一处处的假绿化了。从书中我还了解到在韩国早期教育中，可持续性教育的发展有着强大支持——韩国政府。韩国政府在改革中的各种政策，让人们都参与到可持续发展中去，也让越来越多的人致力于可持续发展策略的研究。在韩国的清州市森林幼儿园的梅峰公园项目中，小朋友们在公园中发现了问题，然后与政府合作，不断沟通，通过一系列的方法，提升了公园的安全性和美观性。这不禁让我想到，中国在这方面确实有点差距。深圳今年大量的民办幼儿园转公办，全深圳都在招聘幼儿教师，幼儿教师的缺口、幼儿教师的能力等问题也摆在了我们面前：作为园长，如何培养教师？如何让教师更加理解可持续发展？如何在活动中观察儿童、引导儿童？我们重视教师的培养，也希望在政策方面有所支持，还要带领家长、教师一起努力。韩国的儿童是幸运的，他们的政府、学者、教师、园长都做好了将可持续发展教育运用到早期教育领域的准备，并且已经进行了实施。我们要向他们学习。不过我也欣喜地看到了学前教育在中国深圳的发展，民办转公办就是发展，也希望深圳乃至全国的幼教同行，都能向韩国、日本等国家学习，为实现可持续的教育而共同奋斗。

书中自有颜如玉，书中自有黄金屋。《幼儿与环境：致力于可持续发展的早期教育》这本书，不是教给我一个个方法，而是让我重新找到了早期教育的定位，感受到一名学前教育人的使命。

深圳市龙岗区龙城街道里兹幼儿园　黄昌丽

黄昌丽

感悟

孔子说：知之者不如好之者，好之者不如乐之者。读书是一种态度，是一种生活，它让我的生活更有灵魂，也让我作为教育工作者更有思想。我喜欢读书的时光，更喜欢读书带给我的阳光与温暖。

《学前课程与幸福童年》

【内容简介】

《学前课程与幸福童年》是著名学前教育专家虞永平在幼儿园课程领域研究近十年的主要成果，内容包括幼儿园课程的基本立场，幼儿园课程的组织，幼儿园课程资源，幼儿园课程的实施，幼儿园课程现象透视，幼儿园课程与教师、家长、托幼一体化课程，幼儿园园本课程建设，幼儿园课程评价，幼儿园课程文化建设等多个方面，对幼儿园课程理论和实践工作者都有较强的指导和借鉴意义。

【推荐理由】

本书阐述了幼儿园课程的核心价值，强调幼儿园课程应该关注幼儿的生活，幼儿的生活是幼儿园课程的现实基础。幼儿园课程应是能让幼儿获得有益经验的活动，它应该有一定的目的性和计划性，但又不死板，是有灵活性的。在这本书中，我们可以找到幼儿园课程与幸福童年之间的关系。

图书：《学前课程与幸福童年》
拍摄地点：深圳市龙华区教科院幼教集团附属幼儿园

课程的力量

我做园长这么多年，一直萦绕在心头的两个字是“课程”。随着时间的推移与阅历的增长，“课程”两个字代表的含义越来越清晰。虞永平教授在他的《学前课程与幸福童年》一书中，对幼儿园的课程审议有明确的阐述。

从广义的课程观来说，儿童的一日生活皆课程。随着我们对“一日生活”理解的不断进化，课程也开始呈现出更丰富、更立体、更完整的一面。

课程，不再是大家理解的一堂课，不再是一个概念或者口号，不再是一种特色，不再是一成不变的文本。课程应该是一种发展适宜性的实践：它跟随儿童前行，有着以儿童为本的教育价值观；它助力教师发展，教师通过创设适宜的学习环境来帮助儿童建构自身的经验；它帮助园所形成文化，通过课程建构实现可持续发展。

一、吸收与融合：给课程做加法

在成为园长之前，课程在我的脑海里还只停留在“一日生活皆课程”这7个字。读了许多关于课程的书籍，拜访了一些知名的幼儿园和很多专家型园长后，我眼里都是“别人家的好幼儿园”。

那时，蒙台梭利课程被重新提及，高宽课程也刚刚被引入，我工作的第一所幼儿园，尝试将两种课程模式进行融合。

蒙台梭利课程模式和高宽课程模式都强调环境对儿童的作用。要进行这样的探索，首先要进行学习环境的改变。2017年，我申请了中国学前教育研究会“十三五”规划滚动课题《龙华区幼儿园学习环境研究》，开始在龙华区200多所幼儿园进行班级区域设置的变革。首先，改变原有的玩具柜靠墙放、课桌椅固定摆放在教室中央的布局，在每个教室里设置了5～8个区域，将儿童的课桌椅全部放置在各种不同的区域中，不再固定座位，让儿童能在不同区域之间流动、学习。其次，丰富班级玩具材料，将玩具赋予教育功能，使其变成儿童学习的材料。班级的玩具要能够满足35个孩子三次以上的选择，于是教室里的玩具材料一下变得丰富起来。最后，按照高宽课程模式中“学习—工作—回想”的学习环，让儿童在教师的帮助下选择每天要做的事情，在工作时间实施他们的计划，并与教师一起对他们的工作进行检查。

通过这种探索，儿童的学习变得丰富而生动。离开了我们多年来依赖的传统课堂教学，孩子在高宽课程的58条关键经验中同样获得了发展，甚至是更好的发展。通过对蒙台梭利课程和高宽课程的融合探索，每天的区域活动都变成教师和儿童一起进行教学实践的过程，教师在区域活动中捕捉儿童的语言，思考他们和材料之间的互动，反思自己的教学实践。这个过程，开始让教师树立新的儿童观。

二、创造与实践：对课程的深度探索

2018年，随着龙华区大量新型公办幼儿园的开办，区内公办幼儿园数量从3所增加到35所。我主持的广东省教育科研“十三五”规划2019年度教育科研课题《新型公办园探究取向的园本课程开发实践研究》被立项，在新开办的龙华区教科院幼教集团附属幼儿园和老师们开始了建构园本课程的艰难探索，形成了龙华区教科院幼教集团附属幼儿园探索性课程的框架。

1. 课程哲学观——适宜

从心理学角度探究适宜教育，究其根本应是基于人的发展规律的教育，应是遵循学习规律的教育。皮亚杰认为，个体从出生到成熟的发展过程中，其认知结构在与环境的相互作用中不断重构，从而表现出具有不同性质的不同阶段。儿童的认知发展过程中存在着个体差异，发展是以不同的速度进行的，不同的儿童在不同领域的发展速度也是不均衡的，即每个儿童都有自己独特的发展方式和发展速度。因此，适宜教育切合儿童认知结构的发展规律，为儿童不同阶段的发展提供适宜的发展环境。而多元智能理论揭示了人具有多元智能的特点，为人的多元化、个性化发展提供了理论依据，也为适宜教育思想提供了理论支撑。不同的儿童具有不同的智能组合，只有为其提供合适、相宜的发展平台，才能给予孩子更好的发展。

探索性的课程框架提供每个儿童的发展适宜性实践。“适宜”两个字，代表着我们的课程实践是建立在对儿童的现有认识之上，而非对儿童的想象、期望或猜测之上。探索性课程充分考虑儿童年龄适宜性、个体适宜性、文化适宜性以及教师有效性。每一间教室、每一个孩子，都可以有自己的发展适宜性实践。我们深入研究不同年龄段的儿童生理、心理发展水平，精心设计符合他们认知特点的学习内容。在幼儿园的三年中，每个学期都会有根据季节、社会生活、学习领域而设计的不同主题教学内容，也有根据孩子兴趣而生成的项目教学内容，还有一些根据儿童个体的需求开设的探索性学习。每一个孩子都能找到自己和课程相处的方式。

2. 课程的价值观——全面、自由、可持续发展

可持续发展理念下的教育是一种适时而变，适应未来的教育。当前，人类社会已经全面进入信息化时代，知识的数量呈几何级数增长，信息技术的发展导致产业结构发生了剧烈变化。社会发展对多元化、复合型、创新性的人才需求愈加迫切，教育3.0时代已经到来。经济合作与发展组织教育政策特别顾问安德烈亚斯·施莱歇尔教授在梳理各国基础教育创新政策后指出：21世纪必须习得的素养涵盖了知识、技能和个人品性，具体包括创造力、批判性思维、问题解决、创新、协作、数据搜集与沟通等多方面的能力。站在时代发展的洪流中，可持续发展的理念主张以积极、主动的策略应对未来社会对人才发展的需求变化，适时而变，突破时间、空间、师资等限制，满足儿童的不同发展需要。

全面也是我们课程追求的一种价值观。这个世界上，从来没有一种课程是完美的。我们所做的，不过是走在追求完美的路上。写下“全面”这个词的时候，我在思考，对儿童而言，每个人的“全面”都是不同的概念，我需要去取舍和权衡，找到自己认可的“全面的课程”。

探索性课程的全面是以幼儿的全面发展为本，创设更适合幼儿发展的环境和条件，以满足幼儿发展的需要，促进幼儿身心全面和富有个性地发展。同时，注重教师与幼儿的共同发展，强调师幼互动，共同成长。所以，“全面”不仅仅包含课程内容，更是孩子、教师等每一个经历者在课程中获得的发展。

人终其一生都在追求自由，在幼儿阶段，自由的价值和意义非常重大。埃里克森说，3～6岁需要发展儿童的选择能力，这种选择，也是一种自由的表现。探索式课程的实施是一个自由发展的过程，一方面表现在教师在课程实施的过程中具有一定的自主空间，可以根据班级的具体情况，自主安排课程内容；另一方面表现在一日活动过程中，教师应根据幼儿的需要，提供多层次、多选择的活动材料，创设宽松、愉悦的活动环境，让幼儿自由选择，自主发展。

在儿童的学习压力被不断提早施加的今天，探索性课程理念越来越靠近儿童的本真。我认为，教育最怕急功近利，成人都不爱吃催熟的西红柿，也不要让孩子在非自然的状态下成长。对幼儿而言，在课程中我们更关注的是其终身发展而非知识性和技能性发展。课程内容的选择既要考虑幼儿的现实发展水平、已有经验以及心理特点，也要考虑是否对幼儿的长远发展和持续发展有利。对教师而言，关于儿童发展与学习的知识，关于儿童个体的知识，以及关于儿童社会文化背景的知识，是教师知识的核心，也是促进教师专业可持续性发展的核心。

3. 课程的环境观——室内外学习环境一体化

在探索性课程中，我们旗帜鲜明地提出了课程的环境观——室内外学习环境一体化。我认为，幼儿园的学习环境不应该被室内和室外的空间切割成两块，学习可以在各种空间中发生。

室内，我们设置各种不同的学习区域，满足儿童对室内学习活动的需求。室内区域活动教育实践中，教师通过“了解儿童发展需求—区域设置—材料投放—师幼互动—观察记录—审思调整”的步骤进行探索。

室外，我们开始探索户外混龄自主游戏，根据园所的实际情况，利用地理位置的弧度、绿树成荫、水源充足的优势进行户外场地的规划与设计，创设了28个游戏区域，如“娃娃家”、沙水探索、种植、养殖、木工、探险……每个区域都充分考虑儿童的兴趣，利用自然物和适合户外的游戏材料支持儿童自由地探索与学习。

2020年，我们开始尝试将室内外学习环境进行连接。随着课程的深入和对儿童游戏的认识与研究，通过环境的改变、切换和连接，孩子的游戏从简单到复杂，促进了儿童游戏向更高水平发展。我们将室内游戏环境向户外游戏环境延伸，充分发挥室内游戏环境与户外游戏环境的优势。例如，室内“娃娃家”的创设给予儿童家庭般温馨舒适的感觉，有可能发生家庭角色的扮演与体验，而户外“娃娃家”突破了场地的局限性，在自由游戏的发生与探索中，能最大限度地激发儿童的创造与想象。为了拓展儿童社会性交往，我们实施了户外混龄自主游戏，在这样的游戏中儿童自发学习社会规则、团队合作、与人沟通与交往，为儿童拥有更为全面的游戏与学习环境提供支持。

4. 课程的内容观——基于儿童生活的实践

探索性课程涵盖探索学习方式、探索交流、探索社会、探索自己、探索世界等五大领域的学习内容，让儿童在充分而足够的选择中保持探索未知世界的好奇心和对生活的热爱。课程模式以儿童的一日活动为主线，以主题探究课程、区域活动课程、领域课程、生活课程、环境课程和活动课程为补充，努力建构适应儿童终身学习需要的园本课程，为儿童提供充分、平等的优质教育。

探索性课程通过学习环境、一日生活和不同的组织形式实现课程从理论到实践的落地生根。一日生活是选择孩子终身受用的生活卫生习惯、行为规范、基本礼仪、自我保护、感恩教育、音律、文学欣赏等内容融入、贯穿于幼儿一日生活中进行潜移默化的教育，发挥隐性教育的最大化价值。主题探究课程是以幼儿的需要和兴趣为切入点生成教学主题，积极引导幼儿在适宜的教育情境中自主学习、探索学习、合作学习和发现学习，注重为幼儿创设自主解决问题的机会和条件，强调学习习惯的培养；区域活动课程给幼儿提供更多自主选择的机会，培养幼儿的计划性以及与人交往的能力；领域课程是将音乐、体育等领域的内容按学科的知识体系加以组织，多以课堂教学、集体教学的形式实施教学活动，课程简捷经济，能在短时间内向幼儿传递人类优秀的文化传统、知识和技能，弥补主题探究课程的局限性；环境课程能对幼儿的学习与发展产生潜移默化的影响，只有与环境交互作用，才能获得发展；活动课程是以节庆、社会时事及社会实践活动为主线，激发幼儿热爱生活、珍爱生命、学会感恩的美好情感，开阔幼儿眼界，增强其社会实践能力，共同促进幼儿社会性发展及良好情绪情感的培养。这几种课程结构相辅相成、相互补充，促进幼儿全面和谐发展。

通过几年的实践，深圳市龙华区幼儿园的课程发展终于开始有了清晰的路径。但我深知，园本课程之路，才刚刚开始。在8年的园长生涯中，从对课程的懵懂到对课程的哲学思考，再到逐步形成自己的课程观，园长的“课程领导力”一词才真实地成为可能。

课程让我成为一个专业的研究者，这种专业价值的取向是不媚俗、不唯上、清醒而深刻的理性思考。

在研究课程这条路上，只有起点，没有终点。

甘 露

2020年10月30日于深圳

促进幼儿生命成长的幼儿园课程

——读《学前课程与幸福童年》有感

课程是一个含义多重的教育学术语。迄今为止，众多学者从不同角度定义了这一概念。随着我国学前教育转向内涵发展，改革深入推进，幼儿园课程的认识、理解与建构成了教育者的重要学习内容。虞永平教授将近十年关于幼儿园课程研究的论文结集成册，在书中深入浅出地阐述了自己对幼儿生活、幼儿园课程的基本立场。虽不是新出版的书，但其中内容却发人深思。

一、幼儿园课程的基本立场

1. 幼儿教育的目的是促进幼儿生命成长

近年来，“促进幼儿生命成长”这一号召重返教育界，它起源于近现代时期，其重返是人们对幼儿生命的关注，是对当今学前教育实践的反思。毋庸置疑，教育的一部分意义在于给幼儿以知识，促进其各方面能力的发展，但我们不能忘记，教育的对象是人，是一个个独立的个体。因此，教育更应该关注生命的意义，引导幼儿感受生命的愉悦、体验生命的价值。虞永平教授指出：“幼儿有没有获得幸福，是衡量幼儿教育成效的最根本标准。”反观当前现实，幼儿是幸福的吗？丰富的物质生活、多样的课外活动、缤纷的课程内容一定能让幼儿幸福吗？显而易见，答案是否定的。幼儿的幸福应当是发自内心的，应当是其身心成长过程中的积极感受。教育者应当认真审视自身的幸福观是否存在偏差，对个体需要的认识是否存在偏差，对幼儿学习的认识是否存在偏差。真正的教育以幼儿为主体，幼儿有积极的选择权与决定权。

2. 幼儿园课程应回归幼儿生活世界

幼儿园课程应当遵循幼儿生命成长的基本逻辑。幼儿生命成长是一个连续的过程。幼儿在这个抽象的过程中，借助自己的感官感受世界、探索环境。而幼儿园课程正承载着幼儿的这些需求。

20世纪20年代，进步主义教育思想主张以儿童的生活经验为课程。我国学者陈鹤琴十分关注儿童的经验对其发展的重要性。虞永平教授在书中阐述了什么样的学习内容对幼儿有价值：第一，要与幼儿生活相关。幼儿不是生长在真空中，幼儿与其生活有着紧密的联系。正如卢梭在《爱弥儿》里说的：“让大自然先教导很长的时期之后，你才去接替它的工作，以免你阻碍了它发挥作用。”第二，要能以经验的形式呈现。“经验”一词在哲学上指人们在直接接触客观事物的过程中，由感官感受到的关于客观事物的现象和外部联系的认识。幼儿处于具体形象思维阶段，他们在活动中体验与操作，从而形成经验。经验是幼儿认识的开端，有待于深化。第三，要能有效充实幼儿心智。经过筛选的适宜的教育内容可帮助幼儿更好地思考与创新，更好地认识未知。

二、幼儿园课程的组织与实施

1. 幼儿园课程的组织形式是综合性与整体性的统一

幼儿在园一日生活就是幼儿园课程。幼儿一日生活不仅是综合的，如进园、区角游戏、户外活动、进餐、盥洗，也是连续的整体。因此，幼儿园课程的组织形式也是综合性与整体性的统一。

在当前教育实践中，我们不难发现，由主题引发的互动成了最为重要的教育内容组织形式。主题是一个中心话题，可进行多方面、多层次、多角度的延伸。主题可直接来源于学科知识，直接来源于幼儿生活中发生的事件或接触的事物。虞永平教授指出，主题还可来源于“人们专门提炼和概括的工程、原理或变化规律”。各主题内部具有关联性，这种关联性来源于主题自身；主题之间也具有互斥性与联系性，这种联系指的是儿童发展。

2. 幼儿园课程的实施形式是计划性与灵活性的统一

陈鹤琴先生认为课程实施应当“预先拟定，临时变更”，这一主张体现了幼儿园课程实施的关键之处。首先，幼儿园课程应当是有总设计的，而不是胡乱拿取的。其次，幼儿园课程不是按部就班，一成不变的。“一本教案过完一学期”更是不负责任的态度。作为独立的个体，儿童有主动学习、独立思考、探索发现、灵活变通的能力。因此，幼儿园的课程内容、具体活动形式都是灵活可变的。例如，某天班级一位小朋友在晨谈时分享了自己发现的社区新玩具——垃圾回收箱“小黄狗”，其他小朋友迅速被这只神奇的小狗吸引住了，教师由此与幼儿共同生成了“小黄狗”的主题活动，幼儿在饱满的热情中主动发挥主体性。

3. 幼儿园课程审议——提高课程价值的过程

幼儿园课程在实施过程中，势必会遇到各种问题，这时，幼儿园管理者、教师、家长、社区人员、专家等就这些问题开展讨论，力图解决问题。这一动态的过程被称为“课程审议”。课程审议，逐渐成为幼儿园课程开发的重要与必要环节。课程审议能够帮助课程参与者理解课程理念，提高参与者对课程的认同感，同时在民主的氛围中积极提供策略，解决实际问题，促进课程的良好发展。

在我的印象中，课程审议经常发生于教师之间、教师与家长之间，但课程审议的成效微乎其微。在虞永平教授的论述中，我豁然开朗。课程审议不可停留于表面，不是为了审议而审议，而是要针对问题切实开展、适时开展、深入开展。课程审议应该是自发的，而不是源于上级命令或文书要求。课程审议高效开展的关键在于课程参与者的审慎思考。在审议之前，参与者应该对课程实践进行深入的钻研，对不解的问题进行详细的记录，在此基础上，头脑风暴才得以产生，课程与教师才得以成长。

深圳市龙华区教科院幼教集团附属幼儿园　丰　玲

丰玲

感悟

有句话说“幸福的人用童年治愈一生，不幸的人用一生治愈童年”。作为一名幼儿园园长，我一直在思考该如何给予孩子一个幸福的童年。在建设幼儿园课程的时候，我们会思考如何坚持以幼儿为主，以幼儿的学习与发展为原则，给幼儿一个幸福温暖的童年。童年离不开游戏、离不开自然、离不开爱和温暖，童年的世界是多姿多彩的，同样也是充满哲学的。守护孩子幸福的童年，我们一直在路上……

构建生活课程　筑梦幸福童年

——《学前课程与幸福童年》读后感

作为一位多年学前教育工作者，我一直行走在构建课程的道路上，秉持为幼儿幸福人生奠基的教育追求，坚守“儿童生命为本”的立场，把多种西方教育模式和本土文化相融合，探索以“儿童生活世界”为核心的课程，关注儿童与自我、儿童与社会、儿童与自然之间的连接，倡导教育回归儿童生活世界、回归自然、回归儿童生命。

但在把教育理念应用于幼儿园课程的实践过程中，因为欠缺系统的知识理论，课程建设也走了很多弯路。认真研读了虞永平教授的《学前课程与幸福童年》之后，我对学前课程的构建与幸福人生的关系有了更深入的思考。

一、确定教育理念

深圳市龙华区第六幼儿园（下称六幼）坐落在九龙山下，拥有得天独厚的自然条件，资源极为丰富。在六幼办园初期，我因理念和文化方向而踌躇：什么样的教育才真正适合九龙山下孩子们的发展需要？我不禁联想到女儿的成长历程，意识到给孩子自由、自主、独立的成长空间，自然真实的生活环境，对其发展弥足珍贵。因此，立足于自然资源条件，六幼开始积极探索自然教育，即从教育的本质出发，探讨自然生命教育。我们带孩子到大自然中，力求给予孩子真实的生活环境，让孩子在自然中学、在做中学、在游戏中学。日常生活中，我们投放丰富的自然材料，调动孩子们的各种感官，丰富孩子们的生活体验，使孩子们感受生命成长之美。

在探索实践的过程中，六幼最终形成“回归自然，还原生活，自主成长，成就更好的自己”的园本教育理念，旨在培养“好身体（体魄健康、阳光向上）、好性格（自信积极、真诚善良）、好习惯（讲卫生、懂礼貌、独立自主）、会学习（爱思考、喜探究、乐创造）、会交往（善于交往、乐于合作）、会生活（爱生活、爱世界）”的“三好三会”儿童。“回归自然，还原生活，自主成长，成就更好的自己”的教育理念与我的教育初心不谋而合。

二、构建园本课程

在“回归自然，还原生活，自主成长，成就更好的自己”的教育理念导向下，我逐渐明晰幼儿园园本课程的构建方向和目标。

1. 守望生命成长，等待生命绽放

好的教育理念只有物化为教育行为，才能实现其价值。为了带领教师团队更好地落实幼儿园的教育理念，我作为园长，不管日常事务多繁忙，都定期参加教学团队的现场观摩和研讨，与教师谈心交流，指导每一位教师的教学实践和专业成长。教育的良好状态不是急功近利，而是给予自主成长的空间。因此，六幼的管理团队始终恪守这种信念：守望生命成长，等待生命绽放。管理团队的品质影响了每一位教师，在教师们眼中，每一个孩子都是闪亮的星星，都有其独立的个性品质，都值得被关爱和支持。经过近两年的努力，六幼收获了专业高效民主的管理团队、专业稳定积极的教师团队、积极配合乐于支持的家长团队。

2. 构建生活课程，感受生命之美

学前教育的基本任务就是遵循儿童生命成长的基本规律，努力站在最有利于儿童成长的立场，和儿童一起构建园本课程。课程实施中，六幼坚持探索“311+1”模式，即一周中3天主题探究或项目学习、1天“共享日”活动、1天“自我服务日”活动，外加每天1小时“户外混龄体能大循环”活动。

3. 完善自我服务，体验生命之乐

《3—6岁儿童学习与发展指南》指出：“帮助幼儿学习自我服务的技能，培养基本的生活自理能力。”《3—6岁儿童学习与发展指南》5大领域32个学习与发展目标，最终也是通过培养幼儿自我服务技能来实现的。在自我服务中可以锻炼幼儿的身体协调能力、动手能力，锻炼幼儿与人交流、合作的能力，团结的意识。幼儿的自我服务有利于增强智力、激发创新能力，有利于调节气氛、增进情感，有利于培养幼儿的责任意识和独立生活能力。因此，幼儿自我服务意识和能力的培养，对幼儿的终身发展至关重要。六幼在构建课程的过程中，从一日生活入手，引导幼儿完成每天入园后的物品放置、饮水、制订活动计划；根据自己的饭量打餐，食用后自己收拾整理餐具；自主游戏中根据自己的计划进入区域游戏、学习。在一日生活中，有意识地培养幼儿自我服务的意识和能力，并且每周利用半天的时间，通过组织劳动小能手、花草护理员、安全小卫士、厨艺小巧手等活动，开展班级劳动清洁，物品清理、清洗，美食制作等自我服务课程。“自我服务日”课程的开展，能提高幼儿的自我效能感，激发幼儿成长的内驱力，让幼儿在真实生活中体验生命成长的快乐。

三、落实人才保障

园本课程的顺利构建，有一支专业教研团队是关键，尤其是在课程构建的顶层设计上，有一定系统的理论知识和实践经验尤为重要。秉持龙华教育倡导的积极教育理念，落实“用优秀的人培养更优秀的人”的龙华教育精神，在一年多时间里，六幼、清湖两所幼儿园从湖南师范大学、华南师范大学、福建师范大学、西南师范大学（现为西南大学）招聘到学前教育专业、教育心理学专业的5位研究生，组建了教学教研团队，用更加专业的精神和态度引领教师的专业发展。

“大自然”“大社会”都是活教材，孩子参与的、真实的幼儿园生活是富有灵性的、最好的课程。童年的幸福是一个人一生幸福的基石，愿孩子们在真实的生活中、在自然中，健康快乐成长，拥有幸福童年。

深圳市龙华区第六幼儿园　曹立峥

曹立峥

感悟

作为学前路上的追梦人，我怀揣着美好的教育梦，坚定而踏实地漫步在学前教育的道路上，且思且行，且行且思。

《藤幼儿园的秘密》

【内容简介】

本书揭示了一个园长的办园之道和他倡导的幼儿园教育——培养创造幸福未来的人，让孩子做孩子想做的事，做一个真正的孩子。藤幼儿园是一所由教育家、设计师、建筑家联手创建的幼儿园，是一所荣获多项世界建筑大奖的幼儿园，是一所把蒙台梭利教育法发挥到完美的幼儿园，是一所既充满创意又保障安全的幼儿园。在这里，孩子可以在环形屋顶尽情奔跑，可以在上课时随意行走，孩子与花、树、草共同生长。这里所有的设施与课程活动，都是经过精心设计的。

【推荐理由】

正如藤幼儿园园长加藤积一在书中提到的“养育孩子没有标准答案”，就孩子的成长发展来说，教育的出发点是一样的。在幼儿园阶段，对孩子的教育更多是对生命的教育，丰富孩子对世界的感受和体验，让孩子在和同伴、成人的相处中逐渐成长。本书让我们看到幼儿园的另一种美好形态。

图书：《藤幼儿园的秘密》

拍摄地点：深圳市龙华区教科院幼教集团附属幼儿园

建筑与童年

日本藤幼儿园园长——一个高大的日本汉子，一个在园长岗位上做了几十年的男性，一所全球知名的幼儿园园长，同时，他也是一位著名的建筑家，在他的打造之下，藤幼儿园被评为世界上优秀的建筑之一。幼儿园的建筑不仅仅是钢筋混凝土，它也是一所幼儿园的气质与文化。

在日本，有这样“幼儿园”气质的建筑师有很多。

前不久，深圳市龙华区教育局请来了一位知名的日本幼儿园设计师——日比野拓。我曾经无数次在微信朋友圈中看到他设计的幼儿园，终于可以见到真人了。原来，他长得和他设计的幼儿园一样，真实、质朴，有着阳光的味道。我忍不住和帅气的他合影。

甘露与设计师日比野拓的合影

我不知道其他园长对幼儿园的建筑有怎样的理解。在看到日比野拓设计的幼儿园时，我忽然有种天特别蓝、房子特别大、童年特别美好的感觉。有人这样评价他设计的幼儿园：这是一个自然、真实、朴素、舒适的学习场所，让孩子们感受、体验、学习、成长。我忽然明白，这些建筑令人怦然心动的原因。多么期望我们也有一所这样的幼儿园！

作为一个设计了430所幼儿园的建筑设计师，日比野拓的PPT应该在很多场所被讲述了许多遍。他设计的建筑中有他的思想和他特别关注的细节。

一、看得见风景的餐厅

日比野拓提供的几个幼儿园样本，有着各种世界风景的餐厅，或面朝大海，或背靠森林，或眼前是一片开阔的绿草坪。幼儿园所有的孩子们聚集在餐厅里，一边自助服务，一边无拘无束地聊天吃饭。

看到这样的画面，我常常会想起我上课时抛给老师们的问题："你是希望孩子们吃饭时食不言，还是可以自由交谈？"

有时候，老师们会有两种答案。然后我再问她们："你们会不会常常约人吃饭？你们吃饭时不聊天吗？"这时候，就只有一种答案了。

在幼儿园，进餐也是儿童的一种社交方式。当他们有机会和不同的人坐在一起吃饭聊天时，天知道会有多少神一般的对话冒出来！所以，日比野拓先生设计的大餐厅，让我有欲望和孩子们一起坐在那里边看风景边享受美食、享受陪伴。

二、永远有阳光的洗手间

在日比野拓先生眼中，洗手间可不是盥洗那么简单。

在有大落地玻璃的洗手间里，看着阳光从东边走到西边，孩子们偶尔在里面发发呆，也是不错的选择。

在一间干燥、没有异味、只有阳光的洗手间里，你会做什么？

三、没有扶手的楼梯

有朋友说，最好的房子是大平层，不是复式或独栋别墅，因为上楼下楼太麻烦了。越长大，越老去，越讨厌阶梯。可是孩子们呢？

每一级阶梯，意味着他们可以在不同的高度俯瞰这个世界。所以，他们乐此不疲，在各种高度之间上上下下，跳跃、行走。日比野拓先生设计的幼儿园里，建造了各种各样的阶梯，有宽到可以爬行的，也有窄到只能跳跃的，还有可以偷懒的滑梯和爬杆。这样幼儿园里的孩子，大腿肌肉发育、手臂力量和平衡能力发展水平应该很好吧？

在我们的幼儿园里，孩子们小心翼翼地上下楼梯，有些老师还要求小朋友下楼梯时一只手扶栏杆，一只手背后。每每看到这样的画面，我就忍不住问老师："你是这样下楼梯的吗？双手的自然摆动不是为了身体更好地保持平衡吗？"可是，如果这个老师在日比野拓先生的幼儿园，她就没辙了，因为，他从来不为楼梯设计扶手和防滑条！

他说，孩子们被过度保护了，他们应该有能力从失败和错误中学习。失败是成功之母，受伤是成长之母。

四、神秘的窥视洞

儿童天生对这个世界充满好奇，因为他们喜欢变化和不确定性。如果一堵墙不只是一堵墙，这堵墙上有一个小孔，小孔里还有若干神秘的东西呢？如果地板不只是地板，还能从二楼窥探到一楼呢？如果房顶不只是房顶，还能从玻璃天窗看到夜晚的星星和早晨的太阳呢？

这时，房子开始有生命了。随着教育的开始，很多学习可能在这些窥探中有意无意地发生。这种好奇，就在孩子们走过路过时迸发出来。满足他们小小的心愿吧，说不定，洞洞里藏着圣诞老人的礼物和老师们准备的惊喜呢！

如果每天生活都在变化，都有惊喜，那么在幼儿园的每一天，都是一段充满探险的美好旅程。我要上幼儿园！

中午和日比野拓先生一起吃饭，我发现他是一个特别有童心的人。

我问了他一个特别正式的问题："作为幼儿园的设计师，你需要学习一些儿童教育学和心理学的知识吗？"

他说，他的关于幼儿园的知识来自三个方面：一是自己看书，二是和从事这个行业的人交流，三是寻找自己童年的感觉。

他的答案让我深思……

在演讲的过程中，他几次提到了他的童年。这种回忆童年的感觉有种回溯的力量，让他在46岁时能够了解儿童的快乐与悲伤，从而为他们设计出快乐的房子。

每个儿童都是独特的个体，作为一个独立的人，都需要有自己的空间——一个自己的环境、一座自己的建筑、一块隐蔽的空间，以舒展心灵、开阔精神。有了这样的使命感，他就能设计出有生命力的幼儿园建筑。

在我们活得很粗糙的年代，我们只需要广厦千万间。当我们有能力实现审美需求的时候，我们希望建筑是有细节、有温度的。当我们为一个特定的群体建造一座房子的时候，我们更希望这里承载他们美好的记忆。

所以，我多么希望有一所这样建筑设计理念的幼儿园，用来安放孩子们满满幸福的童年。

甘 露

2018年4月22日

发现藤幼儿园的秘密

——《藤幼儿园的秘密》读后感

“草长莺飞二月天，拂堤杨柳醉春烟。儿童散学归来早，忙趁东风放纸鸢。”80后的童年记忆不止如此，还有弹珠、纸牌、泥巴、跳格子、挖洞、捉蚯蚓、爬树摘果子……有一块空地，一群小伙伴就可以欢呼雀跃、乐趣无穷。这些与大自然亲密接触的片段，丰富了童年，温暖了记忆。这几年，工作的原因，我时常在思考，在物质丰富、科技飞速发展的今天，我们应该为儿童提供怎样的学习环境？如何更好地落实个性化教育？直到有幸在工作室里遇到了《藤幼儿园的秘密》，在书中找到了答案。

一、园舍：个性化教育的理想空间

藤幼儿园坐落于日本立川市，椭圆形屋顶是幼儿园的一个特色，它看起来像盘旋在空中的圆盘，又像是一个大大的甜甜圈。屋顶上有几颗老树，自然地从校舍中穿过，成为建筑的一部分，孩子们在屋顶上自由地奔跑、游戏，在树上攀爬，栖息于树木和自然环境中，在无障碍的空间里充分释放自己。看着孩子们快乐奔跑的身影，我能感受到幼儿心中的本能正在被唤醒。从建筑学的角度出发，藤幼儿园将所有单纯的要素浓缩为一体，返璞归真，圆形设计是基于对孩子、对童年深刻的理解，它唤起了孩子自主成长的力量，从室外到室内，每一个小细节，都流露着设计者对教育的思考，对儿童的思考。设计者希望幼儿有更多自主探索、获取经验的机会，让环境的教育价值最大化。孩子们往往喜欢能激发他们好奇心、自由发挥他们的想象力和创造力的游戏。激发好奇心，最好的办法之一就是在园舍中创设有意义的学习和游戏环境。加藤积一先生说："孩子们的本职工作是玩，幼儿园应该是孩子们每天都想去且梦寐以求的地方，换句话说，就是要建造一个建筑本身就能成为孩子们巨大的游乐场的乐园。""树""屋顶""自然"就成了孩子们每天都向往的伊甸园。

二、细节：别具匠心的个性化思考

我们总是会更多地考虑幼儿游戏的环境是否安全，会首先规避可预见的风险。但藤幼儿园会设计一些原始元素，如老式水龙头，拉灯绳，凹凸不平的草坪，张牙舞爪的树枝和坚硬锐利的墙角，这些都是为了让孩子用身体感受万物的原理，可以获得更多以往没有的经验，体验发现的感动和惊喜。这些所谓的"安全隐患"不会给幼儿增添危险，反而让幼儿学会思考，想办法去解决问题，懂得如何在不同的环境中避免受伤，学会保护和照顾自己。幼儿的学习是以直接经验为基础的，与其传授还不如让他们自己去感觉、去思考、去行动，敢于挑战，发现乐趣。所以，我认为幼儿园应该像社会环境一样，不要过度保护孩子，而是要适当保留一些危险，这样才能培养孩子自己躲避危险和自我保护的能力。

三、理念：契合本土文化的个性化成长空间

藤幼儿园采用蒙特梭利教育模式，它包含日常生活练习、感官教育、语言教育、算术教育、文化教育五大领域，根据孩子们的发展特点，每个领域都有专门的教具。但蒙特梭利教育并不限于使用专门的教具，而是充分利用日常生活中的资源，只要是能引起孩子们"想试一下"的兴趣的东西都可以。蒙特梭利教育契合日本生活方式。日本的传统文化较注重幼儿习惯的培养，如随手关门、物品摆放整齐，并将其贯穿在一日生活中。蒙特梭利认为教师并非是"教的人"，而是细心观察孩子，提出适宜建议的支持者。这里的教师，怀着极大的真诚与热情面对幼儿，给幼儿足够的空间，并相信他们。

四、体验：按照个性化节奏生活与成长

孩子们通过体验集体生活中的约定和顺序，积累心灵和行动上的各种成长经验。在藤幼儿园，每天孩子们有2小时的自选活动时间，分别是上午9点到10点、下午1点到2点。在这段时间里，孩子们完全自主，可以选择在室内游戏，

也可以选择去室外玩耍。例如，在房顶一圈一圈地奔跑，有的孩子一上午就跑了30圈，这相当于将近6千米的距离。连接房顶和庭院的滑梯是非常受欢迎的，孩子们可以不断地爬上去、滑下来。即使教师什么都不说，孩子们也会自己决定玩什么、怎么玩，自己创造规则和玩法。除了游戏的内容外，孩子们还可以自主选择自己喜欢的颜色的T恤，选择是吃幼儿园的午餐还是家里的便当。按照自己的节奏生活和成长，孩子们很快便能学会思考、选择、自我照料、理解他人。

五、教育：无声无息的建筑承载个性化发展

人的发展有两个很重要的因素：一是遗传，二是环境。正因为知道环境对人的重要性，才有了孟母三迁的故事。作为教育者，我们都想为孩子提供有准备的教育环境。在藤幼儿园，对教育环境从幼儿园建构之初就已加以考量，整个建筑的设计让人们知道什么才是有准备的环境，什么才是孩子最需要的环境。它对孩子的解读在教育空间上就已经做了很好的呈现，爱玩是孩子的天性，遵循孩子内心的秩序才是教育的节奏。教育其实不需要使劲，越是使劲的教育越容易偏离孩子最本质的需求。在藤幼儿园，开放的闭环式圆形设计，让孩子们在与同伴相互游戏、探索环境的过程中就完成了体能锻炼，教师不需要设计体能教学活动，孩子也不需要用意志去控制自己的学习，教育发生在无意识的游戏中，发生在与建筑的互动中。

当我们谈个性化教育时，请先思考两个问题：个性化基于什么？个性化的进程该如何把握？每个个体的独特性在于他与世界互动的方式和速度与其他个体不同，整齐划一的教育给受教育者和教育者双方徒增烦恼。藤幼儿园有着特别的校舍和教学设计，给幼儿以充分的自主选择权，他们可以在这个空间里选择与不同的环境、材料、同伴、师者互动，选择以自己的速度和量度进行互动，这是最触动我的地方，也是让我深入思考个性化教育的落脚点。

有人说：“没有人规定童年的方式，只要他有自己快乐的记忆，那就是童年。”我坚定地相信，在藤幼儿园长大的孩子，内心温暖的记忆一定会伴随和影响他们一生。我也希望，有更多的孩子，能拥有这样快乐的童年记忆。

深圳市龙华区未来小学附属长城里程幼儿园　鲍 影

鲍影

感悟

杨绛先生说过："年轻的时候以为不读书不足以了解人生，直到后来才发现，如果不了解人生，是读不懂书的。读书的意义大概就是用生活所感去读书，用读书所得去生活吧。"

《重访三种文化中的幼儿园》

【内容简介】

20世纪80年代出版的《三种文化中的幼儿园》一书揭示了文化对幼儿教育的深刻影响，分析了中国、美国、日本三国学前教育实践的巨大差异。新近出版的《重访三种文化中的幼儿园》一书进一步揭示了中国、美国、日本三国学前教育20多年来的变化。

【推荐理由】

《重访三种文化中的幼儿园》是在美国著名学者托宾1987年发表的《三种文化中的幼儿园》一书基础上所做的新研究。《三种文化中的幼儿园》是国际上有关学前教育的一本名著，被学术界广泛推崇，深刻地揭示了文化与学前教育之间的关系。《重访三种文化中的幼儿园》研究当今全球化背景下中国、美国和日本三种文化下学前教育的异同，提出了学前教育对文化关注的诉求。这是一本引起学术界和教育实践界强烈反响的新作。

图书：《重访三种文化中的幼儿园》

拍摄地点：深圳市龙华区教科院幼教集团附属幼儿园

前言tips：

在多元文化背景下，中国的学前教育机构以及教育者应该如何保留传统、适应变革？

暑假我终于来到了心心念念的西藏，感受了当地的民风民情，看到了这里独具特色的幼儿园……

向光而行

——西藏支教心得

（一）

2002年，我第一次到西藏。坐在日喀则的青年旅馆，遇到山东来援藏的干部，他和我开玩笑说："欢迎你们来西藏日喀则支教啊，我们愿意提供食宿的。"当时，我心动，却不敢行动。

2012年，朋友援藏三年，在察隅县任县委副书记。那年回家，他去了我所在的幼儿园，问我是否愿意接收察隅县幼儿园教师来深圳跟岗学习，和察隅县幼儿园建立手拉手关系，我愉快地答应了。这手一牵就是五年。五年中，我们每年组织孩子们为察隅县幼儿园捐赠图书，为他们的图书馆提供和深圳孩子一样的阅读绘本。有一天，察隅县幼儿园央宗园长发来幼儿园图书室的图片，孩子们穿着藏服，笑得特别灿烂。

2020年，前同事张文华博士援藏一年半，在察隅县教育局任副局长。他问我，暑假可以来支教吗？我内心非常激动，终于可以和察隅县幼儿园亲密接触了。

写下上面这段文字的时候，我以为援藏、支教是理想，是情怀，是人生的一种美好，直到飞机在海拔4300米的西藏昌都机场落地。我晕晕乎乎地走出机场，接过司机递过来的氧气，开始大口大口吸氧。

（二）

从机场到县城300多千米，在我的经验中就是3～4小时车程。可是，这段距离，我们却耗费了10个小时。之后在林芝各个县乡行走的日子里，在那段“此生必驾”的318国道上，我们见过大货车翻倒在路边，见过泥石流冲断公路，见过望不到头的8千米堵车长龙，见过江水冲垮一半路基只能靠山边小心翼翼地通行……到了西藏，我们才深刻理解了什么叫“不确定性”。

我顶着轮番上阵的各种头痛，晚上在酒店里改完了第二天要使用的课件。晚上十点多，我给高原反应比我更厉害的杨洁茹送了一罐氧气，叮嘱她手机开着，有不舒服随时给我或者酒店前台打电话。

接下来的两天，我们给全县的全体中小学和幼儿园教师做了一场演讲，为50多位幼儿园教师做了三场培训。高原反应似乎离我远去了。

给藏族教师做培训，需要有点音乐细胞。课间休息的时候，一位卓玛跳上台，不用话筒，为大家清唱了一曲，歌声悠远嘹亮，带着藏族姑娘特有的野味。这似乎还不够，大家还需要再来一段锅庄。我也被邀请上台，和着“弦子”的节拍，一起热舞。这种培训经历，恐怕在其他地方不太可能重现。在藏歌和锅庄中，我似乎正在慢慢理解这个民族——单纯、热烈。

随后的日子，我们选择了下乡，走访了五所县乡的幼儿园。张博士给了我们一张写着“专家顾问”的察隅县教育体育局的工作证，方便我们下乡。实际上，这张证件一次也没有派上用场。所到之处，只需要说明来意，他们都会热情接待。人和人之间，在高原之上，变得特别简单，容易信任。

在林芝行走的日子里，我深刻感受着国家对西藏的深情厚谊。每一个村庄，哪怕只有十几个孩子，都配备了一所幼儿园。幼儿园都建在交通方便、场地宽敞的街道旁，修建得精致、美丽。孩子们活动的户外操场上，大型玩具、塑胶跑道一应俱全；教室内部，玩具柜、课桌椅、儿童床全部配齐。西藏的孩子，享受的是15年免费教育，从幼儿园到高中，都是在双语（藏语、汉语）的幼儿园和学校免费学习。甚至在西藏的部分大学，都开设了免费班。

我在一所乡村幼儿园，遇到一位拉萨师范学院学前教育专业的学生。我兴致勃勃地邀请她来深圳就业，这个叫央金的女孩，很干脆地回复我：“不去啊，深圳太远了，我最远只能在林芝呢。”在乡中心小学附属双语幼儿园，偶遇从江门幼师西藏班毕业的副园长，我问她为什么选择来西藏，她说她不喜欢广东的湿热，不喜欢快节奏的生活，喜欢西藏的高远蓝天，喜欢幼儿园里的自在惬意，所以从来没有考虑过留在广东。原来，我们喜欢的繁华都市、自我成长的精进追求、对房和车标配生活的追逐，都敌不过眼前的蓝天白云。这个民族的人，骨子里都散发着浪漫的气质。

我们在各个幼儿园，和老师们聊教学和课程。似乎，我们对幼儿园课程的理解，相距几个光年。有位园长和我说，我们最重要的工作就是保育和安全，所以幼儿园只有三份工作计划，分别是保育、安全和疫情防控。在另一所幼儿园，我们意外地看到一份周教学计划，计划基本按照小学的课程表形式撰写。在教室里，能看到一些基本的活动区，老师们也知道要创设区角，但对于区角活动如何开展，他们还停留在“让孩子们自己玩玩具”的阶段。所有的幼儿园户外场地都非常开阔，不过，只有简单的体育器材和政府投入的大型玩具。

和园长老师们聊幼儿园课程，她们会很认真地告诉我们，全区使用相同的汉藏双语教材，她们每天按照教材来上课。园本课程的概念在这里没有被普及，汉语拼音和藏语拼音的教学在一些幼儿园也常常见到。

在倾听老师们描述时，我的脑子在飞快地运转，我用什么培训内容才能和她们的现状进行快速连接？作为一个短期支教者，接受现实，理解现实，寻找连接点，是有效开展支教活动的前提。

基于这些思考，我和杨洁茹设计了《指南解读》《一日生活组织》《区域环境创设》《主题活动开展案例》《积木区教师指导》《语言区材料投放》几个专题。这些内容，都是老师们目前在实践中感到困惑的问题。因为有的放矢，所以我们被她们誉为“最接地气”的专家。

临走前，我给察隅县教育局陈局长和张文华博士写了一篇5000多字的《关于察隅县学前教育发展的建议》，希望从另一个视角来助力察隅县学前教育的发展。

（三）

在西藏的两周里，我们收到了很多条白色的哈达。藏语“扎西德勒”的意思是美好、光明、圆满，在和藏族园长、老师和孩子们相处的过程中，我们感受到了藏族同胞的平和、包容。无论深圳学前教育发展多么前沿，理念多么先进，姿态多么昂扬，我们都不能以俯视的眼光看待西藏的学前教育。西藏各地的双语（藏语、汉语）幼儿园，带给西藏学前教育不一样的色彩。生于斯，长于斯的藏族文化留给学前教育的是关于如何更好地尊重文化多样性、保留文化差异性的思考。

以前，每次张文华博士从深圳返回西藏察隅工作，都会在教科院的群里发一些林芝沿途的照片。我们看到了四月的桃花遍野、九月的金色树林、十一月的飞雪飘飘，边看，边在群里回复，林芝真美啊！

这次，我们来了，感受了，体验了，才知道这些绝美的风景背后，是克服身体高原反应的毅力，是面对路途艰险及不确定性的勇气，是愿意把所学无私分享的善意。

柴静在《看见》一书中说：“一个国家是由一个个具体的人构成的，她由这些人创造，并且决定。”在西藏，我看见太多这样的人。

一手慈悲，一手智慧，双手合十。

甘 露

2020年8月21日于林芝

《教师花传书：专家型教师的成长》

【内容简介】

《教师花传书：专家型教师的成长》得名于日本古典艺术理论著作《风姿花传》（通称《花传书》），能乐大师世阿弥关于从艺之心的修养与技艺的习得的阐述给了佐藤学教授启迪。借鉴这本传世之作，佐藤学教授将教师的专业成长比喻为从“种”到“花”的动态过程。

【推荐理由】

“花是心，种是技。”教师既是“专家”，又是“匠人”，只有“技”与“心”结合方能绽放妙花。这本书讲述的就是洗练教学，形成“妙花”之“心”及其必备的“技”的方法。

图书：《教师花传书：专家型教师的成长》
拍摄地点：深圳市龙华区教科院幼教集团附属幼儿园

三代幼教人

2019年1月，杨炼红园长从深圳市南山区机关幼儿园园长位置上退休。我和幼儿园里的这群小姑娘说，要感恩，记得你们职业生涯遇到的第一个领导。

她帮助你从青涩的学生成长为成熟的教师；她接受你的不完美，接纳你和成熟型教师之间的差距；她静下心来等你慢慢成长；她为你提供平台助力你的发展。最后，当你想离开时，她还为你送上祝福。

这群姑娘中每一个人都是在成熟期，因为家庭原因从南山来到了龙岗和龙华，我成为她们的第二任园长。前人栽树后人乘凉，我是杨园长人才培养的受益者。

她们选择来我这边时，杨园长都会极力推荐，不吝言辞地赞美她们。要有怎样的情怀和胸襟才能有这样的大爱呢？在她心里，没有一城一池的得失，有的，是对这群姑娘最好的祝福。在她心里，对人的关注，远远胜过对组织的规划。

在现代管理学中，组织已不再建立在强权的基础上，而是建立在信任的基础上。人与人之间相互信任，不一定意味着彼此喜欢，而意味着彼此了解。我和杨园长一样，因为了解这群姑娘，所以在她们做职业规划和选择的时候，给她们最适当、最真诚的建议。从南山到龙岗，从龙岗到龙华，她们每个人都在寻找自己的发展路径。

但是，无论她们走得多远，我都会提醒她们，一路走，一路感恩。记得每一个帮助过你的人，记得每一个曾经信任你的人。因为，我们知道，每个人事业的最终成就和人品成正比。

杨炼红园长是60后，我是70后，这群姑娘是80后。三代幼教人，像接力棒一样，在学前教育事业中坚持着……

期待在深圳学前教育界，这样薪火相传的故事越来越多。

工作室成员与杨炼红园长的合影

甘 露

2019年2月12日

心中有莲，步步生花

——读《教师花传书：专家型教师的成长》有感

拜读了佐藤学先生的《教师花传书：专家型教师的成长》，我得技：花是心，种是技。沐浴教育清池十载，结合自身近几年向成熟型教师转型的成长工作总结，领会书中诗意，略有步步生花的感觉。佐藤学先生所作的《教师花传书：专家型教师的成长》是受启示于《风姿花传》，而《风姿花传》是日本能乐大师世阿弥的作品。《风姿花传》中写道："花"是美的表现，其"心"（思想、哲学）是摒却私心杂念，日复一日练功修养所形成的"技"（基于体验的身体技法）所成就的。

佐藤学先生将《教师花传书：专家型教师的成长》的精神借《风姿花传》传递：如果我们不知道如何体现"妙花"的美，还没有形成关于教育教学的思想和哲学，那至少要知道展现美的技法和智慧。因此，提高自身专业能力，不仅是我们的工作所需，更是我们自身生命成长的需要。

这本《教师花传书：专家型教师的成长》最鲜明的特色就在于反复地阐述当代教师教育改革的一个重要命题——教师必须是"工匠性"与"专业性"兼备的专家。

教师工作的本质不只是"教学"，更是"学习"。在任何情况下，"匠人"都是默默地尽全力将工作做好，而"专家"则是在工作中活用最先进的知识和最高的智慧。这其中还包含着作为"匠人"的教师和作为"专家"的教师的生存自尊与幸福。当下，我们应该认认真真地把重心放到实践中，把心思集中到不断学习和成长的日常工作中。

在这个信息千变万化的时代，虽然我们每天被大量的知识、信息包围着、冲击着，网络可以为我们提供许多可以参考的教学素材及方法，为教师节约备课的时间，但这有利也有弊。我最近常常问自己和幼儿园的老师们：

你还拥有独立思考的能力吗？

你还保持着持续学习的动力吗？

……

一、教师自我专业成长的意识觉醒

在层出不穷的课程中，许多幼儿园教学管理人员或教师追赶着潮流，流行哪种教育理念，就原套照搬。例如，近几年来STEM教育热度持续升温，许多教育工作者对STEM教育的呼声也越来越高。

搭上STEM教育的顺风车成了许多教育者体现“专业”的手段，STEM教育瞬间被包装得高大上，但多少人能真正深入了解、思考这些潮流课程是否与本园本课程相融合？如STEM课程最重要的特点就是跨学科、多学科地融合，也就是说，这个课程中涉及的问题，往往需要综合两门以上学科的知识方能解决，并且涉及教师本身的专业能力是否足以支持幼儿的学习。一名成熟型教师，在走向专业的道路上，会经过同化、反思，但最终应该成为一名个性化、具有独立思考能力的教师，这需要教师自我专业成长的意识觉醒。

在不断的学习过程中，如何让我们自己变得更专业呢？这样的拷问，已经在向我们敲起了警钟。但在实际工作中作为一名成熟型教师我们需要具备哪些能力呢？很明显不仅仅是我们在大学里学到的书本上的一点专业知识和技能技巧，还需要通过自己跟自己对话，自己和专业对话，打开反思之门，最终找到自己的定位，突破瓶颈。

二、教师持续学习的驱动力

教师的人生是持续学习的人生，好比我们便捷的电动车，想要续航久、动力足，就需要持续地充电。教师工作中的知识和技术，既带有艺术家的性质，也带有匠人的性质、科学家的性质乃至技术人员的性质。所以，教师的工作既有匠人的一面，也有专家的一面，二者的相互结合才能形成教师的力量。强大、持续的学习能力是一名优秀教师的基础素质，对于现在很多教师而言，如果没有强大的学习能力，基本上是不可能在教育领域里有所成就的。

在教学研究过程中，遇到两种类型的教师会让我比较头疼，一种是“毫无主见”型，一种是“思想固化”型，一般这两种类型的教师都有一个明显的特征：没有独立思考能力。他头脑中的所思所想，依赖于幼儿园的教学管理者，依赖于教材以及同伴。如果他的教学管理者、教材以及同伴出现偏差了，他就会跟着一起出错。教师的工作本身就是琐碎、耗神的，如果教师不能够在忙碌中学习一些新鲜的知识，眼界就会逐渐狭窄，看问题不长远，在日复一日的琐碎工作中沦为“吃老本”的那类人，慢慢地跟不上时代教育的发展。

杜威提出，“教师不是简单地从事于训练一个人，而是从事于适当的社会生活的形成”。幼儿园课程需要幼儿园教师的知识发展与时俱进，对于社会发展有敏锐的触觉，且善于思考、整合自身社会经验。如幼儿园开展的主题内容就是来自社会、生活，小到来自家庭、幼儿园、社区、城市，大到来自世界，地球，自然界的人、事、物。

教育除了对教师的教育经历、教学经验有所要求，更重要的是需要教师不断更新教育理念，不断创新教学技法，保持视野的开阔，这样才能给孩子最及时、可超越的教育，这是多少教研培训都无法获得的。我们的孩子在不断变化，因此需要教师将各个领域的知识全面整合，从自身内部深入思考，最大限度地以多元的视角来思考并结合自身的社会经验，发展自己，从而胜任自己的教学工作。我们一定要持续地学习、提高自己，只有这样才能够更好地挑战教师这份具有创造性的工作。

有了足够专业沉淀，教师在实际工作中便懂得如何去理解儿童的一百种语言，观察孩子、支持孩子、理解孩子，为孩子提供成长的有利条件，促进他们达到最近发展区。只有教师全面发展了，孩子才有全面发展的可能。

杨澜老师说过一段话，“以媒体的视角看自己，以旅游的感受看环境，以公众的想法看平等，以发展的眼光看成长”。未来的瓶颈突破靠的是当下教师自我发展的意识觉醒以及持续学习的动力，这是自我研修最好的方式，也是最有效的途径，贵在坚持，成功也在坚持。

深圳市龙华区龙华中英文实验学校幼儿园　陈妙纯

陈妙纯

感悟

普罗塔戈说过："头脑不是一个需要被填充的容器，而是一把需要被点燃的火把。"而教师的责任在于用自己专业的星星之火，去点燃孩子的火把。

《幼儿园课程图景：课程实施方案编制指南》

【内容简介】

历经三年实践，“上海市提升中小学（幼儿园）课程领导力行动研究”项目带领30多所项目幼儿园，对课程进行孜孜不倦的探索。探索的过程始终透着勃勃生机，这种生机来源于对教育规律的遵循，对幼儿成长的尊重和对未来发展的突破。这些幼儿园对课程的探索，不仅体现在“课程实施方案”命名的区别上，更体现在课程的设计、实施、完善和创新上。

【推荐理由】

上海市教育委员会教学研究室主编的《幼儿园课程图景：课程实施方案编制指南》，从课程实施方案的基本要素入手，描述了幼儿园课程实施方案编制与完善的基本方略，并以大量的幼儿园“案例报告”，阐明了幼儿园课程规划与实施的哲学。在教育部《3–6岁儿童学习与发展指南》颁布之际，该书的出版对幼儿园课程规划与实施起到了积极的指导与推进作用。

图书：《幼儿园课程图景：课程实施方案编制指南》
拍摄地点：深圳市龙华区教科院幼教集团附属幼儿园

从十一到自己

航标班的集中学习进入第二期了。这一期的课程，让我们能够更近触摸到北京十一学校（以下简称十一学校），触摸到自己。随着对十一学校的深入了解，我自己的教育思考也在逐步接近内核。

我不认为十一学校的课程一定要被复制才有意义。我觉得李希贵校长的很多教育思想和管理思想是可以被运用在各种学校的各种场景中的。你可以只学习它的一种方式，也可以只学习它的一个片段，但整体的顶层设计还是要校长、园长自己来做。当你做好了顶层设计之后，再去寻找符合需求的资源、环境，才能建构属于自己的课程，形成属于自己的管理经验。

一、我的尝试

听了北京十一学校李希贵校长的讲座后，我深深折服于他的教育思想。上次学习时，培训机构华樾教育研究院赠送了李希贵校长的《学校转型》这本书。我仔细阅读后，在幼儿园的管理中做了一些管理架构的改革性尝试，将金字塔式的层级管理改变为扁平化管理。我原以为，一所新幼儿园在起始阶段应该会很容易进行管理组织形式的变革，实际上却非常难。难的原因恰恰在于它的“新”。

1. 新团队需要磨合

在扁平化结构中，团队中的每个人，都是能够独当一面的。当我提出这样的期望后，所有的教师工作状态都很积极。但是，他们来自不同的地方，带着不同的思维习惯和工作方式，有思维定式和路径依赖，他们越积极，带来的原有的经验就越多，因此碰撞和摩擦也越多。

2. 新思路需要时间达成共识

新思路需要时间达成共识，这是幼儿园共同愿景建立的一个过程。因为“新”，所以幼儿园并没有形成一种管理思想共识，尤其是对扁平化管理的认知。共识的达成需要时间去酝酿、经历、体验、感悟，谁都没有办法超越时间，谁也不能凭空构建经验。

3. 最大的挑战来自人自身的观念转变

在传统的金字塔层级管理结构中，每个位置的人都是“屁股决定脑袋”，所有人都习惯于被上一层级安排工作，习惯于向下一层级安排工作。在扁平化管理中，自己要变成思考者、设计者、支持者和服务者，去思考园长的事、后勤主任的事、教学主任的事、教师的事、儿童的事，思维从局部到整体，从关注系统中的一个点到触摸整个系统。对我们年轻的团队而言，这种系统思维的建立，需要有求知若渴的心态去重新学习，需要有求贤若渴的心态去请教更多的人。这个过程注定漫长。

所以，对于李希贵校长的教育变革，我膜拜，但需要慢慢尝试和思考，寻找适合自己的路径。

二、对十一学校课程的梳理

在听十一学校王春易副校长的《创造适合每一位学生发展的教育》时，我忽然发现，进入“桃花源”的大门打开了。

王校长是生物特级教师，他的整个PPT的逻辑结构特别清晰，从整体到局部，一层层剖析，肌理分明，结构完整。

通过王校长的讲述，我终于清晰地看到了十一学校的课程结构。

1. 分层课程（数学、物理、化学、生物）

数学、物理、化学、生物这些理科课程的学业成绩与学生天赋、遗传、兴趣等因素相关度最高，因此学习能力的差异也最大。在韩杰梅老师的课中，她用一组大数据告诉我们，儿童在小学阶段，对数学学科的兴趣最强，但是到了高中阶段，数学成绩的差异却最大。

分层课程在学前教育领域的思考：这种分层课程，在学前阶段也具有启示意义。皮亚杰正是从守恒性或不变性这个观点来研究具体其运算阶段的。皮亚杰认为守恒概念获得是儿童认知水平发展的一个重要标志，而每个儿童建立守恒的时间长短不一，通常是数目守恒（6～7岁）、物质守恒（7～8岁）、长度守恒（7～8岁）、面积守恒（8～9岁）、质量守恒（9～10岁）、体积守恒（12～13岁）。所以，有些教师在幼儿园大班数学活动中发出这样的感慨：有些孩子一点就通，有些孩子怎么都教不会。因为每个孩子建立守恒的时间不同，所以更需要我们实施个别化教育。分层的意义在幼儿园的课程中演变为儿童在区域中的个别化学习以及在教师指导下的小组学习。在幼儿园的数学、科学领域，采取这样的教学方式无疑更能让课程贴近儿童的能力。

2. 分类课程（语文、英语、历史、地理、政治、体育、技术）

我想，课程分类的原因是一些学科的构成有多重结构，每重结构之间可以并行，最终可以形成对学科的整体感觉，如语文中的朗诵、写作、阅读、作文，体育中的篮球、乒乓球、击剑，历史中的唐史、宋史、明史、清史，技术中的AI、APP开发、无人机等。在对课程有整体的了解之后，学生可以根据自己的兴趣来选择重点研究的内容。

分类课程在学前教育领域的思考：十一学校的分类课程如果放在学前领域——我们常说的儿童学习的五大领域（科学、艺术、语言、健康、社会）——这种以认知为主的内容框架中，我们应该去仔细研究各个领域的核心经验，结合《3–6岁儿童学习与发展指南》，拓展学科领域内容的丰富性，让儿童在各个领域都能够触摸和掌握核心经验。

幼儿园的课程具有整合性，从广义的课程观来说，儿童的一日生活皆课程。随着我们对“一日生活”理解的不断进化，课程也开始呈现出更丰富、更立体、更完整的一面。

课程，不再是大家理解的一节课，不再是一个概念或者口号，不再是一种特色，不再是一成不变的文本。课程应该是一种发展适宜性的实践：它跟随儿童前行，有着以儿童为本的教育价值观；它助力教师发展，使教师通过创设适宜的学习环境来帮助儿童建构经验；它帮助幼儿园形成文化，使幼儿园通过课程建构实现可持续发展。

3. 综合课程（艺术、游学、高端项目研究、综合实践）

十一学校拥有丰富的教师资源、家长资源和社会资源，其综合课程有着无与伦比的生命力。31个综合实践课程、93个职业考察课程、258个社团课程、16个高端项目研究课程、12个游学课程，为学生提供了更多的选择。在每个学生不同的选择中，我们看到了不同的性格、不同的气质、不同的喜好和不同的天赋，每个学生都在成为最好的自己。

实际上，具有内品质的教育一直是近些年来中国教育改革与发展的核心诉求，特别在基础教育领域。在2001年左右，基础教育领域第八轮课程改革就提出了从“应试教育”向“素质教育”发展变革的口号，并反映到了课程结构、课程整合、课程体系等课程改革的关键实践概念上。《基础教育课程改革纲要（试行）》指出：“改变课程结构过于强调学科本位、科目过多和缺乏整合的现状……体现课程结构的均衡性、综合性和选择性。”同时指出“小学阶段以综合课程为主”“初中阶段设置分科与综合结合的课程”“积极倡导各地选择综合课程”。这种系统化的、自上而下的课程改革与实践取得了丰硕成果。我想，十一学校的综合课程和教育改革的大背景是一脉相承的。

综合课程在学前教育领域的思考：幼儿园课程和中小学课程最大的差异就在于学习内容的综合性。单元课程、主题课程、整合课程中，儿童的学习都突破了学科的边界，进行跨领域的学习。例如，在积木区游戏中，既有儿童之间通过协商合作构成的社会性学习，也有关于几何、空间、方位的学习，还有基于描述、分享产生的语言学习。幼儿园的学习方式为综合课程的开展提供了可能性。在幼儿园进行主题探究时，选择什么样的主题，怎样开展主题，怎样在主题探究中完成儿童认知、情感、语言、社会性、身体等方面的发展，是我们需要深度思考的。

4. 特殊课程（枣林村书院、援助课程、特种体育）

特殊课程在绝大多数学校是没有的。对于班额超大的学校来说，这是相当奢侈的课程。枣林村书院为有特殊才能的孩子开设一对一的课程，比如写作天才、物理天才、数学天才，让他们走得比同龄人快很多。援助课程为学习吃力的孩子而设置，一个班大约3～5人。特种体育为有运动天赋的孩子设立，邀请的都是国家队员和教练指导。

特殊课程在学前教育领域的思考：目前，在幼儿园，我们能做的仅仅是为部分特殊儿童提供非常少的服务，如有自闭症、多动症、阅读障碍的孩子。我们并没有为他们设计单独的课程，我们能够做到的是融合教育，让这些孩子能够和正常孩子一起生活、学习。对于身体发育中有特殊饮食需要的儿童，我们基本能做到照顾每一个人的需求。

三、思考：十一学校的课程可以复制吗?

我一边听讲座，一边在幻想，如果我的孩子在这样的学校中会更优秀吗?

课后，我问韩杰梅老师，十一学校的课程看起来能够解决许多问题，那么，每个孩子都喜欢和适应这样的完美学校吗？韩老师很诚恳地告诉我：“十一学校更适合学习能力强、有自律性、懂得时间管理的孩子。”原来，有些能力，无论在怎样的环境中，都能让你更优秀。

有人一谈到十一学校，就会强调它所拥有的特级、正高、博硕士教师的数量，强调它所拥有的广泛的社会资源，意在告诉大家，十一学校不可复制。其实，十一学校的核心在校长、在团队。如果你想把学校和幼儿园尽心竭力地做好，要相信这个世界的磁场和能量都是会传递的。

所以，我们不抱怨，不羡慕，踏踏实实地勾画自己幼儿园和学校的蓝图，然后慢慢欣赏，静静思考，尊重规律，用心等待，一起守望……

甘 露

2018年11月20日 于北京

共建我们的图景

——读《幼儿园课程图景：课程实施方案编制指南》有感

《幼儿园课程图景：课程实施方案编制指南》（下称《图景》）是基于“上海提升中小学（幼儿园）课程领导力行动研究”项目，所做出的重大改革的研究成果丛书之一，具有一定的时代背景、参考意义与价值。本书共分为四章，从课程实施方案的前置思考到课程的基本要素，再到课程的更新与完善，详细介绍了课程从0到1的实施过程与步骤，旨在提升幼儿园园长课程领导力。整本书的风格偏向研究型工具书，理论性较强，是一个“地地道道”的指南，但在本书的开篇，文风却稍显不同。时任上海市教育委员会副主任的尹后庆在序中如是写道：“这是一次充满挑战和机遇的‘教育旅程’……梦想，探索，发现，革新。在这之前，一切悄悄萌动，在这之后，一切已慢慢蜕变。”①几行字描述了本项目发起的背景、初衷，也表达了项目落地之后的豁然开朗。而一个课程的生根发芽、开花结果，也需要经历从萌动到蜕变的漫长过程。

一、课程改革背景下，《图景》诞生

改革是社会发展的强大动力，当“矛盾”“不适宜”发生时，改革的“萌动”就会悄然发生。中国改革发展40多年，课程改革也随之发展，学习方式、教学方式逐渐转变，一切为了儿童发展的核心理念、教育观念逐渐增强。学前

① 上海市教育委员会教学研究室. 幼儿园课程图景：课程实施方案编制指南［M］. 上海：华东师范大学出版社，2013.

教育课程改革的发展也经历了从无到有，再到憧憬更好未来的过程。《图景》中所提的“梦想”“探索”“发现”“革新”四个词，完美地表达了改革“号角”响起前夕一触即发的激动心情与对未来的憧憬，而本书也是在一系列教育观念改革的过程中诞生的。

中国学前教育起步较晚，自20世纪初我国借鉴日本《幼稚园保育及设备规程》的课程模式以来，在国外和本土课程理念的不断夹击下，课程模式经历了一次次教育理念的碰撞和三次大的变革。这些无一不反映了一代代幼教人执着探索的精神。20世纪20到30年代，以陈鹤琴为代表的单元教学模式体现了我国课程对本土化、科学化的探索；20世纪50到80年代，受苏联课程模式的影响，我国开始探索并推行系统性的分科教学模式，并初步确定了我国学前课程的目标体系及内容；20世纪80年代后，学前课程模式出现了百花齐放的样态，分科课程、领域课程、单元主题课程等多课程模式并驱。①

如今，学前课程改革又在悄然发生，从“教”到“学”的转移，从关注“知识”到聚焦“经验”，在新的阶段，中国的学前教育改革发展正逐渐纠正盲目崇拜和借鉴西方的教学模式，重温中国老一辈教育家的理念，强调教育本真、儿童经验，正在经历走向“回归”的课程改革。②这场改革在上海萌动，改革中，学前课程更注重自主化、多元化的探索，这赋予了幼儿园更大的课程发展权力，鼓励幼儿园积极探索园本课程。但在推进过程中我们逐步发现，课程的编制、组织与实施对幼儿园园长的课程领导力及专业能力要求极高。基于这一诉求，“上海市提升中小学（幼儿园）课程领导力行动研究”项目组成立，《图景》由此诞生。

二、《图景》对园本课程开发的意义与价值

幼儿园园本课程（kindergarten-based curriculum）一词来源于校本课程（school-based curriculum）。1999年6月13日中共中央、国务院发布的《关于深化教育改革全面推进素质教育的决定》明确提出：“调整和改革课程体系、

① 张娜.学前教育课程模式设计研究［D］.武汉：华中师范大学，2013.

② 张斌，虞永平.基本立场的回归与内在本质的高扬——改革开放40年我国学前教育观念的流变［J］.学前教育研究，2019，289（1）：5-10.

结构、内容，建立新的基础教育课程体系，试行国家课程、地方课程、学校课程。”这一从中央到地方，再到学校的课程三级管理制度使课程权力下沉，实现了校本课程的开发，也为之后的园本课程开发奠定了一定的基础。

如果将园本课程比作一场饕餮盛宴，那么《图景》就像是顶级的菜谱，它不会将这场盛宴的餐单安排得“明明白白”，而是需要宴会的举办者在对宾客的喜好、宴会的主题等进行综合考量后，最终选择菜谱中每一道菜的食材、烹饪方法、摆盘和上菜顺序等。就如《图景》中所说的：正如世界上没有两片相同的树叶一样，世界上也没有两所一模一样的幼儿园，它们在课程实施、资源利用等方面一定存在差异，不存在一模一样的课程。所以《图景》一开始就没想给课程管理者一个固定的课程框架，而是强调对幼儿园课程规划与实施的指引。如果你正在着手规划或准备编写园本课程，那么这本书将对你有极大的启发，其中不仅有清晰的实施脉络，而且附以大量现有幼儿园园本课程的案例，能给予你许多思考。

三、对园本课程开发过程中存在问题的思考

从20世纪开始，中国学者、专家和一线教师都对幼儿园园本课程开发进行了探讨与摸索随着教育理念的不断革新，园本课程的理念、目标等也随之改变。课程以不同的姿态呈现，带给课程管理者许多选择，但问题也接踵而来。

1. 缺乏对课程理念的前置思考

目前，在园本课程开发过程中存在的最大问题是很多人都是“拿来主义”，不加以任何前置思考，就将课程直接运用在幼儿园里，导致很多课程都“徒有其表”。幼儿园园本课程开发是基于对幼儿园课程自主化、多元化的思考，以及对幼儿园实际办园情况、办园风格、文化等方面的考量。园本课程自开发及实施以来，课程管理者被赋予了更大的选择、决策权力，让幼儿园课程呈现出百花齐放的姿态。这本是好事，但是由于课程管理者缺乏对课程概念的整体认知，往往仅根据自己的兴趣、爱好等决定课程走向，缺乏对社会大环境的理性分析、自我反思，以及对教育观、儿童观的认识，导致幼儿园园本课程难以落地，与实际经济、文化背景、幼儿的实际需求背道而驰。其中最典型的案例就是风靡一时的“瑞吉欧课程”。

瑞吉欧教学法（Reggio Emilia Approach）源于意大利，是以艺术为线索的

综合课程，将视觉艺术融入教育，重视对儿童美学、艺术方面的培养，曾在中国名噪一时，受到了专家、教育工作者的推崇，很多幼儿园纷纷挂起了“瑞吉欧”的大牌，但是没过两三年的时间，这些幼儿园又纷纷摘掉了“瑞吉欧”的标签。因为瑞吉欧课程理念对教师、环境、师幼关系等的要求极高，而在当时文化、经济、社会及学前教育发展状况的大背景之下，中国幼儿园还不足以完完全全地践行瑞吉欧课程。华东师范大学学前教育专家朱家雄教授也是曾经的瑞吉欧课程推崇者之一，但是在经过时间的验证后，朱家雄教授在《向瑞吉欧学习什么——对我国幼儿园课程改革的反思之四》一文中这样写道：幼儿教育的改革与创新不可能不需要经过深层分析、调整与抉择，就从一个国家、一种文化移植到另一个国家、另一种文化。不管瑞吉欧教育系统本身多么理想，也不管有多少人吹捧它，它都只属于意大利瑞吉欧这一个特定的环境。①

社会环境和教育体制是社会宏观系统（Macrosystem）中的重要因素，是社会生态系统中最大的也是影响最广泛的一个层面。所以，一个课程的诞生也一定基于特定的环境与理念，课程管理者要通过自己的思考、研究和重组，形成最适合本园文化的、本土化的，结构相对稳定、清晰的课程方案和课程管理系统。

2. 缺乏对园本课程的纵观性思考

一门成熟的课程必须有课程理论及经典课程模式的支撑，而不是凭空捏造的。课程目标、课程设置与内容、课程实施、课程管理与评价等是完整课程的必要元素，它们之间的关系是环环相扣的。幼儿园大部分园长、教师的学历不高，建设课程能力不足，导致在课程建设时缺乏纵观性思考，常出现的问题是：课程设置与内容、课程实施本应该是为课程目标服务的，是达成课程目标的途径，但是许多幼儿园的课程内容与课程目标大相径庭。例如，一所幼儿园的课程目标是促进幼儿全面发展，但是在课程内容的选择上却以绘本活动为主要特色。在幼儿园课程中如果仅仅依靠绘本活动是无法完成幼儿全面发展的目标的。这就是《图景》一书所说的，一份理想的幼儿园课程实施方案应该是科学性、整体性、操作性非常强的，是各部分互相呼应的合

① 朱家雄. 向瑞吉欧学习什么——对我国幼儿园课程改革的反思之四［J］. 幼儿教育：父母孩子，2007（7）：4-6.

乎逻辑的计划。

课程可以是由上至下的，也可以是由下至上的，但是一定要相互连接，有纵观性思考。这就要求课程管理者在创设课程之初就注意各环节的逻辑关系，并对课程进行审议，审议其逻辑关系，审议其儿童立场。

3. 课程应该是动态的

教育是社会发展的产物。因为社会、时代在变，观念在变，所以好的课程应该是动态的。这就需要我们有完善的课程评价体系，以帮助课程管理者对课程进行实时评估。这是课程管理中的重要一环，虽然至关重要，但常常被忽略；或者有些管理者注意到了课程评价，但是评价不够全面。

一个完善的课程评价体系应该是包含过程性评价和结果性评价的，评价的内容应涉及三个方面：儿童经验的可持续发展、教师专业能力的持续发展和幼儿园保教质量。同时，家长、儿童和一线教师等都可以成为评价人，对幼儿园园本课程进行评价，从而对课程进行调整。

四、共建图景

课程的建构就像一个“钟摆”，我们追寻过、盼望过，从向自然学习，到向西方学习，再到回归园本，最终回到人类可持续发展本身。历史告诉我们，只有回到人类本原，回到学习萌发的最初，课程的图景才能被描绘，也许这就是课程最大的魅力。

深圳市龙华区教育科学研究院学前部　胡佳林

胡佳林

感悟

小孩子闭上眼睛，看见花，看见五彩斑斓，看见香香甜甜的梦；
大人闭上眼睛，只有疲惫，于是倒头就睡着了。

站在前人的肩膀上思辨幼儿园课程的建构

——读《幼儿园课程图景：课程实施方案编制指南》有感

《幼儿园课程图景：课程实施方案编制指南》（简称《图景》）以上海持续三年的幼儿园二期课改为切入点，聚焦幼儿园课程改革实践，让我们得以立足当前、回溯过往，站在前人的肩膀上思辨幼儿园课程的建构与实施。阅读《图景》给我带来以下三种感受。

一、读，然后怕

《图景》犹如《新华字典》，字字解读了幼儿园课程实施方案的含义、价值和基础性要素等内容，帮助读者清晰地了解幼儿园课程的各个组成部分，从结构上认识课程，揭开了课程神秘的面纱，起到了课程“扫盲”的作用。《图景》又如《伤寒杂病论》，以具体的“病例”系统地分析了幼儿园课程实施所存在的问题及其原因和改进方法等，让每位教育工作者都可以通过文本认识课程，直面课程问题，为课程建构者披荆斩棘的同时起到警醒的作用。对于一个经验尚浅的教育工作者而言，《图景》百科全书般地弥补了我由于经验不足而对课程不了解的短板，让我客观地了解到课程的全貌，习得了关于解决幼儿园课程问题的间接经验。

然而，在汲取书本养分的同时，已然投身于教育行业的我不禁后怕。《图景》第1版于2013年第1次印刷出版，于2019年9月完成第13次印刷，时隔六年，仍有大部分幼儿园的园长和教师对课程的认识是空洞的，更有甚者连课程的结构要素都不熟悉，只知道有个词叫“课程”，仍是课程“文盲”；园长在制订课程实施方案时依然忽视对课程背景与条件的分析，仅凭一己之力或集众人之力闭门造车，编成课程的万字天书；教师欠缺对课程整体性和逻辑性的思考，导致课程目标与课程结构脱节，使课程始终无法落地；等等。这些鲜活的“病例”真实且熟悉，因为十年前上海市幼儿园二期课改所搜集的课程实施问题，与我当前所处地区存在的问题如出一辙。这是我们地区的教育落后，是教育在原地转圈，还是教育在往十年前倒退？这不禁让我后怕。

二、怕，然后思

害怕过后，便是深思。将我所在地区的幼儿园课程实施情况与上海市幼儿园课程改革发展情况进行客观比较可知，本地区幼儿园的课程实施确实不如上海，甚至还不如二期课改时的上海。但熟思过后似乎无须慌张，因为存在问题并不可怕，解决问题即可。首先，放眼国家课程改革与发展的40年历程，明确本地区课程发展的方向与趋势。其次，分析上海市课程发展处于领先地位的条件与因素，从而做到知己知彼，然后稳步前行。

（一）回顾幼儿园课程改革与发展历程

以史为鉴，可知兴替。宏观系统地审视和考察改革开放40多年来我国幼儿园课程改革历程，把握当前幼儿园课程改革的脉络，能明晰本地区课程发展阶段。

20世纪70年代末到80年代初，我国教育全面学习苏联模式；80年代初到80年代末，西方最新的儿童心理学及教育理论被引入中国，掀起了对苏联分科课程模式的改革浪潮，开始探索与实践综合性课程；80年代末至90年代中期，对外不断地学习、吸收、引用，对内回顾30年来幼儿园课程变革的优秀成果以汲取营养，逐渐使课程的中心回归到儿童立场；2001年，教育部颁布了《幼儿园教育指导纲要（试行）》，初步确立我国幼儿园的领域课程；2011年，幼儿园课程实现百花齐放，走向自主化、多元化发展的课程改革方向；2012年至今，幼儿园的课程发展在学前教育专家、南京师范大学虞永平教授的呼吁下逐步向生活化、游戏化推进，强调生活、游戏对幼儿发展的重要价值。

我们的幼儿园课程强调与幼儿生活、游戏之间的紧密关系，追求课程符合幼儿发展和教育规律，这说明我们的幼儿园课程发展虽然基础薄弱，但仍在不断革新发展着。

从40年课程改革历程中，我们发现国家的课程改革和发展与时代发展相联系，每一次变革既是对原有课程理念、课程制度的大胆自我否定，又从中汲取有益的养分并结合时代需求孕育出更新的课程理论。这印证了事物的发展是前进性与曲折性的统一。我们在建构和实施幼儿园课程过程中，要有自我否定的勇气，在否定之中发现幼儿园课程内在的矛盾，在矛盾中分清主次，准确把握幼儿园课程的前进方向，逐步做到国家幼儿园课程总目标精神在幼儿园课程总目标中体现，并与课程理念、愿景相呼应。

（二）分析上海市幼儿园二期课改经验

三人行，必有我师焉。上海市幼儿园的课程发展水平全国领先，我们要正视本地区课程问题，辩证地看待上海市的幼儿园二期课改，从中吸收适合本地区的有益经验。

1. 上海市幼儿园课程实践分析

上海市的幼儿园课程是在一个规范、清晰的框架内逐步建构的，以制定指导性文件的方式，将上海幼教实践中行之有效的教育观念、方法、措施等固定下来编制成《上海市学前教育课程指南（试行稿）》（简称《课程指南》），为幼儿园的课程实施提供原则规范和方向引领，让“课程”一词走进幼儿园，走近园长和教师。但问题随之出现，如部分幼儿园在制定课程目标时，完全照搬《课程指南》中具有普遍性的具体目标和阶段目标，并没有进一步考虑园本化的问题，导致课程总目标和具体目标、阶段目标之间缺乏紧密的内在联系，分解后的具体目标和阶段目标与总目标的呼应不够；又如部分幼儿园展望了自己的课程愿景，但在课程总目标制定中却直接引用《课程指南》中的目标表述，普适性的、统一性的地方课程总目标无法很好地体现幼儿园自身追求的特色课程愿景，最终导致愿景失去明确的目标支持，如同空中楼阁。

本地区一直没有任何地方课程指导文件，导致“课程”一词离园长和教师甚远，大部分园长缺乏课程领导力，教师长期停留在“活动视野”上，并没有向“课程视野”转变。《3–6岁儿童学习与发展指南》《幼儿园工作规程》和《关于实施第三期学前教育行动计划的意见》等文件的颁布，明确了未来我国学前教育发展和课程改革的核心任务和重点工作，让原本野蛮生长的幼儿园课程有据可依，有方向可循。这要求我们吸取课程实施中走弯路的教训，全面考虑幼儿园实际情况，实践课程园本化，让课程能在幼儿园落地。

2. 上海二期课程改革经验分析

在二期课改中，上海市10所幼儿园围绕“课程实施方案编制与完善”“幼儿园课程实施有效性”“课程管理的组织与制度建设”等六个子项目进行研究。例如，针对如何制定幼儿园课程目标，奉贤区解放路幼儿园进行了基于目标制定与细化的实践研究，通过问题的梳理和研究探索，厘清了幼儿园课程目标的层次结构，将课程理念与培养目标进行内化，对工作进行了理性的审视与反思，教师在边实践边研究的过程中提高了课程的目标意识及课程管理能力；针对如何规定与落实幼儿园课程的实施，黄浦区紫霞路幼儿园借助学情调研的方式，诊断、分析与解决问题，优化结构游戏的实践研究。

从上海课改的经验中可知，课程的发展必定要经历“发现问题—解决问题—总结分析—发现新问题”这样循环往复、不断上升的过程。我们要从上海课改的实践中积累间接经验，并将间接经验内化成适合本土的经验。同时，近年来越来越多的关于课程研究的文献资料进行了更新，我们要加大资源检索力度，从理论文本上加深对课程的认识，了解解决课程问题的策略，在科学的理论指导下不断推进课程的建构与实施。

三、思，然后悟

透过《图景》，我了解了课程实施方案的含义与内容，了解了课程实施方案的基础性要素与实践性要素，还理解了上海市幼儿园课改中所遇到的问题与改进策略等，这些给予我许多宝贵的课程探索经验。但思考后，却留下一个问题：课程是什么?

从定义上理解，课程指学生所应学习的学科总和及其进程与安排。课程是对教育目标、教学内容、教学活动方式的规划和设计，是教学计划、教学大纲等诸多方面实施过程的总和。但如果仅从字面的专业界定上理解课程，那并不是课程的全貌，而只是一句没有生命力的概括性句子。所以，课程应该是这样的。

1. 课程是不确定的

人对某一事物的认识受主客观条件的限制，而且人认识的对象是无限变化着的物质世界，所以人的认识具有反复性和无限性。“课程”便是人众多的认识对象中的一个。课程的建构是具有不确定性的，且是无止境的，在建构中会出现无数个问题与困难，而这些都是吸引人不断努力前行的魅力因子，让人想尽办法去靠近它、去解决它。所以，园长们一锤定音便能一劳永逸的“课程”不符合我们认识世界和认识课程的规律，那不过是一份没有任何价值的文字天书而已。

2. 课程是可生长的

世界上唯一不变的是变化本身。课程作为一种存在，是有生命的，这需要我们发挥主观能动性，通过实践不断地帮助课程中的“细胞”进行分裂、繁殖和生长。课程的“生命”要求课程是一个完整的存在，其各个部分不是割裂的，所以需要我们系统地将课程背景和条件、目标、结构、内容等部分有机地结合在一起，使整体功能得到最大限度发挥，充分发挥课程的作用。

上海市思南路幼儿园历时15年，经过四个阶段的实验研究，从框架建构、研发，到分步细化，逐步发展起来；静安区南西幼儿园自1989年至2012年，经过三个阶段，从实践到理论，又从理论到实践，经历反复多轮的课题研究和实践研磨，找到了游戏与幼儿学习相融合的课程实施机制，在实践层面初步达到一种理想的状态；中华女子学院附属实验幼儿园从2007年至今，课程的发展经历了三个阶段，实现了从“0”到“1”的质变突破，探索出一套带有中国文化印记的生活化课程。

从这一个个鲜活的例子中，我们可以知道，当我们赋予原本无生命的课程以生命，并回归与落实儿童意识，在孜孜不倦的实践中丰富课程生命时，课程的生长性将与儿童的生长性相关联，对人和教育的发展产生不可估量的价值。

所以，课程是人的意识世界的外化，是有“生命”的，它的建构发展具有生长性和不确定性。课程的建构与发展是一项长期、艰巨的任务，不可能一蹴而就，当前的课程仍暴露出许多新问题与不足，这要求我们一切从实际出发，而不是从某些理论或理念出发。要不断地接近儿童，发现教育规律，坚持不懈地推动幼儿园课程发展。

深圳市龙华区教育科学研究院学前部　卢亮辉

卢亮辉

感悟

卡尔·西奥多·雅斯贝尔斯在《什么是教育》中提出教育的本质意味着一棵树摇动另一棵树，一朵云推动另一朵云，一个灵魂唤醒另一个灵魂。在这里要加一个前提条件，那就是先让教育真实且有“生命”。

《让早期学习理论看得见》

【内容简介】

本书中七位儿童发展理论家的理论视角聚焦儿童在社会情感、认知和身体等领域的发展，通过对儿童活动案例的剖析，将理论与实践有机联系起来。为了“让早期学习理论”看得见，作者先呈现儿童某一方面的发展理论，然后呈现了儿童活动案例，再对此案例进行理论分析，最后是“采取行动”，从环境和教师两方面给出具体的、可行的建议。遵循这样清晰的逻辑线索，成功地在“儿童发展理论”和“教育实践”间搭建沟通的桥梁，使得儿童发展理论的学习不再停留在抽象的符号层面，使得实践活动变得有理性、有目的。

【推荐理由】

为什么需要阅读这本书？当幼儿园的教学现场与大学所学知识出现不适应时，当以前学习的理论无法深入教学实践时，当标准化课程出现无奈和质疑时，当你需要说服领导，帮助幼儿建立更适合的环境和教学时，你需要一种能力：站在早期教育课堂教师的立场上，有理有据地阐述具体怎么做才是最好的儿童教育。本书将激发你“心智的觉醒”。

图书：《让早期学习理论看得见》

拍摄地点：深圳市龙华区教科院幼教集团附属幼儿园

前言tips：

早期的学习经验到底有多重要？刘晓东在《文化与儿童身体的发育》一书中说："人类的身体与精神是共存的，如果儿童没有受到适宜的文化刺激，没有进入一定的文化活动，那么与这种文化相应的生理器官的属于人的功能是无以发展的……"

在理论与实践之间架起一座桥

——读《让早期学习理论看得见》有感

三年前，我在重庆师范大学参加“中小学教师国家培训计划”（简称国培），当时西南师范大学（现西南大学）的冯教授在讲课时提道：“做教育，不是只要有情怀就足够，还需要有坚实的专业理论基础。”这句话给了我警醒，于是，在接下来的教学管理中，我非常注重培养教师的专业理论基础，但是成效甚微。培训学习的过程中，我们发现老师们对各种专业理论如数家珍，侃侃而谈，然而，在面对真实的儿童时，却不假思索地凭借直觉和经验来解决问题。理论和实践之间似乎总是存在着无法跨越的鸿沟。或许，这本是一件不容易做到的事。

三年后，在甘露名园长工作室的推荐阅读书单里看见《让早期学习理论看得见》，我一下子就被这本书的书名吸引了。理论，对老师们而言是抽象的，是难以转化为实践行动的。然而这本书的名字“让早期学习理论看得见”，尤其是“看得见”三个字激发了我的阅读欲望。我想知道教育实践中真的能做到让理论看得见吗？怎样做，才能让抽象的理论看得见？我带着强烈的好奇心翻开了这本书，开始了一段自我学习、自我成长的探索之旅。

该书内容结构非常清晰，围绕着早期教育领域的七位理论家及其理论模型，从不同的方面进行解读，帮助我们更加全面地了解儿童。该书分为五个部分：第一部分，介绍儿童发展的理论框架及其在日常实践中的运用；第二部分至第四部分，通过分析每位理论家的观点，聚焦儿童的社会性、认知及身体动作三个领域的发展，对其进行细致阐述；第五部分，记录一名早期教育工作者的专业成长故事，在她身上，可以看到许多当下幼儿教师的影子，不同的是，最后她超越了经验，学会了如何运用理论设计课程、创设环境，从而突破了瓶颈，走向专业成长之路。

读完这本书，我的确有一种“理论看得见”的感觉，因为每一个案例都在生动地展现理论的精华之美。书中一个个鲜活的案例就像发生在身边一样，但我从未想到一个个平凡的教育故事的背后，有着如此强有力的理论支撑。我想，当教师认识到这一点时，他们的专业自信一定会在心底一点点建立……读完这本书，我感触颇深，我在想“让理论看得见”对一位教师、一所幼儿园到底意味着什么。我深知，想清楚了这一点，幼儿园才能真正地实现“专业立园”。

该书的推荐序中写道：“理论的最大价值在于让我们站在了人类文化的高度之上。被筛选、淬砺之后沉淀下来的这些理论，往往是数代人立足于波澜壮阔的人类社会实践，对一些永恒问题的探索和思考。”读到这一段，我特别感动。数代人的探索和思考，只为追求真知，这些沉淀下来的理论和真知何其珍贵。

一、于教师而言，让理论看得见，是追根溯源

该书主要介绍了七位理论家——皮亚杰、埃里克森、维果斯基、马斯洛、杜威、加德纳和路易斯·德曼-斯帕克斯。教师对这几位理论家并不陌生，但对他们所持的理论观点却只是略懂，吃不透，在实践工作中，想要融会贯通地运用更是难上加难。所以，教师需要了解每一位理论家生活的时代背景、家庭环境、学习和工作经历以及理论模型的产生与价值等，追根溯源地解读每一位理论家的理论。追根溯源会让教师学会用更加立体的视角去认识每一位理论家，辩证思考每一位理论家研究观点的局限性和精华所在，做一名会思考的教师。因此，在读这本书的时候，我使用了“1+N”的读书方式，比如透过这本书，我对皮亚杰的理论产生了浓厚的兴趣，于是，我就查阅了几本关于皮亚杰理论介绍的书籍，全面又深刻地理解了皮亚杰理论。

二、于教师而言，让理论看得见，是拓宽视角

在幼儿园管理中，我常常会因为教师看待儿童的视角过窄而苦恼，她们常常跳不出常态视角，她们眼中的儿童总会少一些可能性。学习并运用理论会为教师观察和反思儿童的行为提供一个更为全面的视角，让她们在分析和理解儿童的行为时不再碎片化，更具有连贯性和系统性。我曾经和一位教师聊天，她说："当你学习了越来越多的专业知识，你就会觉得自己好像越来越无知，就不敢轻易为儿童下结论。"我想，让理论看得见，不仅仅是拓宽了教师视角，更重要的是让他们有一颗敬畏之心，敬畏儿童发展，敬畏生命探索，敬畏真知真理。

三、于教师而言，让理论看得见，是超越经验

我园是一所开办十年的老园，教师经验丰富。可细想之下，你会发现经验于教师而言，是一把双刃剑。经验会让他们轻车熟路地驾驭平时的工作，但也会让他们年复一年、日复一日地在经验的圈圈里打转，跳不出去。时间长了，他们习惯于经验给予的工作便利，而忘了深度思考和追求真相。

平时我走进班级，总是喜欢问教师："你为什么这么做？"教师就浅浅一笑："因为孩子们喜欢啊。"不知为什么，每次听到这句话，我都特别沉重。我在想怎么做才能让教师能够再往深处想一想，试着去思考：为什么孩子喜欢？你是怎么看出来孩子喜欢的？怎样做才能把儿童喜欢和儿童发展联结起来……教师要有意识地把理论与儿童以及他们所生活的环境联系起来，做到知其然，知其所以然。

这本书中介绍每一位理论家及其理论模型后，会呈现一个游戏案例，紧接着会对游戏中所蕴含的理论与游戏现场进行连接。在第二部分到第四部分，还增加了如何从环境和教师的作用两个方面采取行动来支持儿童发展。看到这里，我突然明白了学习理论只是迈出了第一步，更重要的是要与游戏现场主动连接，让理论在游戏中看得见。

超越经验、追求真知，是每一位专业教师该有的样子。

当下的深圳幼教界，公办园越来越多，如破土而出的春笋般令人充满希望。我想当不用理会生存问题的时候，就能安心做教育了吧。可是"安心"二字谈何容易？安心的背后是一份笃定、一种信仰……看完该书，我似乎多了些"安心"。

四、于幼儿园而言，让理论看得见，能坚守初心

教育路上，风云变幻，课程的潮流总在更迭不息。你若没了自己，总是跟在“潮流”后面跑，将一无所获，疲惫不堪。理论的力量就在于无论你走多远，都不会忘记当初为了什么而出发。也许教育路上会有岔路口，但你总能找到方向，因为理论的力量会帮助你一直行走在正确的路上。

曾有人问我：“你的幼儿园有什么特色？”我一时语塞，竟答不上来。这些年好像没有去想打造特色的事，一直思考的是怎么做课程建设，支持儿童发展。这不禁让我想起那句话：“没有特色便是最大的特色。”让理论看得见，对一所幼儿园来说，就是可以从容做自己，不再左顾右盼，慌慌张张。

坚守初心，需要一份笃定。

五、于幼儿园而言，让理论看得见，能坚定未来

我园把“儿童中心，儿童本位”作为办园的核心理念，可是，如何把一句口号转化为鲜活的教育情境，渗透在与孩子相处的每一天里，是当下很重要的课题。

理论的学习与运用，会帮助教师不断内化这个理念，形成一套属于自己的教育哲学。在这样的背景下，幼儿园所做的一切都能寻到“根”，找到源头。对于这本书，更重要的是学习它的方法，不断尝试在理论知识与实践之间架起一座桥，努力做一名成熟的思想者和行动者。在思想与行动之间思考，我们定能看见未来。

坚定未来，需要一种信仰。

深圳市龙岗区龙城街道中心幼儿园　方 英

方英

感悟

我们的教育只有安静下来，才能真切地看清自己的面貌；而阅读，能让世间一切变得安静！

理论与儿童的真实世界

——读《让早期学习理论看得见》有感

第一次看到《让早期学习理论看得见》这本书时，我想到的关键词是：理论看得见。理论怎么可能看得见？我在疑思中开启了阅读模式。

打开《让早期学习理论看得见》，思路依旧是从目录开始，接着是推荐序—致谢—前言—正文五大部分—参考文献。

该书脉络清晰，一共有五个部分：第一部分是儿童的发展理论框架，第二、三、四部分则分别讲述社会性情感、认知理论、身体发展，第五部分通过一个专业发展的故事剖析理论和实践的意义。

在该书的推荐序中提到，站在人类文化的高度之上的是理论，前言部分第4页第一段阐述：早期教育专业的学生，大部分会在与儿童真实世界分离的情境中学习理论知识。前言部分第5页：让儿童发展理论看得见，应该用怎样具体的方式？那么，理论如何联系实际？一个哲学问题跃然纸上。记得有一次听甘露园长讲课，讲了理论引领实践的意义，讲了高度概括的能力，讲了如何在实践的现场提炼思想和观点，如何构建思维模式的顶层建筑，如何将理论实践于教育现场，体现在儿童真实的世界里。看完前言，我的思绪和兴趣已被调动，迫不及待地阅读正文。

一、需要思考的几个问题

在看第一部分时，我思考着几个问题。

三个关于理论与实践的问题：

（1）如何用理论来支持儿童的兴趣和需要？

（2）如何运用理论观察儿童和回应儿童？

（3）如何在儿童真实的世界中识别理论依据？

两个关于环境与材料的问题：

（1）如何辨识开放性材料？

（2）基于理论的环境创设的具体方法有哪些？

关于教师的问题：

当理论影响教师的决定时，教育观察是否会更全面？

第一部分的内容介绍了七位理论家的理论思想：皮亚杰的儿童思维发展和认知理论、埃里克森的心理发展八个阶段、维果斯基的社会文化理论、马斯洛的需要层次理论、杜威的做中学理论、加德纳的八大智能理论、斯帕克斯的反偏见教育的四个目标。

在第二、三、四部分，作者运用了七位理论家的基本论点，通过大量案例，有针对性地分析，让理论在游戏中看得见。每个部分的讲述框架是理论者观点+案例+让理论在游戏中看得见+采取行动（环境和教师的作用），运用理论联系实践的方法，诠释各种学习理论在儿童真实世界中的依据和影响，对实践工作做了详细的指导。例如，对环境的创设和教师的作用、理论对实践的指导性作用、实践中识别理论的方法这三部分做了具体、翔实的阐述。

二、几个问题的思考落脚点解读

关于理论与实践的三个问题的思考落脚点如下。

（1）如何用理论来支持儿童的兴趣和需要？

思考落脚点：基于理论选择多样性，在识别关于儿童学习环境的理论时，学会做好分次标识。例如，在理解维果斯基的理论——学习和发展的社会环境、学习的社会本质时，联系具体班级教室的环境规划和材料的投放。

（2）如何运用理论观察儿童和回应儿童？

思考落脚点：基于儿童发展和心理特点，重点研读皮亚杰的儿童思维发展和认知理论，以及埃里克森的心理发展八个阶段。

（3）如何在儿童真实的世界中识别理论依据？

思考落脚点：在幼儿园的具体案例中分析，联系理论的主要观点，在实际中运用，如杜威的做中学理论。

关于环境与材料的两个问题的思考落脚点如下。

（1）如何辨识开放性材料？

思考落脚点：选择低结构且具有丰富操作和创作空间的材料。选择性购买一些关于开放性材料的指导书籍，理解环境、材料和经验的关系。

（2）基于理论的环境创设的具体方法有哪些？

思考落脚点：书中七位理论家在每个篇章中关于环境的章节里，详细地描述了基于理论的环境创设的方法。例如，把三个篇章中所有的策略做统计，如关于社会情感、认知、身体发展等一共有21条，对其做汇总分析，并且在实际的工作中加以理解和运用。

关于教师的问题的思考落脚点如下。

当理论影响教师的决定时，教育观察是否会更全面？

思考落脚点：在马斯洛的需要层次理论、埃里克森关于心理发展的八个阶段、加德纳八大智能理论中，立足于儿童的发展和需要，结合儿童的心理发展、需要层次、智能发展进行观察分析，从而调整教育计划。

基本上我每次都会根据书本脉络来看书。但我发现一个问题，每次看理论类的书籍，总是很快陷入遗忘曲线，看第一遍的时候，速度慢而且记得不牢，记的量也少；看第二遍时思路会清晰些，会在重点篇章停留熟读；第三遍会按照爱好和需要选读。过一段时间再想起，有时只是记住了一些关键词。这次在读第三遍时，我运用了思维导图，一目了然，方便记忆。

三、启示与思考

看完这本书，我脑海里呈现了一幅图，一个三格正三角形，底层是儿童真实的世界，中层是教育哲学与思辨，顶层是理论。

1. 理论的作用

在理解理论的作用时，我想到两个例子。

第一个例子是说明书。去商场购买电器或者用具时，经常能看到产品说明书，先介绍原理，然后是操作方法和步骤。理论的作用可以理解成说明书中原理解析的部分。理论简单理解是原理说明，深刻理解是指导思想，是依据。

第二个例子是数学的几何证明题。在做几何证明题时，经常需要画辅助线，运用公式层层推理，证明结论是成立的。那么，在早期学习理论和儿童的真实世界之间建立链接是否可行？理论是公式吗？教师的支持和回应、材料的投入和学习环境的创设是否类似那条辅助线？如果这样理解成立的话，那么，可把理论简单理解为工具，深刻理解为核心概念。

2. 儿童的真实世界

儿童作为活动中的主体，本真发展既是理想，也是追求。

3. 教育哲学与思辨

幼儿教师如何思考学前教育，许多时候会受本身教育理论的影响。教师实际身处儿童真实的世界里，而理论本身是远离儿童真实的世界的，中间的链接就是教师的教育哲学与思辨。学习理论知识可影响教师的思维，通过理论在实际中的运用，提升思维能力，创设适宜的儿童学习环境，提高支持和回应儿童兴趣和需要的能力。

作为一线学前教育工作者，幼儿教师要让理论学习形成常态的习惯，理解运用，立足于儿童的立场，巧用教育哲学和思辨，助力儿童的全面发展。

理论作为工具，是解决实践问题的一种方式，是教育科学在实践现场描述提炼的语言，既来源于儿童真实的生活，又远离和高于儿童的真实世界。幼儿教师必须具有教育哲学和思辨的精神，坚持实践出真知，追求真理。

4. 哲学与学习思考

看这本书时，我一直在思考关于哲学的三个问题：我是谁？我来自哪？我走向哪？

芝诺有个著名的比喻，说人的知识好像一个圆圈，知识越多，圆圈的周长越长，就会发现自己越无知。知识越多，越是谦卑，越是具有空杯心态和全纳思想。

看书本身是一种思维选择和筛选提炼的过程，有时看一本书，不一定会有明显的知识上的收获，但是产生思考，便启动了思维系统。阅读是思维梳理的过程，是思维提炼的过程，也是思想提升的过程。

深圳市龙华区七彩虹幼儿园　许悦芝

许悦芝

感悟

在幼儿园工作现场，提及理论，会觉得干涩难懂，但《让早期教育理论看得见》一书中，清晰的理论论点，理论联系实践的案例分析，还是容易具象理解和实操的。

《幼儿工作者的视野》

【内容简介】

本书是作者津守真先生置身教育实践的记录。津守真先生作为一位儿童的研究者，一位心理学者，在孩子的游戏中看到了人性教育的原型。因此，他来到儿童中，成为一个保育者。书中描述了他与儿童生活在一起对快乐与艰辛的探索，表达了对教育的感悟，充满了对儿童理解的智慧。

【推荐理由】

本书是日本幼儿教育大师津守真的教学随笔，被日本幼儿园教师奉为经典。本书由刘洋洋翻译，学前教育专家李季湄审校，华东师范大学出版社出版。津守真先生用12年的保育实践记录，教保育者如何记录，如何做教学反思，为幼儿园教师指出如何做才是“以儿童为中心”的保育。

图书：《幼儿工作者的视野》

拍摄地点：深圳市龙华区教科院幼教集团附属幼儿园

以幼儿工作者的视野看待技术与教育的邂逅

下午上课时，一位小个子教师匆匆忙忙赶来，他是来自华东师范大学的教育技术博士，叫杨晓哲。

经验告诉我，这肯定是一次炫酷的讲座。一是因为华东师范大学在教育技术方面是全国领先的，二是因为年轻的教育技术博士通常都有表演欲。几天前，刚听完他们学校的长江学者范国睿教授的20分钟演讲，头发花白的范教授PPT技术直逼苹果发布会，演讲和TED水平差不多，秒杀全场。

杨晓哲博士的课，有极强的互动性。他似乎深谙大脑学习的特点，在恰当的时候用恰当的技术，唤醒大家。他是我看到的第一个用iPad上课的教师，他是我经历的第一个在课后用隔空投送把215页PPT课件用一分钟发到所有苹果手机上的教师，他是第一个在课堂上把两个学习空间（线上线下）同步开放的教师，他是第一个为了让我们学习建立线上空间用红包来刺激我们的教师，他是第一个在课程结束后马上把整节课编辑成小电影回放的教师……

当然，这节课本身的意义并不在于炫技术，技术只是教育的手段。我更关注的是教育者如何看待技术的日新月异：回避？拥抱？融合？

一、用丰富的精神世界填补技术的盲区

高考期间，各种奇葩的照片开始流传。有毛坦厂中学门口的坦克，有妈妈们穿着旗袍送考寓意旗开得胜，有考完试学生撕书后一片狼藉的教室。另一边，在媒体的见证下，人工智能机器人“AI-MATHS”和“Aidam”挑战高考，分别用22分钟和10分钟完成2017年高考北京文科数学卷和全国文科数学卷Ⅱ，获得105分和134分的成绩。高考机器人的目标是2017年考上一本，2020年考上清华北大。

在相对认知领域，人脑与人工智能的能力差异巨大。

所以，当我们让孩子们一遍又一遍机械地记忆、重复地训练的时候，我们有没有想过他们将站在未来的中央？我们现在认为的必需的知识，随着科技的发展，可能在很短的时间周期内被淹没。在儿童的学习中，真正留在他们脑海里的知识是通过自己亲身感知、直接体验建构的经验。他们通过操作、观察、对比、思考、试错获得属于自己的独特经验。我们需要通过课程建构的，是丰富的儿童精神世界。

几天前，在我的市级重大课题《大班儿童社会性发展研究》的结题会上，我谈到了技术革命对人的学习方式的影响，但唯有在人的社会性发展领域，技术可以改变的非常有限。正因为如此，我们不应让儿童把大量的生命浪费在可以被技术替代的背诵、记忆和知识量的累积上。相对有限的生命长度而言，我们应该让儿童去感受“儿童散学归来早，忙趁东风放纸鸢”“儿童急走追黄蝶，飞入菜花无处寻”的丰富的社会生活；应该去建构基于儿童生活、儿童经验的课程，唤醒他们的内在动力，为未来的学习做好能力上的准备。

我们培养的应该是有灵性、有温度、怀揣一颗赤子之心的儿童。

二、拥抱改变

凯文·凯利在《必然》中说：“当我们面对数字领域中极力向前的新科技时，第一反应可能是退回原位。我们会对它加以阻止、禁止、否认，至少让它变得无比难用。”由于教师这个行业向来以“人师”自居，校长更是以专家的形象示人，所以，技术在教育领域的推进和变革比商业领域要艰难得多。如果人类社会步入智能时代是不可回避的现实，那么我们的教育形态、学校功能、教师角色的改变就是必然。

正因为如此，作为教育工作者，接纳、学习、靠近新科技比本能的回避要有效得多。科技是人类发展的催化剂，因为科技让我们制造的所有东西都处在“成为”的过程中，这与我们培养人的过程一致。教育究竟能在儿童身上留下什么，我们无法在学校教育阶段下定论，但利用大数据，利用分析，利用技术，我们能够在他们的学习生涯中建构个性化的学习系统，建构智能化的调节系统，实现课程质量提升，提供高价值反馈等，能够为他们建设一间没有时间、空间边界的“教室”。

技术的变革，一定会带来教育方式的变革。半天的课程，只是为我们打开了一扇窗，让我们通过技术看到了教育的多种可能性：在家上学、虚拟校园、云端学校；看到了现实版的美国密涅瓦大学、印度墙洞实验、日本高科技高中、世界的可汗学院……未来，展开我们的想象力，可能还有更多的教育形态出现。

面对技术，我们能做的就是深度参与、亲身体验、有选择地接受，把它当成一场美丽的邂逅，等待更好的故事发生。

和杨晓哲博士聊天时，我说，看到70多岁的父母艰难地学习使用智能手机，学习使用支付宝，学习视频聊天，学习滴滴打车，我不知道等到我老去的时候，这个世界会变成什么样子。我不知道自己的学习能力能否支撑我老年的生活。

技术，让我们看到未来的同时，也让我们更无知。

甘 露

2018年7月19日于北京

探寻教育的真谛

——读《幼儿工作者的视野》一书有感

“视野”一词的物理意义是指人眼固定地注视某一点或某一片区域时所能看见的空间范围，也指人的思想或知识的领域。我们经常说要打开视野，这里的“视野”是指“眼界”的意思。初见这本《幼儿工作者的视野》时，我认为它是描述幼儿工作者眼界的理论类书籍，通读整本书后，确实打开了我的视野，它给我打开了一扇窗，让我窥见了我们的邻国——日本的一所特殊学校的教育样貌，虽然是描述一个特殊的教育群体，但日本教育工作者的那份认真与执着深深打动着我。我似乎以“旁观者”的身份跟随作者津守真老师走过12年的幼儿特殊教育工作历程。他认为“即使是有残障的孩子，也同样是在游戏中成长的。在教育上，每一个孩子都是一样的”。这本书是他对怎样才能通过游戏教育每一个孩子这个问题多年来思考的回答。他是知名大学教授，却毅然选择了和残障儿童生活在一起，“决定把每天接触相同的一群孩子作为自己的生活”，去挑战远比大学教育繁杂、琐碎、费心的特殊教育，这样的行为本身已经非常值得敬仰。

书中阐述的关于特殊儿童的教育方式以及津守真老师运用心理学知识、社会学知识对特殊儿童进行的心理分析、行为评价，在我们正常的幼儿教育体系中或许不会遇到或达不到津守真老师的专业高度，但是，书中所有的“保育者”对特殊儿童的耐心、爱与包容，一度让我感动。当阅读书中的一个个案例时我经常会停下来思考：如果是我，我会怎么做？如果是我们幼儿园的老师们，他们又会怎么做？近几年我发现入园的幼儿当中，出现行为问题的孩子越来越多，常常会看到老师在操场上到处追逐着一个不肯进入活动室也无法沟通的孩子，全园到处找那几个总是躲在幼儿园角落的孩子，经常会因为某个行为问题孩子打了或者咬了其他孩子而造成家长间的矛盾……这些问题让带班老师心力交瘁却不得方法，非常苦恼。但是，这本书不是方法论，津守真老师没用深奥的理论去阐述他的经历，而是用自己的经历让我看到一个教育者对孩子的热爱与责任。在津守真老师眼里，这些孩子就是一个个独特的星球，他们有自己的运行规律，只要用心观察，顺应他们的行为，那么他们自然都会有变化。这些内容引起了我的好奇心，也令我非常钦佩。在津守真老师的记录和描述下，这些折翼的天使是那么可爱，作为“旁观者”的我感受到了温暖，产生了爱在流淌的感觉。

《幼儿园教育指导纲要（试行）》指出：游戏是幼儿的基本活动形式。游戏对幼儿的发展是有独特价值的，书中的一个案例让我特别有感触：“5岁的B（书中以字母代替了人名）在玩水，他把水装满又“哗啦”倒掉，看着水从排水口流走，这样的行为这个孩子已经重复了几十次，在这之前，他会反复把卫生纸扔进便器里让水冲走，他会把头伸到排水口那儿看，把耳朵贴在地上听水流走的声音，他会重复这个行为在厕所里待一个多小时。孩子重复这一行为不是为了什么实用的目的，而是这一行为本身对孩子具有意义。”看到这一段的时候，我脑中出现的是“安吉游戏”四个字，作者用很多游戏的案例来向我们阐述游戏这一行为对孩子本身的重大意义，而“安吉游戏”一开始让老师们做的就是“闭上嘴、管住手”。这六字箴言，我想跟这个游戏案例非常贴切，只有进行持久而不打扰的观察，更不做干涉，教师才能在孩子的游戏中发现种种可能性。津守真老师分析孩子行为背后的意义是体验“‘失去’和感觉的重复”。原来，B每次上幼儿园都会因为离不开妈妈而哭一整天，他看着妈妈消失了，就像是消失在排水口的水和被冲走的卫生纸一样，他没办法解开“失去的体验是什么”这个疑问，就会不断重复这个行为。很长一段时间之后，津守真老师尝试着让B的妈妈离开，B哭闹时再回来陪他，让他知道了妈妈走了还会回来，通过玩扔球游戏让他体会“失而复得”的感觉，就这样B开始脱离放水的游戏，慢慢向新的活动发展了。这个案例触动了我的心灵，孩子会将自己无法表达的情绪物化或行为化。当孩子出现一些我们不能理解的行为时，特别是一些有行为问题的孩子，我们是否可以有足够的耐心去观察、去包容、去等待，试图去了解孩子通过行为表达出来的真实想法呢？

我在想如果要向老师们推荐这本书的话，我该如何描述。在回看作者12年的特殊教育经历，你会发现这是一个非常纯粹的教育家、心理学家、社会学研究家，但他把自己放在一个新手的位置从每一个阶段进行梳理时，他的感悟其实跟幼儿教师是重叠的，非常具有指导意义。我会推荐新手教师去看看津守真老师作为保育者的最初两年是如何全身心将自己置身于教育实践中，留意观察孩子的微小细节，支持和陪伴孩子成长的。在最初的两年遇到各种情况感觉内心混乱的时候，作者信任孩子，尊重同事，始终把孩子当成一个人去培养，同时面对和承认自己的不完美，这样才会愉快地期盼第二天与孩子一起生活的日子。我会推荐年轻教师去看看作者作为保育者的第五、六年，任班主任阶段的责任感和压力让他产生了紧张感，他不断思考如何维持自己班级的秩序和内心的秩序，和孩子一起活在“当下”的勇敢让他每一刻都充实起来。我会推荐骨干教师去看看作者作为保育者的第七、八年。如何在教育工作中思考成长，如何发现孩子行为背后的意义，对教育者是一个考验；思考教育的本质，和如何突破它，作为教师才不会被束缚。我会推荐所有教师去看看作者作为保育者的第九年至第十二年，通过游戏探寻孩子的成长密码，提升自己的保育智慧，让教育回归原点。

阅读完这本书后，这些关键词一直在我的脑海里呈现：游戏、观察、等待、了解、投入、信任、满足、亲近、智慧、安全感……每一个关键词的背后都是对幼儿教育本质的探寻，是幼儿教育工作者的教育智慧，是关于幼儿教育的真谛。保育者的生活是将“让人成为真正的人”作为自身课题的生活。这样的生活不仅需要健康的身体，更需要高度的智慧。而与孩子——人之原型的接触互动是最为人性的生活。

深圳市龙华区行知实验小学附属皓月幼儿园　杨曼菁

杨曼菁

感悟

读书拓展了我生命的宽度，在时间的长河里，无数的著作，充盈了我的知识底蕴，借助作者的眼睛，我看见了更广阔的世界。

尊重·爱·理解

——读《幼儿工作者的视野》有感

《幼儿工作者的视野》这本书记录着津守真老师12年的特殊教育工作历程，记录着他与孩子12年间的点点滴滴，记录着他对教育的热爱，记录着他对教育的思考。津守真老师面对的是一些特殊、残障儿童，虽然在这12年中津守真老师也有过害怕、烦恼、恐慌与不知所措，但是每次他都可以巧妙地处理好，并且把害怕、烦恼、恐慌与不知所措转化为自我成长的课题，会静下来思考该如何处理，想好了就再次鼓起勇气去面对问题。我认为这本书值得所有幼教工作者去细读、品读、慢读、多读。

本书分为八个章节，每一个章节都能感受到人民教育家陶行知先生说的“人生天地间，各自有禀赋。为一大事来，做一大事去”的教育品德。津守真老师在日常的保教工作中处处体现对教育的爱和理解、对孩子的尊重，善于研究解读孩子各种行为背后的含义。这让我想起前段时间看直播学习时，陈宇华老师分享美国幼儿园教师是如何引导孩子游戏的。作为教师，我们要站在孩子的角度，尊重孩子的想法，而不能一味地以教师为主，要把孩子放在前面，用自己的专业能力去引导孩子坚持他的想法，思考孩子的动机，观察孩子的行为，帮助孩子进行自我实现，培育孩子的内在生命力。教师需要站在孩子的角度考虑以减少孩子的不安情绪，使其接受自己的不足并积极改变。

对《幼儿工作者的视野》这本书突出的印象可用“感”“思”“爱”三个字来概括。

感，首先是感觉。津守真老师对教育非常有感觉，所以在他面对一些我们所无法理解的孩子行为时或当他感到疲惫时，他会调整自己的心态，放下成人的刻板印象，对孩子的行为进行解读。只有当你了解孩子行为背后的原因，才知道如何去帮助他，才会每一次都效果显著。其次是感情。只有心中有爱，才会静下心来等待花开。特殊、残障儿童，或是心理有问题，或是自闭儿，或是身体有缺陷，心灵比较脆弱，也比较害怕陌生人。津守真老师会默默关注他们的状态，用一些玩具去吸引他们的注意，让他们主动靠近他，再与他们进行互动，跟他们建立起信任，打消他们心中的顾虑。所以，一个优秀的教育工作者，离不开对教育、对儿童浓浓的爱。

思，首先是思想。津守真老师是日本著名的心理学教授、儿童研究专家，他对教育有不同的见解，将教育和生命凝聚在一起，从热爱儿童的原点出发，让教育散发人性的光辉。其次是思考。有思考，才能读懂儿童的心理，读懂儿童的行为。书中第四章中有这样一个案例，在教育工作中，教师要时刻让孩子在自己的视线范围内，不能让孩子去危险的地方活动。我们从来没有思考过孩子是否会觉得自己受到别人的监视，而是认为让孩子处于教师的视线范围内是对的，这是对孩子的保护。我们没有站在孩子的角度思考过这样做真的对吗。津守真老师却从监视这一角度进行思考，他认为即使我们迫不得已要这样做，也应该为孩子营造“拥有”的关系，尊重孩子自己选择的地方，尊重孩子做的事。思考是教育思想的基础，会反思、会思考，才可以更好地贯彻教育思想。

爱，首先是爱自己，对自己有信心。心态阳光明媚，对教育有信心、爱心、耐心，才能把爱带给周围的人。其次是爱孩子。对孩子有爱心，静下来倾听孩子的内心。最后是爱教育。爱是教育的最高境界，是自然而然的奉献。因为有了爱，津守真老师才能把学校视为家庭，把孩子视为子女，把同事视为手足；才能对教育有耐心、责任心、自信心。

《幼儿工作者的视野》一书没有华丽的语言，没有文绉绉的表达，有的只是寻常的记录，以及津守真老师的思考和他对课程的理解。为什么我要说对课程的理解呢？正所谓一日生活皆教育，生活也是课程，并且贯穿于日常的教育工作中。津守真老师能真正地从孩子的视角出发，探寻孩子行为背后的原因，并站在孩子的立场思考问题。在第三章第四节“孩子们成长的一天”中，津守真老师记录了这样一个孩子，平时他去院子、教室、台子与墙之间的窄道都需要拉着妈妈或者老师的手，而这一天，他想自己走。津守真老师把这个孩子的表现理解为勇敢的行动，他愿意鼓起勇气自己走，说明他开始有自己走的能动性了。第六章第四节“原点”中记录了这样一件事，有个孩子每天都要让成人抱着，津守真老师担心这样对他的腿部发育不利。于是，津守真老师想尽量让他自己练习走路，但他不喜欢练习走路，非要人抱着。直到有一天，津守真老师看到这个孩子在一点点地往前蹭，他在寻求成人的帮助。那一刻，津守真老师产生了这样的想法：哪怕这个孩子一辈子不会走路，自己也要抱着他。有了这个想法后，津守真老师的心情轻松了许多，也是因为这个想法，这个孩子给了成人惊喜，他居然愿意尝试独自走路。从这个案例我们可以看出，我们要认可每个孩子的本真状态，不要把成人的期望施加给孩子，不要执着于自己的标准，要让孩子愉快地度过每一天，这样孩子才能产生发展和变化。类似的案例在文章中比比皆是，每一个案例都蕴藏着津守真老师对孩子的理解、尊重和爱。我认为津守真老师对残障儿童的课程有独特的见解，同时他将孩子的任何问题、行为、语言等都看作一个课题，不断地研究孩子微妙的心理变化，挖掘孩子行为背后的原因，找到处理问题的方法，让教育现场成为孩子成长的地方。

更难能可贵的是，津守真老师从热爱孩子的原点出发，坚守自己的教育信念与价值观。虽然面对的是残障儿童，但津守真老师能平等地对待这些孩子，让孩子们通过行为来感知自己的存在，激发孩子的能动性，让孩子有自己的创造性，有自己的价值。我原本对津守真老师是不了解的，看完本书，我开始崇拜、羡慕津守真老师有这样的格局视野，我喜欢他与孩子一起快乐或艰辛的探索，喜欢他对人生哲理、教育的感悟，更喜欢他的智慧。

深圳市大鹏新区葵涌中心幼儿园　蔡晓蓝

蔡晓蓝

感悟

在幼教的途中，我不仅要反思自己的教育，倾听孩子的心声，更要多阅读，因为阅读可以扩展我的视野，帮助我了解更多的教育理念、教育方法和教育艺术。

《有力的师幼互动：促进幼儿学习的策略》

【内容简介】

在幼儿园的一日生活中，教师几乎每时每刻都在与幼儿互动，但并非所有的互动都是积极有效的。互动结果与互动初衷背道而驰的例子比比皆是。本书作为美国幼儿教育协会的经典读物，提倡把幼儿园的日常互动变成“有力的互动”，强调关注集体中的个别幼儿，指出教师应通过与幼儿进行有意识的、有目的的交流，实现教育目标，促进幼儿的深度学习。

【推荐理由】

本书是美国幼儿教育协会推荐的经典读物，倡导幼儿教师与幼儿进行积极有效的互动，促进幼儿的深度学习。本书给出了实现有力的师幼互动的步骤（关注幼儿—与幼儿建立联系—拓展幼儿的学习）以及17项具体的实施策略，这些理念和方法可以运用在区域游戏以及幼儿园一日活动的各个方面。幼儿最大的学习机会存在于师幼互动的时刻。阅读这本书，不仅可以收获有效的师幼互动的策略和技巧，而且可以提高教学的有效性，增强教学自信心。

图书：《有力的师幼互动：促进幼儿学习的策略》
拍摄地点：深圳市龙华区教科院幼教集团附属幼儿园

前言tips：

在北欧的16天，我穿行在森林幼儿园并体会了户外教育，越靠近，越向往。我对教育的理解，被无边无际的森林滤得只留下一个字：慢。

时间按下慢放键，
大脑按下静音键，
生活按下暂停键，
木心说，从前慢，日色慢，一生只够爱一个人。
在北欧，森林慢，时光慢，日子只够等一个人。
孩子的成长，需要静待花开，
我们的教育，需要停下等待。

关于丹麦的幼儿园课程

北欧之行，我参观了一所所令人憧憬的幼儿园，这些幼儿园确实令人羡慕。

在丹麦的国家课程中，有一片蓝色花瓣叫Contexts。这词是环境、背景、上下文脉络的意思。我不知道怎么去理解，因为还有一片蓝色花瓣是Learning Environment（学习环境），如果翻译为环境，似乎重复了。我问李敏谊老师，她说Contexts这个词是后现代哲学的词汇，和社会文化背景更加相关。结合我参观的几所幼儿园，我想我理解了这层含义。

昨天参观的丹麦的两所幼儿园的教育理念非常好，骨子里的好，但表面看起来是恬淡从容的，所有的教育理念就像是在空气中流淌一样自然。想想我们自己的幼儿园课程好不好？我觉得挺好，但，我们累得要死要活的，课程要好，环境要好，园长要好，教师要好，搞个活动都是惊天动地的，发布会，出书，宣讲，申报成果……

在北欧的幼儿园，我看到有个孩子摔了跤以后跑到教师身边，教师轻轻地吻了她的手，然后孩子就开心地跑开了。一位男教师的脖子上，放心地吊了几个孩子……在那个午后的花园里，教师和孩子那么放松，自在，亲近。那一刻，我真想做这样的教师。

孩子应该按照他该有的样子成长，我们也一样，幼儿园也一样。我想，这就是Contexts的答案。

丹麦幼儿园内的照片

甘 露

2019年8月

有力的师幼互动　促进师幼共成长

——读《有力的师幼互动：促进幼儿学习的策略》有感

《幼儿园教育指导纲要（试行）》要求：教师要创造一个自由、宽松的语言交往环境，支持、鼓励、吸引幼儿与教师、同伴交谈，体验语言交流的乐趣。教师应重视与幼儿的个别交流，以及幼儿之间的自由交谈。

作为幼教工作者，我们常常会和幼儿进行许多互动，而本书名为“有力的师幼互动”，在未看书之前，我就被书名所吸引。何谓“有力”？是“有效”吗？是指“才气”吗？带着疑问，我迫不及待地读了起来。

打开它，第一眼看到的就是对互动的诠释。当然这些互动有积极的也有消极的。而“有力的互动”的意思是指教师和孩子之间的有意识、有目的的沟通，这种交流对幼儿的学习有着显著的、积极的影响。本书的三位作者埃米、朱迪、夏洛特对“有力的互动”做了详细的分析与阐述，提供了很多例子，让我了解到很多关于“有力”的信息。我还在书中学习到了实施有力互动的顺序：到场、与幼儿建立联系、拓展幼儿的学习。这个顺序，让我感触最深。

第一步：到场。到场的意思是稍停片刻，让头脑安静下来，准备与幼儿进行互动。教师要排除一切杂念和负面情绪，除了“人”到场外，还要让“心”到场。抛弃上一秒的事，让“心”静下来，专注于当下的幼儿，全身心地关注幼儿，更好地控制自己的言语和行动。幼儿有一种神奇的能力，他们能够读懂身边重要的成年人的面部表情、行为动作，他们知道什么是真诚的，什么是不真诚的。当教师意识到这一点，就会反复琢磨自己说话做事的方式，为有力的互动打好基础。

第二步：与幼儿建立联系。与幼儿建立联系是指观察幼儿的行为、说话和做事方式，让幼儿意识到教师在时刻注意着他，并努力地想与他进行互动。作者认为，在开始进行师幼互动时，与幼儿建立联系可以使幼儿记起与教师之间已经建立的关系，这样幼儿就会从内心十分信任教师。只有这样，才能促进幼儿参与接下来的活动。书中介绍了与幼儿建立联系的七种策略：

（1）慢下来，关注当下。

（2）持续了解幼儿。

（3）倾听幼儿。

（4）让互动适合幼儿的个性化特点。

（5）表示你的尊重。

（6）引导幼儿的行为。

（7）让信任持续加深。

怎样让幼儿在心理上感到很安全呢？开始互动时，先用包容的心态去观察幼儿，教师要了解并适应幼儿。教师要以尊重、关心的姿态面向幼儿，如语言活动时，如果教师提问后幼儿的回答并没有达到预期的效果，教师对幼儿的“另类”回答也应该给予回应，这样能让幼儿感受到教师是注意“我”的，关心“我”的。如果教师对这类幼儿的回答不做回应，幼儿不仅会对教师没有安全感，不会主动地表达，而且还会丧失信心，这样的交流就是无效的，甚至可能会使幼儿无法对以后的学习产生兴趣。当幼儿对教师的安全感建立后，幼儿会感到教师很在乎“我”，也就自然而然地与教师建立起联系。接下来教师最需要做的就是保持这种联系，随时随地关注自己的行为，让幼儿对教师产生信任感。

第三步：拓展幼儿的学习。作者提出了以下三个问题，帮助教师有效拓展幼儿的学习：

（1）需要教什么样的内容才合适？

（2）幼儿下一步准备学习什么？

（3）怎样才能使学习幼儿有意义？

作者通过一些具体的案例对以上问题进行分析，让读者直观地看到教师如何在有力的互动中拓展幼儿的学习，怎么从幼儿性格方面找到适合不同幼儿的方式方法。

但是，在我们实际操作中还是会存在以下问题：

（1）教师没有实行以幼儿为主体的教育。在不同形式的师幼互动中，大多数互动都是教师组织发起的，幼儿发起的较少。有的教师面对幼儿主动的交流还会敷衍、懈怠，这样幼儿就会慢慢产生负面情绪，感觉到自己没有受到重视。

（2）教师和幼儿交流的问题有很多是有要求、有规定、有限制的，少了情感方面的内容。幼儿多发起一些请求、询问或展示活动结果的话题，教师常发起一些提示、要求的话题，欠缺和幼儿一起游戏、交流感情的话题。教师要注意与幼儿多做情感上的沟通。

（3）有针对性的师幼回复行为偏少，大多都是中规中矩的。目前，教师发起的行为多是消极的，对构建有力的、良好的师幼互动关系不利。教师的行为对幼儿与教师之间的交流非常重要。

（4）部分教师没有意识到教师与幼儿的情感交流对幼儿的发展有着一定的影响。教师与幼儿的互动不仅会深化师幼之间的交流默契，也会影响幼儿以后同他人沟通交流的方式，所以有力的互动对于幼儿的成长来说是不可缺少的。但是有些教师忙于其他事情，而疏于进行师幼间的有力互动，这对幼儿的发展是不利的。

所以，我们要努力实行师幼之间积极沟通、有力互动的教育。除了按照书中所说的三个步骤去做以外，还要规划、设置好室内外环境，提供丰富的学习材料，在有准备的环境中观察幼儿的行为，了解幼儿的游戏水平，不随意打断幼儿的活动，在幼儿需要帮助时，适宜地介入幼儿的游戏与幼儿进行有力的互动；要鼓励幼儿和不同年龄段的人进行交往，多开展一些混龄或其他活动，扩大幼儿的互动范围；时刻注意教师的心理健康情况，保证教师能积极、阳光地和幼儿互动；在教师和幼儿互动时，不仅要关注幼儿在集体活动中的表现，还要多和幼儿进行个别互动，关注幼儿的个体差异；在师幼互动中，教师要设定一些有难度的问题，激起幼儿的挑战欲；教师要多和同事、家长了解幼儿的各种情况，保持良好的互动，合力促进幼儿的发展；教师除了重视言语的沟通外，还要注重非言语方面的表达，如给幼儿一个会心的微笑、一个赞许的目光、一个肯定的眼神、一个温暖的拥抱等，达到此时无声胜有声的境界。总之，教师要细心观察幼儿的行为，耐心倾听幼儿的心声，把握幼儿的认识冲突与需要，判断幼儿的兴趣，及时引导，共同生成有效的活动，支持幼儿获得成功的体验，从而使幼儿形成积极的社会情感和适宜的社会行为，获得各方面的发展。

师幼互动渗透在幼儿的一日生活中，它是教师的教育观念、教育能力、教育手段、教育行为的综合表现。师幼互动是一个双向的过程，有力的师幼互动是促进幼儿全面发展的关键因素，也能提升教师的个人修养，提高教师自身的职业道德素养，转变教师的教学观念，树立平等的师幼对话观，锤炼教师的教学技能，从而使教师获得综合能力的提升。

让我们通过有力的师幼互动，促进教师和幼儿的共同成长！

深圳市龙华区行知小学附属卓能雅苑幼儿园　白翠萍

白翠萍

感悟

教养孩童，使他走当行的道，到老也不偏离。

幼儿园一日生活中的师幼互动

——读《有力的师幼互动：促进幼儿学习的策略》有感

在我们幼儿园的一日生活中，师幼互动几乎每时每刻都在进行着。把握得好，能让师幼间充满温暖、关心和鼓励。但师幼间的互动往往是突发又即时的，这就很考验教师随机把握情况的能力。正如书中提到的“有力的互动是一个对幼儿可教育的时刻，是一个有技巧、有意识的教学机会”。通过细细品读《有力的师幼互动：促进幼儿学习的策略》，我了解到：它把幼儿园日常互动变成“有力的互动”，强调关注集体中的个别幼儿，指出教师应通过与幼儿进行有意识的、有目的的交流，实现教育目标，促进幼儿的深度学习。达成有力的师幼互动需要三个基本步骤：到场、与幼儿建立联系、拓展幼儿的学习。

通过细细品读——思过往、悟同理，我有以下心得。

第一步：到场

到场的意思是稍停片刻，要求教师让头脑里的静态噪声安静下来，快速地进行“自我检查”，管理情绪和行为动作，用片刻时间来思考和准备，集中注意力，真诚对待、适应和关注当下互动对象。利用自己对幼儿个性特点——性情、爱好、兴趣以及文化和语言的了解，反思总结过往互动，有意识地开展有力的师幼互动。

思过往

一天早上，我正用消毒水仔细擦拭着小朋友们的书包柜，一个小男孩匆匆地来到我的身旁，我看了他一眼，说了一句“早上好”便继续低头擦拭，这时耳边响起稚嫩的声音："老师。""嗯？""老师。""怎么啦？""老师！"当我的回应得不到小男孩的后述，我停下手中的活，抬起头望了望那小男孩，只见他依旧是刚来园的样子，仰着头，用一双黑黝黝的眼睛看着我，双唇微启，似乎想要述说什么，我便放下手中的活，蹲下身子望着他，他熟练地搂着我的脖子，双眼直视着我，露出笑脸，对我说："老师，早上好。"我双眼直视着他期待着他的后述，然而，他却依旧只笑不语。我轻声地问道："你就是只想向我问好对吗？"他蜻蜓点水般点了点头。我恍然大悟，原来他是想和我问好，一直以来他都是搂着我的脖子，直视我的眼睛向我问好的，今天也不例外。我还有点疑惑地问道："为什么老是搂着我的脖子问好？"他回答道："这样我就可以看到老师的眼里有个我。"小男孩一直坚持的直视，只为我眼里有他？不是的，他是在用心和我交流，一个属于我们心灵之间的交流。我回抱住他，直视着他，微笑着说道："××，早上好。"他笑得更加灿烂了，我在他眼中看到了我。

悟同理

幼儿非常在乎老师是否全身心地关注他们成长。小男孩开始向我问好时，我口头上回应着他，手上还做着清洁消毒工作，没有以"到场"的条件对待小男孩，给小男孩失落又不受重视的感觉。后来我察觉到小男孩的变化，立刻自我调整，放下手上的工作，接近小男孩、平视他与他平等交流。互相尊重使我得到小男孩的信赖，使他有安全感。在这场师幼互动中，我缺乏了"有力"，这个"力"就是"到场"，让我明白了要以全身心的方式与幼儿沟通，集中注意力看幼儿的世界，真诚对待和倾听幼儿的心灵。

第二步：与幼儿建立联系

与幼儿建立联系指教师与幼儿建立并保持个人联系，加深与他们的关系。这要求教师秉持平和而包容的态度靠近幼儿，观察幼儿的所行、所言、所思中有趣的和有意义的事情。同时，幼儿也知道教师的观察目的，并乐意参与其中。师幼间建立信任，会使幼儿感到很自在，心理上具有安全感，也会很自信。教师要促使幼儿放心地去探险、试验、探索、发现并扩展技能和思维。

思过往

在一次消防演练后，为了加强孩子们的消防安全知识教育，我进行了即时引导。我带领孩子们席地而坐，回顾刚才发生的事情。

我：刚才听到了什么声音？

孩子：警报声。

我：为什么会有警报声呢？

孩子：有危险，要逃跑。

我：对，我们要快速逃到空旷的、安全的地方，就像我们刚才那样。但是如果我们逃不出去了，一定不能慌张，找一个相对安全的地方，冷静等待，我们要相信……

孩子：相信共产党！

（全场静思2秒）

孩子：我和爷爷奶奶看电视，电视上就是这样说的！相信共产党，我们一定会胜利的！

我：对！我们要相信共产党，相信我们最可爱的消防员叔叔，他们一定会想尽一切办法来解救被困的我们！

孩子：对（目光坚定）。

悟同理

孩子的想法千变万化，教师要重视每一时刻和孩子的互动，倾听孩子的心声，尊重孩子的观点。我在一场关乎生命安危的消防教育中，促进师幼间的互动往“有力”发展，适时引导孩子形成爱国爱党情操及积极向上的生命力意识。我后续与孩子沟通了解到，孩子的爷爷奶奶在家中特别喜欢观看革命电视剧，在孩子滔滔不绝的讲述中，我像发现宝藏一样既惊喜又欣慰。孩子在潜移默化中深受爱国爱党观念的熏陶，培养了爱国爱党积极向上的情怀。在这场有力的互动中，我了解了孩子在家中的情况，同时懂得了孩子的爱国情怀需要从小培养，这将影响孩子的一生。我很庆幸我的孩子们都拥有满满正能量的爱国情怀。

第三步：拓展幼儿的学习

把有意地与幼儿建立联系和拓展幼儿的学习结合起来，就是有力的互动的精华所在。在有力的互动的第三步，不仅要向幼儿示范如何学习，还要拓展幼儿的思维，丰富他们的知识，所采取的方式都要适合幼儿。与教师有积极关系的幼儿对学习会更投入。积极的关系使幼儿愿意去探索、提出问题、解决问题、尝试新挑战和表达自己的思想。

思过往

2017年9月4日果果上学第一天

上午

果果早上来园有情绪，不愿意离开妈妈，在妈妈的陪伴下，才渐渐肯坐下来玩玩具。妈妈离开后，他情绪很不稳定，哭闹得厉害，不愿意坐下来，想跑出门外，老师安慰了好久，他还是哭哭啼啼，抱了一会儿后，他情绪好了很多，主动要求上厕所。他在吃早餐的时候情绪基本稳定了，也肯自己动手吃，但没有吃完，剩下三四口。晨谈活动点名环节中，老师点到他的名字，他回答的声音很响亮，户外活动也积极主动参与，认真听老师的指令，紧紧跟着老师的脚步。听故事前的整理活动中，他很快请老师帮忙换衣服，然后听从老师的指引坐在自己的位置上听故事。听了大约5分钟，他情绪又不稳定了，开始哭，老师安抚了好一会儿才不哭闹。

中午

果果很快就吃完了午饭，然后拿椅子来到餐后区找老师，他情绪开始不稳定，哭闹着要抱，老师让他拿椅子过来坐，他不愿意，就想坐在老师的腿上。我说，你不哭了我才抱你。他还是哭，老师不抱他，他就哭得更大声，后来老师离开了椅子，他哭声就小了很多，还把老师的位置给霸占了。玩手指游戏的时候他会时不时过来哭着跟着老师，老师让他坐下来，他就没再跟着。睡午觉时他哭闹得厉害，过了好久情绪才稳定下来，然后就睡着了。下午2点多的时候，醒来又哭了，说要找妈妈，后来说要上厕所，紧接着就不哭了。

下午

果果情绪特别稳定，没有哭闹，愉快地等到放学。

开学第一天的果果，虽然哭闹，但是情绪还能控制，愿意相信老师和老师互动，希望明天可以更适应幼儿园生活！

2017年9月5日果果上学第二天

上午

果果早上来到教室不愿意离开妈妈身边，没有跟老师问好，接着就让妈妈陪他坐下来玩，坐下来后却没有玩，害怕妈妈离开。妈妈也努力地想办法让他玩玩具，打算拿着棉背心直接走。时间到了，妈妈快速离去，这时，果果哭了！但是哭得比较理智，没有想要跑出门外的冲动，也没有拼命挣扎，只是走上前来说："老师，我要妈妈……"老师安慰了他一下，他的情绪也逐渐稳定下来，只是流了几滴眼泪，没有"惊天动地"地哭。果果早餐用餐速度稍快，吃完就坐下来安静地看图书，玩手指游戏（手指变变变）和听故事（"狐狸分肉"）的时候很认真。但是，果果喜欢打断老师讲话，老师讲一句他说一句，而且还是用客家话讲，令老师几次笑场。点名字的时候他能用响亮的声音回答，值得表扬。他户外活动时表现得很积极，玩车时也能看出他脸上的喜悦。上午10点左右，他开始有点小情绪，说要找妈妈，老师跟他玩了一会儿，他心情慢慢好起来。上完厕所、喝完水后，他到教室看了一会儿小故事书，接着拿书包换衣服，心情不错。后来我们在教室玩叠叠高的时候他也参与进来了，我们让他叠了一个，他特别开心，大家都送给他掌声。

中午

果果用餐较快，吃完饭后就拿椅子坐在餐后区玩游戏、听故事——《佩奇的电脑》。他想象力比较丰富，能够表达自己的想法。他中午也能较快入睡，没有闹情绪。

下午

果果起床后能够自己穿鞋子、上厕所、喝水、排队。吃午点时他心情很好，还跟着老师一起唱儿歌——《我上幼儿园》。今天果果的表现比昨天好了很多，比较适应环境了，对老师也慢慢信任了，希望果果一天比一天棒！

2017年9月6日果果上学第三天

上午

果果早上来园后小哭了一会儿，但经过老师的引导，情绪逐渐稳定下来，接着自己玩玩具，还老是让老师看他玩的玩具，说："老师，老师，你看。"果果早餐自己吃，包子和粥都吃完了，胃口不错。他下一楼排早操队形的时候需要老师提醒多次，不然总会挪动位置，之后跟着老师一起玩“五只猴子荡秋千”，他的笑容很灿烂……果果看情景微课也很认真，还说“我家也有这个，我家也有这个……这个……”他在吃餐前水果（雪梨）时吃了两大块，过来要第二块的时候会说：“老师，我还要。”

中午

果果中午吃饭速度中等，脸上留了好多饭粒，接着跟老师在餐后区一起玩游戏——过家家。他玩得很开心，老师也请他吃了“菜”。果果午睡能独自入睡，醒后也没有哭闹。

下午

果果午点后积极参与学习活动，老师讲话时也会认真听，跟着老师一起唱《我爱我的幼儿园》。

因为果果今天表现不错，所以老师奖励了他一块巧克力。

注：不是每个小朋友都能得到巧克力，而是表现棒的小朋友才有，比如说果果就有。今天果果比昨天又进步了，希望果果越来越棒！尽快适应幼儿园的环境。

悟同理

师幼互动贯穿于幼儿的一日生活中。针对刚入园的幼儿，教师要特别关注，消除他们的分离焦虑，“以爱为力”进行互动，将有力（有爱）的师幼互动贯穿于幼儿的日常活动中，引导幼儿说出自己内心的想法，对幼儿的好奇做出回应。教师要适时采用镜像对话（彼此重视反馈），开展对话（包括非言语对话），鼓励想象性游戏（透过幼儿的眼睛看世界），与幼儿一起解决问题（合作），与幼儿一起欢笑，提问（激发幼儿的好奇心），把新的与熟悉的相链接（彼此亲近，促进合作）。

在有力的互动中，作为“力”的把控者，我将时刻谨记“心中有爱，眼中有方向，行动有幼儿（策略）”。

河源市源城区机关第二幼儿园　古淑杏

古淑杏

感悟

把日常的师幼互动变成有力的师幼互动，要求全身心投入“到场”，要求自己慢下来，关注当下，了解、倾听、尊重、引导幼儿，与幼儿建立联系，做好有力（爱）的把控者，参与幼儿的成长。我将时刻谨记“心中有爱，眼中有方向，行动有幼儿（策略）”。

有温度的师幼互动　促进幼儿深度学习

——读《有力的师幼互动：促进幼儿学习的策略》有感

《幼儿园指导纲要（试行）》提出："关注幼儿在活动中的表现和反应，敏感地察觉他们的需要，及时以适当的方式应答，形成合作探究式的师生互动。"师幼互动存在于幼儿的一日生活中，并对幼儿发展产生非常大的影响。我们每天都会与幼儿进行无数次的互动，但并非所有的互动都是积极有效的，有时候很难知道在彼时彼刻对幼儿说些什么才是最有效的。我们担心互动会干扰了幼儿的学习，剥夺了幼儿的探索乐趣……当阅读《有力的师幼互动：促进幼儿学习的策略》时，我被书中的师幼互动方式和互动策略所吸引，感觉书中教师和幼儿之间的互动都是有温度的、有深度的、有效的。

该书的三位作者都在美国幼教领域工作多年，她们在观察幼儿、与幼儿互动方面进行了深入的研究。书中结合大量有趣的案例将日常的师幼互动变为有力的师幼互动，给出了实现有力的师幼互动的三个步骤和具体的实施策略，如下图所示。这些理念和方法可以运用到幼儿园一日活动的各个方面。

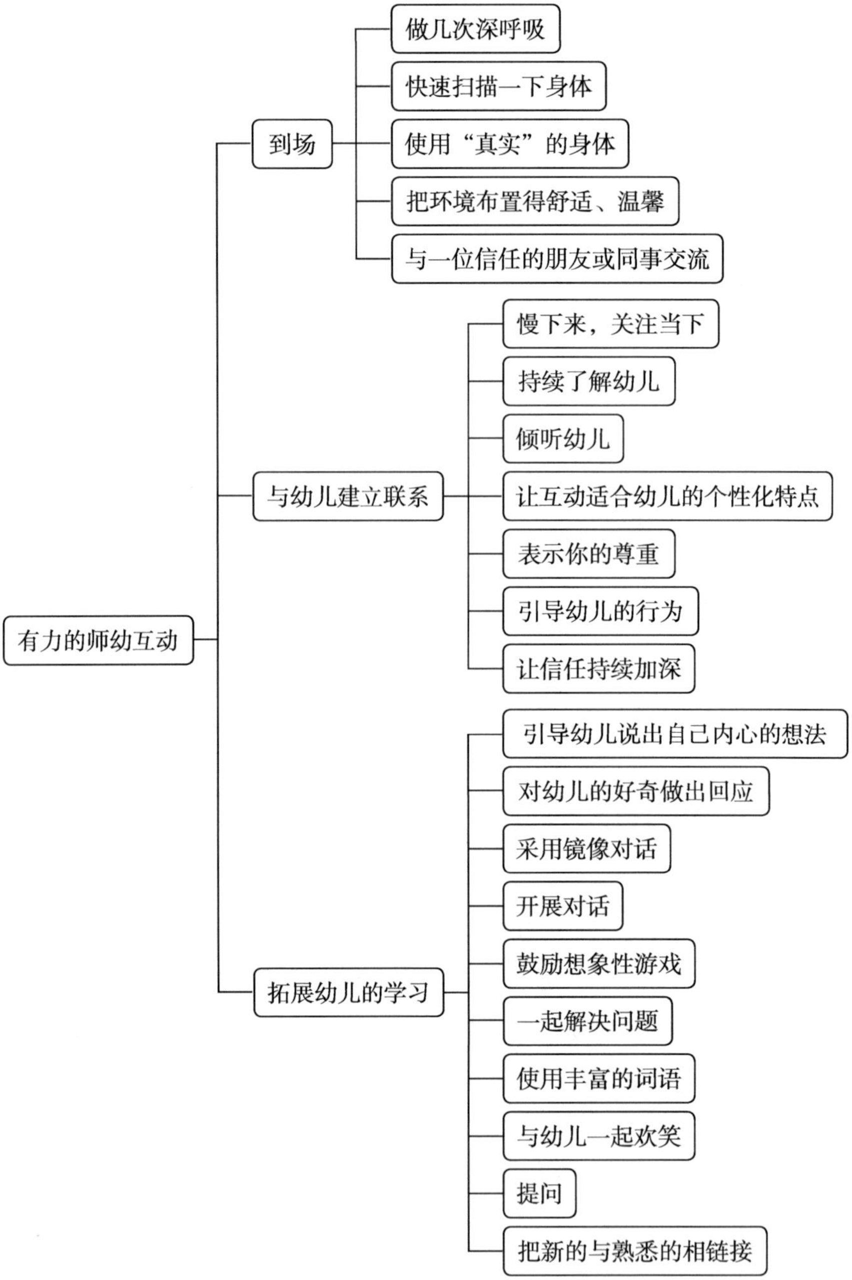

师幼互动的三个步骤和具体实施策略

书中有一些话让我感触颇深：“随着师幼之间越来越信任，你们的关系将变得更加牢固。幼儿在‘工作’、游戏和学习时，不仅对你的投入程度更深，而且对其他幼儿的投入程度也更深。”“有力的互动是一个对幼儿可教育的时刻，是一个有技巧、有意识的教学机会。”“当笑声和幽默成为有力的互动的一部分时，师幼双方都会享受这一刻。”“在幼儿互动中提问是一门艺术，它需要时间和实践来培养。”这些话让我感到：师幼互动是一个双向性的活动，是幼儿与教师之间的关系。教师与幼儿之间进行有意义、有目的、积极有效的互动，能促进幼儿的深度学习。将在教学中发现的师幼互动中的问题结合本书中的策略，我有以下两点想法。

一、与幼儿建立联系，使师幼互动有温度

幼儿在0～8岁学龄阶段各方面正处于迅速发展时期，内心既敏感又脆弱，为了建立联系，我们不得不寻找彼此内心深处的某种东西，作为建立积极联系的出发点。教师需要了解幼儿、观察幼儿、回应幼儿，幼儿在教师的了解、尊重和引导中与教师建立一条心灵相通的通道，彼此之间的互动就形成了良好的氛围。教师用“润物细无声”的细腻读懂幼儿，方能达成有温度的师幼互动，实现教育的自然无痕。下面，我举一个班上的例子：

今天早上，坐校车的小朋友陆续来到了班上，恩彤却在班门口站着不肯进来，她好像有些害羞，我注意到她低着头，手一直放在裙子后面，我蹲下来说：“恩彤，你的裙子有很多草莓，看起来很特别。”她抬起头望着我说：“可是裙子湿了。”我假装望一望说：“哦？是有一点，你觉得湿了不舒服我带你去那边换下来，太阳晒一下就干了。”她拉着我的手去换衣服了。换完衣服她说：“老师，不是我尿湿的，是因为车上的位子上有水。”这时我抱着她说：“老师知道恩彤很能干的，在车上需要帮助时可以主动找阿姨。”她在我脸颊上轻轻地亲了一下说：“谢谢园园老师。”

当恩彤知道她的身体语言传达出来的信息被我读懂之后，迅速打开了我们之间沟通的大门，达到了情感的连接。使幼儿处在安全、放松的状态中，我们的互动就有温度，我们的关系会更加牢固。

二、拓展幼儿的学习，使师幼互动有深度

孩子犹如天空中的白云，每个孩子都是不一样的：有的天真烂漫，有的冷酷沉静，有的善于思考，有的行动力强。正是这些不一样的性格造就了丰富多

彩的世界。教师要用通融的心态去接纳性格不一的幼儿，要让幼儿在师幼关系中感到舒服、安全，那他就会更加愿意开展探索，提出问题、解决问题、尝试新挑战和表达自己的思考，从而拓展学习。在有力的师幼互动中运用提问是拓展幼儿的思维和学习的方法，教师的提问内容和方式，对幼儿对教师的感情有很大的影响。高水平问题是促进幼儿进行批判性思考、想象、评价及创造的问题，是在适当的时机与幼儿进行有意义对话的契机。

在工作中我和很多教师一样，不擅于提问，在互动中出现幼儿不回答的情况，这时，我就会连珠炮似地问幼儿问题，在这种问题“攻击”下他们就会闭口不言，导致对话就此终止。通过运用记忆、理解、应用、分析、评价、创造六个提问的技巧，我对高水平提问有了新的认识。在幼儿互动中提问是一门艺术，它需要时间和实践来培养。有力的互动是一个对幼儿可教育的时刻，是一个有技巧、有意识的教学机会。我们要抓住每个互动的机会，就如我那天午后散步，在操场的角落发现了一只鸟，当即，我对提问的技巧进行了实践。

随着年级的升高，问题的难度也会逐渐提高，相应地，幼儿需要越来越深入地进行思考。例如，我向小班幼儿提问：“这是什么动物？”（让幼儿能够通过记忆识别），“跟我说说这个动物吧！”（让幼儿能够描述、讨论、解释、总结）向中班提问：“你还在什么地方见过这种动物？”（让幼儿能够应用与生活经验建立联系）“这只动物和小兔子相比有哪些地方是一样的？”（让幼儿能够分析各种动物的不同点，进行推测和比较）向大班提问：“你为什么觉得这只动物不适合/适合做宠物？”（让幼儿能够评价，表达自己的观点，做出判断）“你能做出哪种别人没有见过的动物？”（让幼儿能够创造、设计、建构、制作）教师需要备有大量的问题，供随时提取使用，问题存储量越大，师幼互动也就越有效。每个幼儿的发展水平不同，他们的思维水平会随着阅历的增加、知识的增长、想法的增多而发生变化。可能刚开始开展有力的互动时，你面对的是一个幼儿，但随着幼儿与教师的互动、幼儿与幼儿的互动，你会发现互动不止是一个幼儿的学习得到了发展，而是促进了整个班级幼儿的有效学习。所以，有力的互动中的提问对幼儿的思维和学习都有很大的影响。

虽然有力的互动会耗费教师身体的、精神的、情感的以及创造力方面的能量，但它能带给幼儿无限的力量，也能赋予教师正能量，能让教师提高教学的有效性，增强教学的信心，对幼儿教育大有裨益。教师应根据幼儿年龄特征和个体差异，灵活运用不同的有力互动策略，提高师幼互动的水平；要与幼儿建立舒适、安全、信任的关系，使师幼互动有温度；要拓展幼儿的思维和学习，使师幼互动有深度。在有温度、有深度的师幼互动中最大限度地促进幼儿在认知、情感、社会性、个性等方面的发展，并从中获得自身专业发展和幸福感。

深圳市大鹏新区南澳中心幼儿园　彭美园

彭美园

感悟

读书是教师最好的修行。教师的专业成长离不开书籍的浸润，幼儿的成长离不开教师的影响。让我们的人生沉浸在书的世界里，感受字里行间的温度与智慧。

构建积极有效的师幼互动

——读《有力的师幼互动：促进幼儿学习的策略》有感

师幼互动存在于幼儿园一日生活中的各个环节。师幼互动的质量直接影响着幼儿园的教育质量，反映教师的专业素养，也影响幼儿的发展。阅读《有力的师幼互动：促进幼儿学习的策略》，结合幼儿教育实践研究，我逐步发现师幼互动的质量已成为决定或促进幼儿园过程性教育的核心因素，有力的师幼互动不仅是体现教师专业能力的一种形式，更是对人的主体性发展有着重要的作用。《有力的师幼互动：促进幼儿学习的策略》以案例的形式充分验证了师幼互动的重要性，倡导教师与幼儿进行积极有效的互动，以促进幼儿的深度学习，提升教师的专业成长。书中提出了师幼互动的三大步骤及17项具体的师幼互动策略，促进教育者思考如何构建积极有效的师幼互动，以帮助和支持幼儿的学习与发展。

首先我们要明确什么是有力的师幼互动。有力的师幼互动是教师与幼儿进行的有意识的、有目的的交流。有力的师幼互动，不仅对幼儿的学习发展有帮助，对教师的教学能力和专业能力的提升，教师的自信心和积极性的提高都有益处。那么如何做到有力的师幼互动呢？这是书中的精华所在。

第一步：到场

“到场”二字说起来很简单，但要做到并不容易。烦琐的碎事、嘈杂的环境、无法全身心投入的注意力，让你的行动变得呆滞或忘却行动背后的目的所在。到场，意味着你能够敏锐地感知孩子的每时每刻，关注孩子此刻正在做什么，观察他们的行动，关心他们的感受。当你需要去观察幼儿的活动时，先要让自己的内心安静下来，或自我调节深呼吸，或想象美丽的画面，或让大脑放空片刻，接下来你才能在互动中做出有效的回应。

第二步：与幼儿建立联系

观察幼儿的所行、所言、所思中有什么有趣的和有意义的东西，让幼儿知道你在观察他，对他做什么感兴趣，并让幼儿想参与其中。同时，我们也要尊重幼儿的拒绝。与幼儿建立联系，我们可以尝试以下七种策略。

1. 慢下来，关注当下，享受与幼儿在一起的时刻

慢下来，是一种生活艺术。我们生活在这个匆忙的环境中，一切都变得那么慌张，无法慢慢感受静待花开的过程，没有心思，也没有兴致去欣赏沿途的风景，去听一场雨落下形成的交响曲。当你慢下来时，才能真正感受到一切都是那么美好。作为教育者，看待幼儿的成长就像静待花开的过程，与幼儿在一起时，教师要适度地放空自己，集中精力观察幼儿，不要急于求成地打断幼儿的行为。

2. 了解幼儿

这种了解是无意识的，也需要有目的地创造机会去了解，如提供机会让幼儿完成一项活动，观察幼儿的反应，观察和记录幼儿的行为，用以评估幼儿的发展与学习情况。你在观察了解幼儿的同时，幼儿也会以不同的方式给你回应。

3. 倾听幼儿

倾听的意蕴是尊重、情感、鼓励、体察、兼听则明。过去的教学中常出现倾听对象单一、倾听方式单向、倾听内容缺情感、倾听回应方式简单、倾听与教学相分离等问题，为此，我们首先要反思为什么会出现倾听问题。教师常常把教学秩序感、自我、时间放在重要位置，而忽视了倾听的价值，不知道倾听什么，没有倾听的习惯。那么在教学中如何进行倾听呢？首先要转变教育观念，教育就是交往、互动、平等、敞开、接纳。其次要营造氛围，创造安静怡人的倾听环境，要明确倾听的内容、倾听的任务，将有价值地的内容收集起来，作为设计教学的可参考性依据。教师要用成长型思维去看待和相信幼儿，换一种视角去倾听幼儿、关爱幼儿，用一双欣赏幼儿的眼睛发现幼儿，倾听幼儿的声音。

4. 让互动适合幼儿的个性化特点

每个孩子都有独特的发展节奏，我们要根据孩子的不同特点，做出适宜的回应。在一次绘本《真是幸运的一天》的教学中，绘本中有狐狸和小猪，它们在动物的世界里是寓意很强的两个形象。狐狸代表精明、狡诈，而小猪代表愚笨、忠厚。故事一开始，糊里糊涂的小猪就犯了致命的错误：他居然认错了门，把狐狸的家误当成了小兔的家。所以狐狸一打开门，就大叫起来：这真是幸运的一天！美味的大餐自动送上门来了！这是一场对比悬殊的斗争，谁都可以轻易地看到结局。但是好书的高明之处在于它的结局往往出人意料。狐狸因为贪婪使幸运变为不幸，而智慧的小猪则将不幸转化为幸运。幸运和不幸之间，其实只有一步之遥。听完这个故事，教师提问："你喜欢绘本里的谁？说说原因。"孩子们七嘴八舌，大部分孩子都认为幸运的小猪太可爱了，很招人喜欢。妮妮站起来说："老师，我觉得狐狸太可怜了，没有食物，它会不会饿死啊。"孩子们对妮妮投去异样的眼光，妮妮像是做错事儿一样慢慢低下了头。机智的教师回应："是哦，狐狸是蛮可怜的，等它睡醒了一定会出去找东西吃。"妮妮听完教师的回应，慢慢抬起头，脸上露出满意的表情，孩子们也进入绘本故事的创编和续编过程中。在这段对话中，我们发现：当个体需要和群体需要产生冲突的时候，教师要懂得尊重和支持幼儿的个性化回答，使幼儿增强自信，并引导大多数幼儿接纳和理解个性化回答，教师巧妙适宜的应答策略是平衡二者的关键。

5. 表示你的尊重

这种尊重体现在教育者的语言和非言语的表现中。每一个幼儿的行为表现，都需要教育者去认真分析其背后的核心需求。有时孩子需要得到关注和理解，有时孩子急于表达自己的想法，有时孩子的兴趣点漂浮不定，有时孩子原有经验有局限性等。对于孩子的各种表现，教师首先要给予肯定，这种肯定可以是一个眼神、动作、表情，也可以是一句言语的肯定；接下来明确对方的需求，确定情境的核心教育价值，此刻教师才会有适宜的应对策略，这种应对一定是有效的，也是有力的师幼互动的体现。

6. 引导幼儿的行为

以积极的方式去引导幼儿的行为，可以是一次等待，给孩子时间和空间去思考和理解；可以是一次询问，了解幼儿的想法和思路；可以是一次参与其中的过程，给予幼儿层层递进的支持；可以是一个有效的支持者，引导幼儿去坚持、合作、克服困难、解决问题。

7. 让信任持续加深

信任是建立积极关系和学习的基础。信任能给孩子带来归属感和安全感。当幼儿信任你时，他才能完全地将自己展现在你面前；当孩子对你有了依赖时，他的心理状态才是安全的。随着师幼之间越来越信任，你们的关系将变得更加牢固，师幼投入活动的程度也就更深。

第三步：拓展幼儿的学习

教师与幼儿建立联系之后，就可以向幼儿示范如何学习，拓展幼儿的思维，丰富他们的知识。如何才能使幼儿的学习更有意义？我们可以尝试以下10种策略。

1. 引导幼儿说出自己的想法

当幼儿在教师面前说出他的想法时，教师可以鼓励幼儿积极主动地与人交流，多用“想、思考、考虑”等词语，邀请幼儿分享自己的想法，给幼儿留出时间思考和回应，并鼓励和支持幼儿的想法，引导幼儿体验分享、互助、合作的快乐，提高幼儿分析问题、解决问题的能力。

2. 对幼儿的好奇做出回应

好奇心激励着幼儿主动学习和探索，也是幼儿内驱力的启动。教师可以通过语言或非语言的方式去调动幼儿的内驱力，如告诉幼儿你看到他在做什么，对幼儿的好奇表示赞赏，鼓励幼儿深入思考和探究等，支持幼儿的好奇心。

3. 采用镜像对话

就是把你听到的或看到的幼儿的言行反馈给幼儿，其实就是告诉他们，他们在做什么，他们说了什么，等等。给幼儿提供反馈，会使他们感到自己受到关注，他们的“工作”也受到重视。采用镜像对话，也能给教师留出更多的时间去观察幼儿的每一个细节和动作。

4. 开展对话

教师通过不断地追问，促使对话持续进行。无论是言语或非言语的互动，都能加深师幼关系，同时能够拓展幼儿的语言表达能力、理解力和思维能力，促进幼儿的认知发展。

5. 鼓励想象性游戏

游戏是幼儿的主要学习方式，教师要主动参与到幼儿的游戏中，成为游戏者，从而更好地进行有力的师幼互动。有目的的想象性游戏与社交能力发展之间存在着联系。例如，当幼儿无法合作游戏时，教师可以参与其中，成为一个游戏者，引导幼儿分工合作，互相帮助；当想象性游戏朝着不合适的方向发展时，教师要适时调整游戏发展的方向。这些想象性游戏拓展了幼儿的抽象思维和象征性思维。

6. 一起解决问题

幼儿天生就是有热情、有毅力、有耐心的问题解决者。教师在与幼儿互动时，要善于观察幼儿的好奇心，激励幼儿去发现问题、描述问题，产生对问题的积极应对态度，并支持幼儿对问题进行分析和评估，找到解决问题的方法，尝试和体验解决问题的过程。

7. 使用丰富的词汇

词汇是语言学习的重要组成部分，师幼互动中，教师要多使用一些幼儿能够理解的词汇（接受性词汇），还有一些交流所用的词汇（表达性词汇）。这些词汇的运用，不仅展示了语言学习的乐趣，同时提升了幼儿的表达能力和思维能力。

8. 与幼儿一起欢笑

教师要把积极的情绪传递给幼儿，让自己的语言更加幽默。当笑声和幽默成为有力的师幼互动的一部分时，师幼双方都会享受教育的过程。

9. 提问

提问能够使幼儿开动脑筋，以新的方式进行思考。当然，提问是需要艺术和技巧的，什么样的问题更有针对性，什么样的问题对孩子来说是一种挑战，什么样的问题可以促进孩子深度学习，这些都需要教育者有目的地选择问题。问题要有针对性、个性化。

10. 把新的与熟悉的相链接

知识的学习就是为了生活中的运用，教师要有意识地链接幼儿的生活，有目的地延伸幼儿的学习经验，把经验拓展到家庭和社区中，利用链接来拓展幼儿的学习。

有力的师幼互动，教师的作用很重要。作为教育者，首先要有正确的儿童观，儿童是天生的艺术家，儿童的潜力是无限的；其次要摒弃传统的固定型思维，向具有发展性的成长型思维迈进，要学会倾听孩子，在倾听的基础上做出有效的回应。让我们多静下心来观察和倾听，让一日生活中的师幼互动变得“有力”，促进师幼的成长与发展。

深圳市龙岗区横岗街道御城豪园幼儿园　杨小萍

杨小萍

感悟

教育不能改变人生，但能够改变一个人的自我认知、人生态度、对自我的洞察和理解、对自我的期望和评判，让人真正学会认识世界的方式；教育不能改变生活环境，但可以让你学会自我管理，学会坚持做一件事，慢慢体会成功的乐趣。自我学习，终身学习，我们终将收获更多选择的机会。因为热爱，我们选择了从事教育工作。从事这份工作就应该有责任和义务，将传播快乐和幸福进行到底！

《小小探索家：幼儿教育中的项目课程教学》

【内容简介】

什么是项目课程？项目课程是否包括幼儿阶段所有的学习内容？它是否适合年龄较小的幼儿或有特殊需要的幼儿？几岁适合项目课程？它具体应该怎么操作？《小小探索家：幼儿教育中的项目课程教学》以娓娓道来的叙述语言，说明了项目课程的基本精神，提供了实施项目课程的具体步骤，并与我们分享了多位教师的宝贵经验，具有很强的实用性和指导性。

【推荐理由】

跟随作者的脚步，你将深入了解如何将教学原则化为脚踏实地的行动，并在实际案例中学会自如地使用各种实用策略。相信本书能够给予对项目课程心动的教师莫大的帮助和鼓励，也能为心存疑惑的教师提供圆满的解答，使其体验项目课程的魅力！

图书：《小小探索家：幼儿教育中的项目课程教学》
拍摄地点：深圳市龙华区教科院幼教集团附属幼儿园

炊烟起，把生活过成诗意

对于孩子来说，自然的面貌是多种多样的。

一头初生的牛犊，一只宠物的出生与死亡，一条年代久远的林中小路，一个荨麻丛边的小窝棚，一块荒地边上的神秘湿地……

自然总是能给孩子一个广阔辽远的世界，这既不同于父母给予的亲情世界，也不像电视那样会“偷走”孩子的目光，相反，它能丰富孩子的精神世界。

反思现今的社会和家庭，我们和我们的孩子或许并不缺少对自然的喜爱。

相反，我们和大多数孩子一样，渴望一片住着萤火虫和小精灵的绿色森林，而那里，也住着我们。

我们的身体虽然被禁锢在城市里，但那颗向往大自然的心仍然炽热。

因为我们也向往去大自然中探索和发现，去释放压力和情绪，在大自然中获得平静、欢愉和力量。

而致力于生活教育的我们，深知这个社会中大部分人的身不由己。

正因如此，我们希望在城市与森林、智能与自然、过去与现在中寻得一片和谐之地。

“没有人规定童年的方式，只要他有自己快乐的记忆，那就是童年。”因为这句话，教科院幼教集团附属幼儿园开启了我们和孩子们长达一学期的主题活动——我向往的生活。孩子们在感性经验的基础上，提出了关于“向往的生活”、自己喜欢的、感兴趣的事。

属于我们自己的课程慢慢开始了……

深圳市龙华区教科院幼教集团附属幼儿园

我想去露营
我想要到外面搭帐篷、做饭
我想去外面烧烤
吃我们自己种的菜
我想和妈妈去野炊
我想去海边　去外面烤玉米
在九方玩一会儿
我向往的生活是去钓鱼
我想每天和爸爸妈妈一起
我想去乡下抓泥鳅

甘露
2019年5月28日

对项目课程的思考

——读《小小探索家：幼儿教育中的项目课程教学》有感

“以儿童为本”是近年来我国基础教育领域逐渐确立的基本理念，在此背景下，项目课程教学也受到幼师们的关注，他们开始在教学实践中探索项目课程教学方法，让幼儿成为课程的主人，在课程中自主解决问题，把课程的控制权交给幼儿。我在阅读《小小探索家：幼儿教育中的项目课程教学》后对项目课程有了更进一步的感知。本书对项目课程的教学方法进行了全面、深入的阐释。

本书共有八章，可分为五个部分。第一部分是本书的第一章，作者除了对项目课程的相关概念进行介绍和阐释外，也从多个角度对项目课程与幼儿的关系进行了说明，同时介绍了实施项目课程对幼儿的裨益以及实施项目课程的价值和意义。第二部分是本书的“重头戏”，从第二章“开始”到第五章“结束项目课程”，作者用了四章的内容详细阐述了一个完整的项目课程应该包含的内容和阶段。作者运用许多实例，包括幼儿的作品、图标等，循序渐进地说明了项目课程每个阶段的过程。令我印象深刻的是作者介绍的项目课程的探究阶段，这也是整个项目课程开展的关键所在。在此阶段，教师的任务尤为繁重，不仅要作为一个细致的观察者，更要作为一个合作者和引导者，让自身自然又合理地融入项目课程，并将课程知识应用到实践中，让孩子们在探究、合作、讨论的过程中学有所得，印象深刻。第三部分是本书的第六章，本章讨论了几项在实施项目课程时教师特别关心的议题。例如，如何引导家长参与到项目课程中来，如何在采用项目课程教学方式的同时完成课程设置的目标或学业上制定的标准。除此之外，还有如何运用科学技术，面对特殊群体的孩子们，项目课程又将如何运用以及行政主管如何支持项目课程的进行等。第四部分是本书的第七章，这一章完整展示了一个3～4岁班级进行的“消防车”项目课程，即完整呈现斯科兰登老师是如何发掘幼儿的兴趣所在并将其丰富成一个项目课程的。作者在描绘教师对幼儿的看法的同时，展现了幼儿的学习成果，为我们详细呈现了教师和幼儿一起学习的美妙场面。第五部分就是本书的最后一章。作者详尽地列举了项目课程计划的日志，这些日志是项目课程的实例，也是教师进行项目课程教学的参考资料。日志让每一个阶段的主要任务都有具体的呈现，其中有需要思考的问题，也给既定的项目课程留有一定的思考空间。

作为一名从教17年的幼儿教育工作者，我从研究孩子到研究课程再到研究孩子，循环往复。在工作中，在和孩子、教师的交流过程中，我不断思考幼师身份的特殊性——终身学习。向谁学习？向幼儿学习，给予他们发展以及持续发展的动力，激发他们的探索能力、好奇心……正如书中所述，2～4岁的幼儿，具有与其他阶段的儿童不同的特征，包括能从事具象的活动，在单纯熟悉的情境中可以进行角色扮演，分辨有无生命征象的东西，对物品和事件进行分类，等等。2～4岁的幼儿已经呈现出复杂的与外界相联结的知识，但2～4岁也只有短短几年的时间，所以此阶段呈现的内在的契机与外在接受教育时间的限制构成了一对现实存在的矛盾，而这个矛盾，并不能单一依靠只是保证孩子安全度过此段时间的教学方式。此时，项目课程便应运而生了。教师通过关注幼儿的兴趣并实时追踪，确定相关知识领域和主题并开展相关主题的项目课程，让孩子在探索式的项目课程中发展自己的兴趣爱好，提高自己本阶段该发展的认知感受能力，从而解决上述传统教学无法完全解决的问题，使这些“小小探索家”的成长进程得到大大推进。

项目课程除了符合幼儿阶段的成长特点外，与传统的由教师主导的计划课程相比还有很多不同，如课程主题、课程目标、课程时间、课程形式等。传统教学课程是由教师主导的计划课程，课程主题、目标主要由课程纲要来决定，课程时间也是根据课程内容事先计划好，课程形式多为大班授课、课堂授课，实地参访较少。而项目课程，其课程主题和目标是与幼儿共同协商的结果，以幼儿的兴趣为选择的主要依据；课程时间视项目课程发展的情况而定，通常延续数周；课程形式则包括实地参访，并且实地参访是项目课程里相当重要的一部分，同一个项目课程中可能有多次实地参访，通常在课程的早期阶段。通过对比可以看出，项目课程重视幼儿的参与，积极调动幼儿的主观能动性，强调在师幼双方的共同参与下完成课程。在这样的理念下，幼儿的学习效率是传统课堂教学无法比拟的。

然而，尽管在现今强调项目课程的当下，教师主导的计划课程在整个幼儿教育过程中所起的作用还是主要的，甚至是任何一种形式的课程无法代替的。因为由幼儿参与的项目课程以幼儿的兴趣确定课程内容和课程目标，并不能完全覆盖幼儿在他们这个阶段本身应该掌握的内容的全部。但是我们依然确信3～6岁幼儿阶段教育的真正目的是激发幼儿的学习兴趣与深入思考，培养幼儿解决问题的能力，尊重幼儿的个体差异，让幼儿直接感知、实际操作、亲身体验，在探索中成长。

对项目课程认识的最后一点，源于我最近听到的一个新的观点。这个观点是：现在的世界已经不是按照领域来划分的，而是围绕挑战来组织的。当听到这个观点的时候，我表示强烈认同。生活不会给我们划定规矩的单一学科或某一领域，反倒是不按套路出牌，跨学科、跨领域的思维方式，最终解决了实际问题。举几个生活中的例子，譬如给孩子找个好幼儿园，给家里房子装修，做一场培训等等，我想这些都是当今社会给我们提出的新的挑战。所以，当今世界对人才的要求，从来都是以挑战的游戏规则来组织和运行。反映到孩子身上，项目课程便是为他们提早融入社会而设立的课程。

总之，正如作者所说，进行项目课程教学是一段有趣却相当具有挑战性的旅程，我们当朝着读懂幼儿这一目标不断努力前行。

深圳市光明区科裕幼儿园　戴文婷

戴文婷

感悟

进行项目课程教学是一段有趣却相当具有挑战性的旅程，我们当朝着读懂幼儿这一目标不断努力前行。

我们和孩子一起探索

——读《小小探索家：幼儿教育中的项目课程教学》有感

歌德曾说过："看一本好书，如同跟一位高尚的人交谈。"在甘露园长推荐的书单里，我选择了《小小探索家：幼儿教育中的项目课程教学》，下面我将与大家分享阅读与实践项目课程教学的感受。

一、关于书籍作者

本书由裘迪·哈里斯·赫尔姆、丽莲·凯兹共同编著，由林育玮、洪尧群、陈淑娟、彭欣怡共同翻译，由南京师范大学出版社出版，主要围绕项目课程教学展开，介绍了什么是项目课程，提供了项目课程的实施步骤，分享了多位教师的实施案例和宝贵的经验。这是一本实操性和指导性非常强的书，对于刚刚接触项目课程的教师来说有很大的帮助。

二、关于书籍内容

本书共有八章。

第一章：说明了项目课程教学的概念，通过表格方式对教师主导课程与项目课程的异同进行了比较，阐述了项目课程的概念和主导思想。

第二章到第四章：运用实例和幼儿的表征作品，逐步说明项目课程各个阶段的过程。项目课程包括四部分：开始、发展、探究和结束。

第五章：介绍如何评估项目课程的实施情况，并指出了项目课程可延伸拓展的方向。

第六章："引导幼儿进行项目课程的相关议题"，介绍了项目课程需要达到的要求与标准。在这一章里，作者还列举了教师在实际工作中不可完全回避的一些常见问题，包括如何组织引导家长参与项目课程，当下科学技术的运用以及如何将项目课程运用于有特殊需要的幼儿等。

第七章：阐述了“消防车”课程，呈现了一个非常完整的项目实录。分享了伊利诺伊州尤里卡镇中的帕姆·斯克兰登老师是如何带着孩子们进行“消防车”项目的学习的。教师对这一系列的活动都进行了文件档案的收集，也记录了对幼儿发展的反思。

第八章：书中详细的模板特别适合刚刚尝试开展项目课程教学的新手教师，便于教师记录项目推进进程，可以帮助教师梳理思路。

三、关于我们与项目课程的故事

普希金曾说过：“读书和学习是在别人思想和知识的帮助下，建立起自己的思想和知识。”本书一直在强调：“孩子是与生俱来的探索家。”每个孩子一出生就对世界充满好奇心。孩子喜欢玩，喜欢尝试，喜欢摸索，都是天生的探索家！而我们一定要保护孩子的好奇心与探索精神，要理解孩子，要为孩子发挥这种潜能提供适当的环境及丰富的素材。

爱自然、懂艺术的孩子更会生活！在项目课程教学中我们幼儿园结合自身特点利用“三个阶段”和“五个步骤”进行项目教学。在中班我与孩子们一起开展过“蜗牛”项目教学活动，这个活动是由孩子们在种植蔬菜时的偶然发现生成的。我们以幼儿的兴趣为出发点，引导幼儿观察、探索并为幼儿寻找各种资源支持，让幼儿在环境中学习，在体验中成长与收获。

四、项目课程教学带来的启发

项目课程教学最主要的是主题的选择，主题的选择需通过教师和孩子们的讨论来确定，教师一定要有判断能力，选择有价值的主题并带领孩子们深入探究。另外，无论一个主题在开始时多有意思，过了一段时间，孩子的兴趣都可能会消退。教师需要全程观察孩子的参与情况，决定什么时候终止项目，或引入新内容重新激发幼儿兴趣。书中也告诉了我们选择主题的一般性原则和实际考虑因素，对启动项目课程有很大帮助。

我们要儿童去观察自然也好，跟自然共生也好，其最高级的理念是生态系统中互相依赖的概念。例如，我们种蔬菜时会有害虫这一概念，但是对于大自然来说没有害虫和益虫这个概念，只是我们人类站在某个角度去判断，才有害虫和益虫。我们通过项目课程教学活动让孩子去探索生态链的奥秘，寻找其中的学习价值。

开展项目课程教学我们一定要做到幼儿在前，教师在后，利用环境引起儿童的学习兴趣，尊重幼儿、观察幼儿、读懂幼儿。教师通过创设充满自然气息的环境，提供多样的自然资源，多层次的空间资源来增强幼儿游戏、学习的体验感；幼儿通过亲身体验，动手操作，进行自主探究，深度学习，从而获得自我的知识建构。书中说："进行项目课程是一段有趣却相当具有挑战性的旅程。"幼儿、教师和家长都会在旅程中有所收获，我将继续与大家在探索的旅程中并肩前行！

深圳市第九幼儿园　文 佳

文佳

感悟

追求永无止境，奋斗永无穷期，我将继续在我热爱的事业上脚踏实地，仰望星空。秉承"以幼儿为核心"的教育理念，不忘初心、牢记使命，在幼教的道路上静静漫步，品味工作中的美好！

《孩子，你慢慢长大（幼儿篇）》

【内容简介】

《孩子，你慢慢长大（幼儿篇）》主要记录了作者开办华德福幼儿园的历程、幼儿在园生活作息的小故事。作者借着从事幼儿教育多年看到的一些现象、形成的一些感想和思考，从一个个教育实例出发，带领我们去感受“慢学”，感受自然的教育方式，激发家长和教师的教育灵感。随着作者的脚步，我们可以了解该如何认知孩子、陪伴孩子、理解孩子，给予0～7岁的孩子适合的教育。

【推荐理由】

“我惊叹于这样一个事实：树在开始的时候长得越慢，它的核心就长得越强壮！我想同样的情况也适用于人类。我们不希望孩子过早成熟，在幼儿期就快速发芽生长，就像迅速长成的木材，质地松软、易坏。我们宁愿孩子开始的时候长得慢慢地，好像在艰难地挣扎着，这样才会长得结实和完美。这样的树，即使到了老年，仍然会以和年轻时同样的速度伸展。”

图书：《孩子，你慢慢长大》（幼儿篇）
拍摄地点：深圳市龙华区教科院幼教集团附属幼儿园

愿做那束光

不管年龄几何，我们每个人的自我认知都会受限于视角。我们的内心像是一个漆黑的房间，我们拿着手电筒一点一点地探索。对于一个在生活中充满主动性的人而言，他人生中的每一段经历和每一种角色都可以是这支手电筒。

昨天带着孩子去看《哪吒之魔童降世》，他让我一起看的理由是票房极高。我对国产电影不太抱期望，尤其是国产动画。

电影一开始是一些无厘头的对话，但儿子被这些对话逗得乐不可支。哪吒出来了，他有黑眼圈，丧、萌，是我们遇到的那种内心抗拒这个世界的孩子，完全不是我们常常看到的那种阳光开朗的好少年形象。

再往下，随着灵珠与魔丸（善与恶）的投胎，哪吒的一生仿佛已经被定义。我忽然想起一种心理学现象——皮格马利翁效应。这种效应通常被我们教育者反复利用。于是，我开始觉得这部电影有点意思了。

电影的剧情不复杂，但对人性的探索却很深刻。当哪吒拼尽全力大声吼出“我命由我定”时，我的泪泉涌一般。我看看身边的儿子，他悄悄用手抹了抹脸。

成年人的自我认知能让自己不断地和自己对话，所以，40岁之后的我越来越清晰地知道自己是谁。

心理学家丹尼尔·莱文森认为，成年期的发展涵盖了稳定和转折的交替。在转折时，个体会重新调整自己的价值观、信念和优势，这就是我们的成熟，能应对生活里社会角色和职业角色的变化。

但我们的孩子还没有这样的能力。他们用自己的视角去观察这个世界，同时接受许多成人对这个世界的定义和看法，在这个过程中，他们也迷茫，也懵懂，最后在各种东奔西闯、东西突围中才逐渐看清楚这个世界，看清楚自己。

电影中的大仙、李靖夫妇，都是“手电筒”。他们相信善良的力量、亲情的力量，相信哪吒内在的潜能，认为哪怕只有三年，哪吒也应该有快乐的人生。他们照亮了哪吒内心的每个角落，让他有了“我命由我定”的超级自信。

好的教育就应该是这束光。它不是分数，不是选拔，不是高强度的竞争，而是提供好的环境，让每个孩子发现自己、探索自己、成为自己，静待他们慢慢长大。

中年时，期望我们每个人都能说：归来时，内心仍是少年。

甘 露

2020年8月5日

坚守初心，不急不缓，静待花开

——读《孩子，你慢慢长大（幼儿篇）》有感

《孩子，你慢慢长大（幼儿篇）》是一本关于华德福教育实践与思考的书，“朴实、接地气”是我在品读这本书时最深刻的感受。每一篇短小的文章，娓娓道来的都是园长的用心，字里行间透露着华德福的教育理念：接触大自然，保护孩子的天性。本书借助实例阐述如何教育孩子、陪伴孩子、理解孩子。华德福教育不仅是开办幼儿园，还是和平、友爱、希望的象征。它认为每个孩子都是独立的个体，让每个独一无二的孩子按照自己的生长节奏，踩着成长的步伐，享受快乐的童年。华德福教育，不是关于知识和智力的教育，而是关于生活方式和人生态度的教育。看完这本书，我好想套用海子的一句诗：“从明天起，做一个幸福的人，喂马、劈柴，周游世界。从明天起，关心粮食和蔬菜，我有一所房子，面朝大海，春暖花开。”

读《孩子，你慢慢成长（幼儿篇）》这本书的时候，我正处于幼儿教师理念和“当妈妈”实践不断论证和怀疑的阶段。在幼儿园，我是一群可爱的孩子们的“妈妈”，在家里，我有一个三岁的大宝和七个月的小宝。我之前十多年的幼教经历，让我在幼儿教育上显得经验丰富，然而当了妈妈之后，我发现现实真的很骨感，同样的事情发生在自己的孩子身上，跟发生在幼儿园的孩子们身上，效果完全不一样。

大宝三岁零一个月，自从有了小宝以后，他会下意识地和弟弟争宠。在我抱着小宝喂奶的时候、给小宝唱歌哄睡的时候，大宝会突然跑过来大叫一声，或猛地打一下弟弟，弟弟会被吓一跳或惊醒，有产后焦虑的我有时会情绪失控地惩罚大宝。如果同样的行为继续发生，我就不让他玩想玩的玩具或游戏，这

时候，他不是大哭就是觉得激起了我的愤怒非常好玩而开怀大笑，过了一会儿又重复做同样的事情。这让我无计可施，心疼而又无奈。

现在读了吴蓓老师的书，回想起来，如果同样的事情发生在两个学生之间，站在教师的立场，我不能惩罚他们，基于以前的经验和理论，我可能会利用奖励与鼓励的方法约束他们的行为。如果行为继续发生，我会暂停游戏；如果行为得到控制，则通过奖励图表或小红花的方式奖励他们的行为。通常这些外在的动力，可以有效地帮助学生慢慢减少和纠正不当行为。但是，当情况发生在自己的两个孩子身上时，这些方式的效果就要大打折扣，我也曾尝试从内在的本质理解这些行为和诱因，但是缺乏正确的、行之有效的理论和方法，使我心有余而力不足。我一直期望在后续的学习和不断的实践中找到问题的答案，机缘巧合下，工作室甘园长给我介绍了《孩子，你慢慢成长（幼儿篇）》这本书。

书中，吴蓓老师关于华德福教育有几个假设：

孩子热爱世上的一切。

孩子是善良的。

孩子通常意识不到他们的行为怎样影响别人。

孩子几乎不能够描述他们的感受。

孩子模仿周围成人的心情和愿景。

我套用上述假设，并寻找大宝行为的深层原因：

大宝爱弟弟。

大宝是善良的。

大宝意识不到打弟弟等行为是不正确地表达爱弟弟的情感的方式。

大宝被妈妈忽视，他受到的爱和关注变少了，他不知道怎么表达。

妈妈产后忧郁焦虑，疼爱小宝的心情会造成和加剧大宝同样事情的发生。

我从这些假设出发，去理解和感受大宝的情感和行为，去寻找这些行为的深层次原因，我渐渐能够理解：大宝可能意识不到他的行为会伤害弟弟，不能向我描述他爱弟弟和被我惩罚的感受。而我需要做的是从他这个年龄的特点去帮他分析并理解他的感受，尝试寻找能与他交流的方式，走进他的内心，与他最高级别的自我相遇，也就是吴蓓老师说的“高级自我”。

吴蓓老师提到的高级自我隐含着愿望、计划、希望和恐惧。它通过人的身体表现出来，而人的身体在不同年龄、不同内部和外部环境下是有局限性的，它不会因为受到惩罚或奖励而改变，我们能做的就是耐心、有勇气、心平气和地和孩子一起，帮助孩子发现自我。有了理论的支撑，我有了十足的信心并迫不及待地尝试。通过不断观察，我读懂了大宝的“无理取闹”。

当大宝一个人玩玩具玩腻了，跑过来的时候，我知道他想寻求妈妈的爱和关注，我会提前对大宝说：“米多，你想妈妈了吗？”

“嗯，妈妈可以陪我玩一会儿吗？”

“好的，那我们一起把弟弟给奶奶抱，然后妈妈和你一起玩好吗？”

“好！”大宝高兴起来，这样可以帮助他理解自己的需要：爱和陪伴。

大宝看到我和弟弟玩得很高兴，跑过来。我观察到大宝要大叫或者手掌挥过来的时候，我会说：“哥哥，你想和我们一起玩吗？”大宝回答：“嗯，我要抱抱弟弟。”这样他就不会利用大叫来引起我们的注意。“那你和弟弟玩好朋友碰一碰的游戏吧”。这样大宝就知道和弟弟的互动可以通过轻轻地碰碰手，而不会“打”弟弟了。

当我因为小宝哭闹无法兼顾大宝时，我会让大宝一起哄弟弟，让他知道怎么照顾弟弟。我在事后会有意识地多陪伴大宝，跟他好好解释妈妈的心情，让他感受到妈妈对他的爱不会因为弟弟而改变。

在这些陪伴中，我因为知道大宝“有理而闹”，也就“无气而生”。以上只是其中一种应对方法，每一次产生的问题要和家里的情况联系起来，不能一概而论。当然有时候还是会“鸡飞狗跳”，但我可以保持平和的心态，并不时关注大宝的情绪。我慢慢地越来越能帮助大宝理解自己，正确地表达自己的情绪。大宝大喊大叫的情况慢慢减少了，打弟弟变成了抱抱或击掌，这让我知道我可以和大宝的精神世界连接起来，也让我倍感轻松，无比欣慰。

吴蓓老师在文中提道：华德福老师培训的大部分内容集中在了解自己。是啊，我们行为的初衷是什么？我们教育的目的是什么？我们的精神世界是怎么样的？我们生命的深远意义是什么？了解自己，我们才能更好地了解孩子。我们要尽量定期安排时间去回顾与思考孩子行为背后的原因，把我们自己和他们精神世界的最高意愿联系起来，通过过家家、清洁、做饭、劳动、整理、模仿成人做家务等活动让他们了解未来的生活技能，通过画画、看书、讲故事等活动让他们为将来的学习做好准备，通过积木搭建、玩具拼装、画画培养他们对周遭事物的理解，等等。这些无一不是为了让孩子了解自己，学会照顾自己，对一切充满兴趣和爱。

吴蓓老师在书中写道：“爱是创造，是无私，爱使我们进入从未流向我们的时间洪流。”孩子的未来有无限可能。教的含义是帮助孩子去理解自己，并照顾自己，培养他们对世上一切事物的自然的爱。这是作者选择做一名华德福教师的原因，我想这也是我选择做一名幼儿教师的初衷。现在，我想做一个帮助孩子理解自己、爱自己，具有对世上一切事物的自然的爱的妈妈。

吴蓓老师在书中按时间勾画出华德福教育理念实现的轨迹，将其组成一幅幅清晰、静谧、流畅、连贯的画面，描绘出一种祥和、安全、信任的学习和生活氛围，给人以强烈的代入感和认同感，展示了华德福教育按照孩子的意识发展规律，让孩子的身、心、灵和谐、健康发展的教育理念。此书让我受益良多，同时让我更加坚定自己的教育初心，不断审视自己有哪些需要改进的地方，不断地完善自己，努力提高各方面素质，深层次地成长，守初心，不急不缓，静待花开。

深圳市龙华区第三外国语学校附属华盛观荟幼儿园　曾银玲

曾银玲

感悟

我钟爱自己的幼教事业，热爱每一个孩子，因为有了这种爱，我便拥有了世界上最可爱的礼物——孩子们纯真的心灵。读书让我觉得自己似乎长了另一双眼睛，能够变换视角，“另眼”看教育。

成长的力量

——读《孩子，你慢慢长大（幼儿篇）》有感

人生的体验比获得成就更重要，成人如此孩子亦如此。和孩子度过的有意义、有挑战的每一段记忆，即使经过时间的洗礼也会保留在教育者的心里。从文中我看到了作者的坚持、热情、感恩，看到她在教育历程中，对教育的纯粹感情。书中出现最多的词语是“老师”“孩子”，她认为的教育不是因为别人在这样做，所以她也这样做，而是解读当下教育的需求、孩子的需求、教师的需求。她的相信与坚持、坚守与调整，诠释了文中提到的“很多时候做任何一件事情仅仅有理想，有热情还远远不够，它得有一定的方法”。

一、不同的角度看世界

很多幼教书籍都会谈及自由，这让我想起2011年初次到龙岗中专附属实验幼儿园工作的经历。准确地说，当时是我真正开始接触以儿童为本的学前教育，此前的幼教经验多以教师为主、以集体教学为主。当时幼儿园从上至下传达的理念是自由、基于儿童。理念的转变使有着固有思维的我相当混乱，出现了如何沟通、如何相处、该不该说、该不该管的模糊地带，以至于我很长时间处于困惑、迷茫、难过之中。慢慢地，我找到了平衡点。教育没有绝对，教师要从不同角度看问题，找到适合自己的方式。书中提道：“自由是在一定界限范围内的自由，不是无法无天胡作非为的自由，它应该是尊重与爱的自由，是对孩子深入理解后给予的自由，这种自由才能滋养孩子的身体和心灵，如果缺少了成人的温柔保护和制约，孩子的成长会失去方向。”这句话让我瞬间释怀，明白了此自由非彼自由。

前段时间胡华园长的一个讲座让朋友圈火了三句话：好好吃饭，好好说话，好好生活。为什么这么简单的三句话就让人有如此大的心情波动，思想交错，或者说是向往？我的理解很简单，第一句话是对自己，好好地照顾自己，好好地爱自己；第二句话是对他人，尊重他人，学会换位思考；第三句话是对世界，只有对这个世界充满热爱才能活得精彩，活得有意义。对于幼儿教育来说，我们一直倡导从孩子的角度出发。2015年，由于工作的变动，我来到区机关幼儿园工作，起初我相当抗拒，连续几天情绪不佳。但随着环境的变化，我适应了新的感觉、新的环境、新的搭档、新的孩子，没有了顾虑，我重新思考了自己的定位，静下来做一名纯粹的教师，无关人情世故，慢慢有了和孩子的故事。

一天晨谈，突然下起了大雨，孩子们看着屋外的倾盆大雨闷闷不乐，嘴里不断地念叨："今天不能出户外了，我都想好玩什么了！"我看这种情况，知道正常晨谈肯定是走过场，于是话题一转问："说说你们下雨前的户外计划吧，现在下雨了户外可以怎么玩？"孩子们兴高采烈地说着，最后大家总结出三个可行方案：第一，把室内区域时间和户外时间对调，先在室内区域活动，如果一个小时后雨停了就按照原先的计划进行；第二，去大厅，分组玩，但下雨地滑要注意安全；第三，到音乐厅，那里地方大，玩拼字游戏，但去前需要沟通场地是不是有人要用。有了计划，孩子们按计划先在室内区域活动，过程既兴奋，又期待。一个小时后雨没有停，孩子们实施第二个方案，来到一楼大厅。看到地面湿漉漉的我有点担心安全。可孩子们做的计划不能因为我担心的还没有发生的事情终止吧！只能自己看着点了。环境并不完美，也没有太多成品玩具，他们的游戏却让我想起了小时候。他们找了两根圆柱子、楼梯、两张椅子，中间铺着一块防滑垫。圆柱子用来玩老狼老狼几点钟和木头人，楼梯用来玩剪刀石头布，防滑垫上玩积木垒高，两张椅子用来看书，孩子们三五成群的画面太美好。有了这次经验，接下来的很多事情我也让他们参与进来，包括区域柜移动、大型活动策划等，每次都能看到孩子群中不断冒头的"黑马"。很多时候我们班的"自由"来源于我们对彼此的信任，孩子了解老师的底线，老师清楚孩子的能力；信任与放手是相辅相成的，站在孩子的角度思考，把他们看成集体的一分子，也许会有惊喜。

我前两天在抖音看到一个视频特别有趣：一只小螃蟹在沙滩上走动，眼看海浪扑面而来，它十分恐惧与慌乱，拨开沙子钻进沙堆。海水覆盖，它慢慢睁开眼睛，从海里看向天空，阳光照射着海水，清澈透明，美丽非凡。其实换一个角度、换一份心情、换一群人，也许我们的视角也会不同。

二、教育者的初心

教育是一个良心行业，它可以很好，也可以让你幻想破灭。前天有个做后勤工作的教师去面试一线岗位，在她看来，一线的带班教师每天和孩子一起玩，剪剪贴贴很开心。很多人都劝她："你没有一线工作经验，很难适应的。"她的回答是："我只是去做个配班。"她第一天上班时，下班后的她直奔我们幼儿园，一进幼儿园就开始哭，"那里太差了，孩子太可怜了""小得连放杯子的地方都没有""三个班的孩子只有一个公共场所"。她毕业后任职的两所幼儿园起点高，以至于在她的印象中，所有的幼儿园都应该如此。养花的工匠不同，不是所有的花都能很好地绽放。从事幼教越久，我越能发现幼教从不缺乏德智体美全方位发展的教师与领头人，大隐隐于市，只是每个人的志向不同。俗话说，做一行，爱一行，说的是行业的身份认同感，只有认同自己的职业、认同自己的专业，才会有成就感、安全感与归属感。到管理岗位后，我能更加清晰地看到一线教师的动态、情绪、态度。有蒙混过关的教师、有投机取巧的教师、有怀才不遇的教师、有怨气十足的教师，当然更多的是认真负责，专业、沟通能力强，经验丰富的教师。只要做了管理层，与教师的关系就应该是亦师亦友的，在专业的路上并肩前行，在生活上给予帮助。2017年完成从教师到教研员的跳跃的我是不能理解这些的。后来和园长聊起来时，我说："刚到管理岗位时，我听不懂你们说什么，也看不懂为什么要这样做，我的思维、眼界只在教师身上，连孩子都看不到，以至于害怕每一次管理层会议，害怕跟教师正面的交流与接触。"这种情况持续了一年时间，我硬是扛了过来。现在的我开始有了管理意识，知道一个管理者的高度决定一群人的高度，管理者需要思考的是团队的架构与发展方向，无论教师团队中教师的状态如何、专业如何，团队里的每一个人都需要被挖掘。每个孩子都是一朵花，只是花期不同，即使不同于成人的期待和价值标准；教师团队也一样，每个人都希望被认可，希望得到成长，只有多听、多看，不再固执地坚持自己的标准，教师团队才会发展和变化。教育不是一蹴而就的，而是一个潜移默化的过程，所以在每次活动中我们都要意识到每位教师都有他的能力，作为管理者，我们需要去观察、去理解每个教职工的特点。支持教师，也就是支持孩子。

每个人的经历不同，看待事物的角度也有所不同，但对教育的初心都是一样的。吴老师坚信华德福教育是和平、有爱、充满希望的，而我们坚持站在孩子的角度，寻找适合他们的教育方式。我们都希望在孩子特定的时间段内，能为其指引正确的方向。成长是一件看似轻松，但其实特别不容易的事情，它需要积累和学习，需要精力和自身的领悟。我下一步的目标，是在现任岗位上，努力做到轻松解决每一个问题，做到遇事不慌乱，能从不同的角度进行考虑。做好、做稳、做精是对岗位的敬畏。做一个纯粹的人，不是无所谓，而是要有所畏惧。

深圳市龙岗区坂田街道中心幼儿园　林舒虹

林舒虹

感悟

每个孩子都是一朵花，只是花期不同，即使不同于成人的期待和价值标准；每个孩子有他自己的成长，只有成人认可每个孩子的本真状态，不再固执地坚持自己的标准，孩子才会产生发展和变化。教育不是一蹴而就的，而是一个潜移默化的过程。

《向儿童学习：幼儿园教学反思》

【内容简介】

维拉瑞尔所著的《向儿童学习：幼儿园教学反思》共分为十五章，每一章以教学故事引入，继而呈现作者在教学故事中对儿童所做的回应，以及之后对课堂的反思。本书认为生成课程适用于任何年龄段的儿童，它要求幼儿教师在课堂中有创造性、灵活性地应对课堂挑战和儿童的兴趣。

【推荐理由】

生成课程是一个不断循环的过程，需要教师用心观察和倾听儿童，支持儿童的想法、疑问和思考的方式，做出适宜的回应。教师要反思课堂教学并与他人共同讨论。我期待读者在看到这样的教学故事以及作者的回应后能有所收获。本书兼具理论性和实用性，能够为一线教师提供有价值的参考。

图书：《向儿童学习：幼儿园教学反思》
拍摄地点：深圳市龙华区教科院幼教集团附属幼儿园

向孩子学习

——记毕业典礼后的思考

每年的毕业典礼我们都会倾听孩子的想法，提前做好方案，做好各种设想和计划。每一场精彩绽放的大型活动背后，都会有我们许多的思考。这些思考有关我们对孩子的尊重，我们对教育的理解，以及我们在这个过程中团队的协调与合作……

在本学期的毕业典礼中，深圳市龙华区教科院幼教集团附属幼儿园的教师们，给予了孩子满满的仪式感和温情。在这场毕业典礼背后，也有着许多思考，作为教育工作者，我们更应该向我们的孩子学习。

龙华区教科院幼教集团附属幼儿园毕业典礼现场

如果我们把毕业典礼当成孩子在幼儿园的最后一场活动，用倒推的思维来看我们的课程与毕业典礼之间的关系，就会发现一张清晰的课程网络图。

在课程中，结构是一个非常重要的词汇，某种意义上，课程的张力来自结构的力量。孩子在幼儿园的三年里，我们从时间结构——一日生活，空间结构——学习环境，内容结构——主题、大型活动，人际互动结构——家长工作四个维度对课程进行了深入的研究。

毕业典礼是课程结构呈现的一种状态。有了结构的概念，再来设计一场毕业典礼活动，教师们心里就会有底，就不会出现活动跟课程之间没有关系的现象。

毕业典礼是有时间纵深感的活动，它记录着孩子在幼儿园的第一秒到最后一秒。所以，在活动中需要确定一些关键词，如记忆、生长、温暖等。

毕业典礼是代入感很强的活动。它把教师、孩子、家长深深嵌在一起，所以在活动的设计中，我们必须考虑三者的立场。

毕业典礼是仪式感很强的活动。它是孩子的高光时刻，记录了他们人生第一次毕业的瞬间。每一个孩子都是这场毕业典礼的主角，我们要给予他们足够的关注。

在这样的课程观、教育观和儿童观之下，我们设计了2020年的毕业典礼。

记得毕业典礼结束的那天晚上，人群散去，我站在幼儿园的操场上，抬头看着满天的繁星，心暖暖的、软软的。我相信，每个人，都会在这场典礼中得到成长。

甘　露

2020年7月15日

身边的教育细节

——读《向儿童学习：幼儿园教学反思》有感

幼儿园教育是基础教育的重要组成部分，是我国学校教育和终身教育的奠基阶段。幼儿园教育有其教育目标和教育任务，但需要符合儿童身心发展的特点。因此，幼儿园课程既要考虑社会的要求，也要考虑幼儿的兴趣和需要；既要促进幼儿的长远发展，也要满足幼儿即时的兴趣和需要。

长期以来，预设课程在我国幼儿教育中占据着主导地位，幼儿在预设的方案或计划的框架中学习教师准备的相对固定的内容，教育目标较易落实，能够保证幼儿的基本发展。教师的关注点在预先制定的教育目标上，强调预设目标的准确性和确定性，在课程实施过程中，容易拘泥于预定的目标，对幼儿进行指导和控制，出现“走教案”的情况。教学中很容易出现课程与幼儿的学习需求不一致的现象，使得幼儿的主体性难以得到充分发挥。

随着学前教育改革的不断深入，在幼儿园教学中，教师越来越注意承认学前儿童的主体地位，承认教师是学前教育的组织者、支持者、引导者和合作者。因此，生成课程更符合幼儿园教育实际和目标要求，逐渐成为幼儿园课程新的存在方式。

生成课程是教师在课程实施中，通过对幼儿的观察，发现和跟随他们的需要和兴趣，充分利用教学资源，随时调整活动目标和进程，支持、引导幼儿的活动。生成课程充分发挥幼儿的自主性，调动和激发每个幼儿的潜力，使课程不断发生和发展，促进幼儿进行动态的有效学习和多元化发展。

实施生成课程需要教师具有专业的知识、技能和教育的机智、智慧，能够捕捉到有价值的事件，如幼儿的问题、行为、反应等。但不可流于形式，为生成而生成。

《幼儿园教育指导纲要（试行）》指出："善于发现幼儿感兴趣的事物、游戏和偶发事件中所隐含的教育价值，把握时机，积极引导。"《3—6岁儿童学习与发展指南》要求帮助幼儿逐步养成积极主动、认真专注、不怕困难、勇于探究和尝试、乐于想象和创造等良好学习品质。

通过对《向儿童学习：幼儿园教学反思》的阅读，我学到了如何处理幼儿生成的活动与教师预设的活动之间的关系，理解了生成课程的实施是一个动态的、变化的而又很难原封不动复制的过程。

"他们是谁""他们在做什么"，关于这样的问题每个人都可以给出一个全新的观察视角，每个人都有独特之处，每个人都能启发我们。阅读一个个故事，当我们想知道"我在哪里"时不妨以身代入，从孩子们的真实经历中寻找答案。

《伊娃的歌》

午休的伊娃需要唱歌，唱歌会让我们感到更加放松和快乐。伊娃的嗓音以一种平静的方式唤醒了我的灵魂。我相信，总有一天，她的声音也会打动学校以外的世界。

斯宾塞·约翰逊说：关注现在意味着不理会纷扰，全神贯注于眼前真正重要的事情，你用你今天的注意力来创造自己的礼物。

当我满足她的需求时，她会感到很舒服，并且能够入睡了。给予孩子一些特殊的、温暖的关怀和关注——实际行动上的，可以磨炼我们的耐心，让我们和孩子成为彼此最信任的人！

对孩子的个人需求、偏好了解得越清楚，我们越有可能成为一名高效的教育工作者。所有的关系和社会经历都会对孩子的成长产生影响。爱的能量能让人精神振奋，促进奇迹的诞生。

《我，有偏见？绝不！》

达林长时间地、一动不动地观察毛毛虫，要等很久他才会有行动。但他能观察到至少有20片树叶被毛毛虫占领了，并且指着其中一片叶子上的毛毛虫说："这只刚出来，它是最后一只。"我的烦恼因为发现他能看到最细微的细节和开心的事这一特殊天赋而减少。

世界上没有两片完全相同的叶子，孩子也是一样。我们必须超越表面现象，超越显而易见的现象，去真正认识孩子。作为一名教师，克服我们轻易评判孩子弱点的方法是：看到孩子身上积极的东西。

我们需要与每个儿童建立平等的关系。培养孩子时，我们需要去接纳他们、关爱他们。这样，我们会看到不同的故事。

《勇敢的艺术公主》

利维是一个“独特的人”。笔直延伸到山中央的斜坡，被他“做”成滑梯，他以我们之前从未想过的方式去看待事物，他是一个勇敢的人。相信他长大后也会继续给我们带来独特的视角。

如果我们为了自己方便而限制儿童游戏，就会阻碍儿童的成长。

在成年人身上，对独特性的恐惧限制了我们的表达。那些克服恐惧的人，或是那些从未被限制过的孩子，往往会创作出伟大的作品。

因此，我们需要去了解儿童的个体差异，保护儿童的个性，尊重他们的自由，捍卫他们的权利，发挥他们的自我表现力。

《变相的领导者》

艾比是一个5岁的小女孩，似乎天生不会调节音量，找寻“内心的声音”只是意味着更多的人能听到她的声音：重复，不断用更大的声音重复命令别人；喜欢发号施令；她的声音是令人毛骨悚然的；要别人做她所说的事情。

艾比其实是在给我们幼教者传递“我需要你的帮助”的信息，作为引导者，我们要有耐心，以一种全新的视角看待孩子的行为方式，不再把他们“反社会的行为”视为需要纠正的问题，而是投入更多的耐心去了解真正的问题是什么。

在平常的一天中，我们需要耐心地为每一个独特的孩子提供适合他个性的学习生活。例如，我们可以先耐心地听完艾比说话，然后告诉她，人们是不会喜欢跟专横、不礼貌的人做朋友的，从而慢慢地改变她的习惯。

用耐心陪伴孩子，我们会对孩子的天赋有全新的认识。

《湿袜子会毁掉你的一天》

辛迪莉很悲伤，有些恼火，因为她最喜欢的袜子放在洗衣机里没有干，她穿着湿的袜子，所有人都嘲笑她的湿袜子。但詹娜给予了辛迪莉世上朋友间最好的礼物——真诚的友谊。詹娜注意到了辛迪莉的难过后，试着去帮助辛迪莉，她们一起用白纸剪出袜子的形状，制作出朋友间的一对“傻袜子”，写上“湿袜子不会毁了我们的一天”，然后将她们的友谊晾晒在阳光下的绳子上。

儿童从很小的时候就开始发展社会性能力。我们应该让他们感受到真诚的友谊，强化他们的正能量，帮助他们建立自尊和自信、真诚与信任，最终赋予他们继续积极地影响世界的能力。

虽然我们很难每一天都做到最好，但每一天、每一刻都应该是向上的、真诚的、开心的。幼师应该为儿童未来的友谊奠定基础，教导他们如何对待朋友，如何设定友谊的界限，让儿童们能体验到一段美好的友谊。我相信，这个世界终归是美好的。

阅读本书后，我思考并询问自己：我们要向儿童学习什么？我们怎么向儿童学习？我们又向儿童学习到了什么？……

苏霍姆林斯基曾经说过：“教育者的使命，就是使孩子各方面得到和谐的发展。”这要求我们教育者能够无条件地、有耐心地解答孩子的疑问；平等地对待班上的每一个孩子，尊重每一个孩子，真正地走进孩子的内心世界，去了解他、理解他；关注、关爱每一个孩子，耐心呵护孩子对我们真诚的期冀，把爱的承诺和信任传递出去，不仅是理论上的，更是行动上的，让孩子接收到快乐。

在教学中，我们需要考虑的事情太多了。其实，我们需要暂停思考，忘记所有繁芜，关注“该说些什么，谁在说什么……”并记录下来，为孩子创造一个最佳的早期学习环境，这才是最好的时光。

教育就在我们身边，每一个生活的小细节都可能是教育的最好契机。就让我们从过往的错误中学习，学会放慢脚步，为个体而教，以孩子的眼光看世界，与他们一起观察，一起创造。且读且思，且思且行，向儿童学习，用不同的视角观察独特的人，我们会看到不同的故事，我们会发现更多的精彩。

深圳市龙华区大林幼儿园　魏江英

魏江英

感悟

教育就在我们身边，每一个生活的小细节都可能是教育的最好契机。且读且思，且思且行，向儿童学习，用不同的视角观察独特的人，我们会看到不同的故事，我们会发现更多的精彩。

向儿童学习，成为最好的自己

——读《向儿童学习：幼儿园教学反思》有感

读一本好书犹如与一位智者交谈，《向儿童学习：幼儿园教学反思》一书，就这是这样一位智者。本是由美国辛迪莉·维拉瑞尔所著，叶小红博士翻译，讲述了在生成课程中教师用心观察和倾听儿童，支持儿童的想法、疑问和思考，做出适宜回应的学习故事。本书分为三个部分，每一个部分都以一个故事开始，每个故事都包含了作者想要传递的关于学习的核心内容。每讲述完一个故事作者都会分享她个人的看法以及反思。

一、做最好的自己

本书有六个故事，六个关键词：“关注”“奉献”“信任”“灵活”“关系”“帮助”。

1. 关注

“关注”一词在《伊娃的歌》这个小故事中能得到诠释。辛迪莉在孩子午睡时制定班级目标和个人工作目标，伊娃的叫声让她面临两个选择：一是命令式地让她睡觉，二是停下手上的工作去关注伊娃的需要。辛迪莉想到自己曾发过誓言要在孩子们需要的时候在场并提供帮助，所以她选择了暂停手头上的工作，花时间陪伴伊娃。读到这里时我不由得反思，有多少教师为了完成自己制订的日常工作计划而忽视了孩子的想法，把孩子放在一边呢？书里这句话说得很好：“关注现在意味着不理会纷扰，全神贯注于眼前真正重要的事情，你用你今天的注意力来创造自己的礼物。”我们要给孩子们一份礼物，一份关注现在的礼物。这意味着我们不仅仅是人待在教室里，还要有时间去回答孩子们的问题，满足他们的需求，把他们的事情放在我们的工作计划之上。我们要告诉孩子们：“如果你需要我，我就在这里。”

2. 奉献

《一个得红眼病的孩子》这个故事让我体会到，有时候孩子的话是我们在工作中得到的唯一奖赏。在与孩子的关系中获得力量，也是教师能长期坚持下来的必要条件之一。故事中得红眼病的杰克在即将离园时说了一句话：“圣诞节快乐，辛迪莉，我爱你！”就是这句话深深地打动了辛迪莉的心。辛迪莉奉献了自己休息的时间，在圣诞假期冒着得红眼病的风险也要去照料孩子们。不管工作环境如何，孩子的事情都是头等大事。

3. 信任

《牵手等待》这个故事体现了孩子对教师的信任。牵手等待是一个很好的办法，辛迪莉老师用心地呵护着这份信任，兑现着自己的承诺。在手牵手等待的过程中，孩子也表现出了惊人的耐力，教师与孩子进行眼神交流时，给予他们尊重，用心倾听孩子们的任何想法。作为教师我们要尊重每一个孩子，在倾听他们说话时，要与孩子们进行眼神交流，不催促他们，要教会其他的孩子学会等待，让每一个等待的孩子都有机会分享自己想要说的话，这样教师与孩子就能成为最亲密的伙伴。

4. 灵活

《泥巴日》这故事讲述了泥巴日活动当天出现的突发事件。班级里有孩子请病假，两个班级临时合班开展活动。当天的变化使活动并没有像辛迪莉老师计划的那样顺利，活动结束后她带着情绪离开了托幼中心。其实很多时候很多事情并不像我们计划好的那样顺利，临时的变动会导致活动的延迟或波折。作为专业的教师，要学会灵活地处理一些突发事件，就算处理的过程没有预期的那么顺利，说不定在弯路中会发现美丽的风景，这也是一种学习。

5. 关系

《我，有偏见？绝不！》这个故事讲述了辛迪莉老师从不喜欢的孩子身上发现他的特殊才能和能力的故事。在与孩子的相处中我们会遇到我们喜欢的孩子和不那么喜欢的孩子，有的孩子只是因为要激怒我们而不讨人喜欢，有时让我们不去评判、接纳和关心这些孩子是有困难的。作为一名教师，克服这一弱点的方法是看到这些孩子身上积极的东西，与每一个孩子建立关系，更好地了解孩子的才能、喜好和能力。

6. 帮助

《文森特的故事》反映出孩子是父母的镜子，孩子的言语、行为可以体现出孩子的家庭教育。文森特在园的行为表现让辛迪莉发现孩子在家可能遭到了家庭暴力。在中国，不少家庭中也会出现家长打骂孩子的情况，他们还觉得理所当然，这对孩子造成的影响是终身的。我们不难发现一些有暴力倾向的孩子都在家里遭受过家长的打骂，或者父母有一方脾气暴躁。如果我们在工作中遇到这种暴力现象，通过判定认为孩子处于危险之中，也可以像辛迪莉一样寻求一些保护机构的支持，为孩子提供保护。

二、做特别的自己

辛迪莉通过六个故事，诠释了如何让儿童成为独特的人：发现并尊重每个儿童的才能；以积极的方式接受每个儿童的特质；赞美那些真正重要的事情。

在故事中，博就是一个很有组织能力的孩子。故事中有这么一段对话："辛迪莉老师，它们不是那样摆的。""博，今天用我的方式来试试怎么样？""不，它不是这样的。它们都是一排排地排起来的。""哦，为什么一定要这样呢？我喜欢把它们排成这样。不同的人做事情的方式不同。这是可以的。今天我认为我们应该把这些积木都乱乱地堆起来。"博更坚定地说道："不，积木必须以正确方式摆放在架子上！""我认为我们应该把所有大的积木放在底部。"托丽建议道。于是，辛迪莉老师把积木都拖到地板上堆成一堆，请托丽摆给博看。午饭后，辛迪莉老师开始巡查，她发现那些积木摆放的方法又回到博所建构的超级有组织的系统中了。这个故事让我深深体会到，每一个孩子都有独特的个性、才能和偏好，这些天赋和才能需要被欣赏和接受。我们在与孩子的相处中注意观察，就会看到孩子的天赋。作为教师我们要学会识别孩子们的才能，有时候孩子们的天赋隐藏在内心深处，等着我们去发掘。

三、帮助我以新的方式学习

辛迪莉用六个故事帮助我从不同视角看待孩子的学习方式。

1. 把错误视为学习的机会

辛迪莉老师把错误当作喜欢的教学工具之一，用错误来培养孩子的性格。

在幼儿园我们发现部分教师在面对孩子的错误时，总是喜欢谴责或惩罚，而没有教会孩子如何去改正错误。其实人生的许多经验都是通过犯错而获得的。作为一名教师，我们需要帮助孩子去面对自己的错误，承担责任，并让他们做出积极的决定。这样可以让孩子们消除对惩罚的恐惧，并开始自信地面对他们所需要解决的问题。

2. 创设合适的环境

当孩子们在教室里生活时，他们就成了环境的一部分。孩子们会学到同样的语言、同样的常识，甚至是周围人的言谈举止。辛迪莉老师把环境的打造权交给了孩子，自己作为一个支持者去满足孩子们的需要。她在同一间教室里教学前班，基本上每学期都是同样的设备，但每当一群新的孩子到来时，她所在的教室就会大变样。她把教室交给在那里生活的孩子，孩子们在教室里履行自己在其中扮演的角色的职责，打造属于自己的天地。现在我们的学习环境也是一样，我们把主动权交给孩子。在我们的教室里也能看到孩子们积极参与学习的过程，在每个区域里都用不同的方式呈现孩子的作品。教室环境可以营造出一种学习的氛围，也可以营造出一种混乱的气氛。创造一个积极的学习环境是教师重要的工作之一。

3. 帮助孩子以感到舒服的方式学习

和孩子在一起不是打发时间，而是一项艰巨的任务。尊重个性是任何关系的基础。给予孩子自己的空间是对他们应有的尊重，每个孩子都有自己的偏好和才能，他们都需要被尊重。只要给他们足够的空间和时间，孩子们就会向你展示他们偏爱的学习方式。

4. 想一想每个孩子准备学什么

作为教师，我们给孩子提供最优的学习环境，给孩子提供工具和机会，鼓励他们去尝试。我们可以创设环境来激发孩子的好奇心，当他们想要知道的时候，他们就会去学习。如果我们花时间去倾听，孩子们就会告诉我们他们真正需要的是什么。这是教导他们的最佳时机。

5. 教孩子们成为好朋友

辛迪莉在故事中呈现了如何间接地教孩子们成为好朋友。她用语言，以合作游戏等方式，引导孩子们自己建立友谊，而没有直接教孩子们怎样做才会成为好朋友。教师要为儿童未来的友谊奠定基础，要教儿童如何对待朋友，如何设定友谊的界限，如何体验一段友谊，这是教学的重要组成部分。

15天的阅读让我对作者的专业态度十分敬佩，这本书特别适合一线教师阅读。每当回味这本书时，我都感觉它更像一部触人心弦的电影，书中的六个故事就像一幕幕生动的情节在眼前掠过，有一种亲临现场的感觉。向儿童学习是一种境界，同样是一种灵感。如果在工作中，教师看到了儿童的“本心”“本性”，体会到了其中的那些纯真和美好，儿童美好的心灵就会激荡教师的心灵，让教师开始学习用一颗纯洁的心与儿童呼应。

深圳市大鹏新区南澳中心幼儿园　石　莉

石莉

感悟

阅读，是我们生活的一部分，犹如阳光和空气，不可缺少。阅读不能改变人生的长度，但可以改变人生的宽度；阅读不能改变人生的起点，但可以改变人生的终点。且读且思，且思且行，向儿童学习，让我们发现更多的精彩。

《幼儿教育的原点》

【内容简介】

高杉自子为构建与践行适应幼儿发展的保育理论贡献了毕生的精力。她是思者，也是行者，更是引领者。本书的一大特色是高杉自子的弟子们对其保育理论进行的新时期的诠释，这既是对高杉自子保育理论的充实与发展，也有助于读者更深刻地领会高杉自子保育理论的精髓。

【推荐理由】

本书一针见血地指出问题所在的段落比比皆是，对幼儿教育与学校教育的区别，为什么要以游戏为幼儿园的基本活动，如何站在幼儿的角度去理解他们、跟他们共同开创幼儿园生活，如何审视我们现今的课程计划和活动，同家庭、社区协同保育等方面的问题都进行了清晰、准确的论述。高杉自子做过多年的一线教师，论述鞭辟入里又深入浅出。

图书：《幼儿教育的原点》

拍摄地点：深圳市龙华区教科院幼教集团附属幼儿园

孩子是个哲学家

1888年4月，35岁的梵·高从巴黎来到阿尔勒这个阳光灿烂的城市，那里有遍地千姿百态的向日葵。向日葵是一种非常强健的植物，既不优雅，也不精致，它的粗犷和不经雕琢让梵·高产生强烈的共鸣。梵·高像个偏执狂一般一遍遍地描绘，从不感到厌倦。2020年，一场疫情让生活几乎停摆。当我们回到阔别一百多天的幼儿园时，发现所有的植物都在疯长。尤其是那几株向日葵，它们迎着太阳，在风中挺立，花盘如一轮轮圆日熠熠生辉。这深深地打动了我们。于是，大班的孩子们拿起画笔，开始描摹向日葵。

我找到梵·高在外展览的11幅向日葵作品的图片，一张一张地打开看，再把孩子画的向日葵一张一张地打开看。大师和孩子笔下的向日葵，都充满了浓烈的情感色彩。

梵·高说："我越是年老丑陋、令人讨厌、贫病交加，越要用鲜艳华丽、精心设计的色彩为自己雪耻。"梵·高画的向日葵，或许正如他自己的生命，太纯粹、太热烈，以至燃烧了自己。

孩子说："我要画好多好多向日葵，让它长满我的幼儿园。""我的向日葵是不会倒下的，它会和太阳一起转啊转。"孩子画的向日葵充满对世界的好奇，生生不息。于是我们举办了以"向阳而生，逐梦成长"为主题的毕业典礼，将孩子们画的向日葵印在了门票上。以下是我在毕业典礼上对孩子们说的话。

2020年毕业典礼致辞

亲爱的小朋友们，亲爱的家长朋友们：

晚上好！欢迎你们今天光临我们大班孩子的毕业典礼。

2020年对我们每个人来说，都是难以忘怀的一年。因为疫情，我们贯穿一整年的幼小衔接被浓缩成55天。在这55天里，孩子们依然完成了和小学相关的所有幼小衔接课程。我特别感谢我们的家长朋友，为了给孩子一个完整的幼儿园生活，坚持让孩子在幼儿园学习到最后一天。这份沉甸甸信任，会让我们更加努力。

孩子们告别幼儿园最舍不得谁呢？很多孩子告诉我说，舍不得幼儿园的小猪和小鸡。今天上午我们送走了幼儿园的那只可爱的小花猪，我们也送走了每天中午准时打鸣的那只大公鸡。它们去哪里了呢？它们去了农场，和它们的动物朋友在一起。

今天我也要送走你们，138个大班毕业的孩子。你们是我们幼儿园的第二届毕业生，在幼儿园里已经和我们相处了三年，和老师、同学、幼儿园建立了深厚的情感。但园长妈妈再不舍，也要和你们一起来做这场有仪式感的告别。

我们把你们交给最好的小学和最亲切的小学校长，让他们继续支持你们的成长。每个人的一生都会遇到很多老师，你们要相信，每一个老师都是爱你们的，在老师的教育下，你们会成为最优秀的自己。

今天我们的主题是“向阳而生，逐梦成长”。老师们一起讨论毕业典礼主题的时候在思考，我们用什么植物才能代表这一届小朋友呢？最终，小朋友们自己选择了向日葵。是的，在疫情之后，我们尤其感到你们生命力的蓬勃和可贵。看那漫山遍野向着太阳的花儿永不垂头地开放，就像你们蓬勃的生命，迎着阳光舒展。在幼儿园的三年时间里，我们给了你们知识，给了你们力量，你们给了我们感动，给了我们记忆，我们的生命都因为彼此而美好。

在未来的日子里，我希望你们依旧保持和自然对话的能力，保持好奇心，学会欣赏自然的美，感受大自然赐予人类的力量。要爱大自然，大自然永远不会辜负你们。

在未来的日子里，我希望你们依然保持和他人对话的能力，会大胆地说出自己的观点，也会欣然接纳各种不同的意见；会为同学的进步而鼓掌，也会为自己的进步而加油。

在未来的日子里，我希望你们能聆听自己的声音，永远相信学习是让自己强大的力量。我命由我定，主宰命运的主人是自己。

可爱的孩子们，虽然你们离开幼儿园了，但我们留下了你们的“时间胶囊”。十年以后，你们再回来，打开这个时间胶囊，会看到自己六岁时的样子。

我们期待再见面的那一天。

你们的园长妈妈　甘 露

2020年7月10日

从幼儿的立场重新出发

——读《幼儿教育的原点》有感

我常常跟自己和老师们说：在幼教工作中，当你不知道做什么，或不知道怎么办的时候，就和孩子们待在一起，他们会带给你无穷无尽的想法，带给你通往儿童心灵世界的密码。我也常常觉得，当一个复杂问题出现的时候，最好的解决办法就是回归事件本身，回到问题的原点。这也是《幼儿教育的原点》这本书吸引我的地方，因为我想离儿童近一点，再近一点。

《幼儿教育的原点》是日本学前教育系列丛书中的一本，我虽没有一一拜读，却已然感受到日本学前教育研究者对幼儿教育的高度重视与严谨。这本书让我恍然明白，在幼儿教育中，站在幼儿的立场重新审视幼儿园的环境，重新思考与幼儿的相处方式以及幼儿园课程的实施，能让我们更好地发现幼儿、理解幼儿。

一、重新审视幼儿园的环境

六年前，深圳市龙岗区教育局学前教研室张静老师提出了“一间有价值的教室”的概念，她在研修团队中一再谈到如何让教室的每一处环境会说话，让环境变得有价值。当时的我，是一名小班的班主任，时常陷入如何提升幼儿能力的思考中，也时常反思自己与幼儿的互动效果。或许是因为“有价值”一词触动了我内心集结已久的疑云，给了我明确的方向，再加上当时受到甘露园长的鼓舞，我的脑海里出现了一个问题：怎样让环境去承载教育目标甚至是教育内容？眼下的班级环境需要改变。于是，我们找准方向开始了大刀阔斧的调整：一个材料柜能在同一个地方拖上十余次，只是为了区域的设置更加合理；

一张软帘挂与不挂要在原地驻足思考并讨论几分钟，因为它具有赋予幼儿空间感的功能；将大铁皮上色、贴膜，一块前所未有的晨谈墙便诞生了……

当然，所有的环境创设都离不开幼儿本身。而今，当我们从幼儿的立场再次出发时，环境的适宜性、安全性、自然性和互动性又对我们提出了新的挑战。环境如何与幼儿的发展联系在一起？它是不是幼儿真正需要的？如何承载当下课程的实施？精神环境对每一名幼儿的意义又是什么？这些问题都值得我们去深思。

提到幼儿园的设计，绝大多数设计师推荐的他们眼中样子，幼儿园基本会有两种样态：一种是可爱风格，粉色、红色、黄色、绿色……他们认为孩子一定会喜欢鲜艳的色彩；另一种则明显是成人视角的商务风格，可是很多时候，成人眼中的幼儿园形象往往与孩子本身的发展状况不相符。

去年，基于幼儿生活的基本需求，我们对各班级的洗手间进行了调整，在厕所的每一个蹲位加装了纸巾盒与钛白色门板。在加装纸巾盒时，我们请多名不同身高的幼儿进行“体验”并讨论纸巾盒摆在什么位置、什么高度最为适宜。就是这样一个简单的过程，让我们在短短的时间里收获了最佳方案：幼儿一致认为放在右前上方最为适宜。在纸巾的选择上，各班级的保育老师在了解幼儿能力的基础上，也给出了中肯的建议，如小班幼儿刚入园进入一个新的环境，分离焦虑的缓解需要时间，所以生活环境上要注重细节，减少幼儿适应环境的阻力，使用抽纸会比较方便；中、大班幼儿小手肌肉的发展有了一定的基础，且对数字比较敏感，卷纸有压痕刻度，幼儿可依据自己的需要取纸。

除此之外，每一个蹲位的门板加装后，我们“采访”了各班幼儿的使用感受：“我喜欢这样的厕所，因为感觉到很安全。”“你们早就有门了（手指着成人洗手间）。”“我喜欢这样的洗手间，因为有门，这样我可以一个人在里面。”“这个颜色比以前的好看，看上去很舒服。”……

正如书中所言：环境不是教师给予的，而是以幼儿的选择为前提的。

二、重新思考和幼儿的相处方式

本书作者——高杉自子老师提出，人需要在关系中成长。幼儿园保育活动的开展，应该从理解幼儿出发，关注在活动过程中每一名幼儿的表现与成长状况；需要教师观察幼儿、欣赏幼儿、读懂幼儿，站在幼儿的角度来考虑问题。

为了更好地理解每个幼儿的内心世界，教师需要和幼儿建立起相互依赖的关系。

孩子的爸爸一直在外地工作，经历一场疫情，7岁的女儿比平常更期待爸爸回家的日子。这天，爸爸按约定的日期回到家中，女儿在爸爸面前开始兴奋地表演，把会唱的歌曲全都唱了一遍，把家里的每一位成员都模仿了一遍，接着就是无休止的怪叫怪笑，一直折腾到晚上11：30。当我身心疲惫地坐在床边，准备陪她睡觉时，女儿开口说："妈妈，你知道我刚才为什么要一直演爷爷吗？"我平淡地接了句："不知道。"女儿表情认真地说："我在逗你们开心呢！我们要把所有的烦恼都抛在脑后。"

这是一个孩子在家庭这个真实的生活场景中自发、自主地学习如何与人互动，感受家庭成员相处的方式，逐渐形成人生观、价值观的过程。在幼儿园里的一个班级中，有来自30多个不同家庭背景及养育方式的幼儿，我们该怎样去体察每一个幼儿的心理感受，理解他们并建立起互相依赖的关系？

每年的九月份，幼儿园都会迎来一批新入园的幼儿，老师们在小班前期有一个非常清晰的目标，就是帮助幼儿熟悉并适应幼儿园环境。在30多个孩子中，游离在集体之外的孩子尤其需要老师的关注。小A（化名）从来幼儿园第一天开始就不愿意进教室，他喜欢一个人在户外走一走、玩一玩。老师担心他一个人在户外会有安全隐患，经三位老师协商，决定由一位老师跟着他，可是越跟着他越是跑得远远的。经过家园沟通后，老师慢慢发现小A喜欢别人张开双臂说"抱抱"，于是，老师改变策略，只要能看见他就定定地站在那里等着，看见他快要走过来时就说"抱抱"，小A便一脸笑容地钻进老师的怀里。这样的状态大概维持了两个多月，直到小A愿意在教室门口和老师抱抱。

在很大程度上，我们并没有意识到给予一个孩子与自己对话、改变自己的机会有多重要，从幼儿的立场看，这是幼儿平衡自我与他人关系的过程，是幼儿自我意识在一点点萌芽的表现，也是教师发现幼儿成长的过程。

三、重新思考幼儿园课程

在幼儿园课程实施的过程中，我们经常围绕幼儿主导还是教师主导的问题争论不休，却忘了如何保障每一个幼儿的身心健康发展这一重要问题。

去年的中秋节，园中三个年龄段的孩子分别从美食、游戏、诗词的角度出发，用自己喜欢的方式探索这个中国的传统节日。在活动的过程中，孩子们好奇地发问：为什么中秋节的美食都是圆圆的？抬兔儿爷的轿子应该怎么做呢？古时候的人们都是用普通话念童谣的吗？基于这样的好奇，各班级的课程随即生成：孩子们通过绘本故事、亲子时光体验与家人团圆的幸福和快乐；和伙伴们一起讨论、选材、测量、比较、修正，共同制作抬兔儿爷的轿子，并且进行了一次抬兔儿爷的接力赛；联合爸爸妈妈，用各地方言共说童谣，用自己的理解创编中秋节相关的诗词……也许正是因为有了这样丰富的体验和探索，才使得这个每年都过的节日变得那么与众不同，才可以让我们在恰好的时光里与孩子们一起，从一个节日中去感受、去体会、去传递中华五千年的文化。

书中高杉自子老师对课程做了这样的阐释：幼儿园指导计划，其实是孩子自己的生活计划，只不过由老师作为幼儿的代言人来完成而已。幼儿的生活是幼儿与老师的共同作业、共同创造。因此，老师需要改变自己单方面独立制订计划的传统思维模式，树立与幼儿共同作业的新观念。

“站在幼儿的立场”，看起来是非常简单的一句话，具体操作起来却并不像想象中的那样简单，从关注目标导向的结果到关注幼儿自身内在的变化，需要我们从改变自身的认识开始。

深圳市龙岗区坂田街道中心幼儿园　陈　幸

陈幸

感悟

“站在幼儿的立场”，看起来是非常简单的一句话，具体操作起来却并不像想象中的那样简单，从关注目标导向的结果到关注幼儿自身内在的变化，需要我们从改变自身的认识开始。

幼儿教育的原点

学前教育作为基础教育的开端，一直备受瞩目。随着时代的不断发展，在全球信息共享的大环境下，社会赋予学前教育的功能、使命、内涵和意义也有了全新的诠释和定义。作为一名学前教育工作者，我时刻提醒自己不忘“幼儿教育的初心和使命”，而“初心和使命”是什么？这本《幼儿教育的原点》已然给出了最好的答案。

第二次世界大战后，日本幼儿教育逐步普及和发展，同时得到了政府的全力支持。所有新兴事物在迅速发展时，都免不了会出现诸多问题。日本的幼儿园教育出现了小学化倾向严重，分科教学严重，缺乏专业的幼儿教育研究者和指导者等问题。在这一系列问题出现后，大家都在思考什么是幼儿教育，作为幼儿教师应当给孩子创造怎样的环境。这些问题的答案，其实已经告诉我们什么是幼儿教育，而我们作为教育者的角色也得到了明确定义。

“玩”是幼儿的天性，让幼儿最大限度地释放自己的天性，通过游戏来进行幼儿教育，这是《幼儿教育的原点》一书所倡导的幼儿教育的特质，而这种幼儿教育的特质也是我们一直在追求和坚持的。我们要让孩子通过自发性游戏来探索和发现周围的世界。游戏即学习。孩子们在游戏中学会了与人相处、交往、倾听和接纳，学会了表达自我的情感、宣泄各种情绪等。我认为这些是成人无法教给孩子的知识，是需要孩子亲自去体验、亲自去获取的技能。如何去获取这些沟通、情感上的技能？结合孩子的年龄特征，最好的方法就是通过形式多样的游戏，让孩子在与同伴的互动中习得这些技能。游戏也有促进幼儿社会认知、社会情感、社会行为发展的巨大作用。在游戏中，幼儿学习怎样与人相处，怎样看待自己，怎样对待别人；逐步认识周围的社会环境，内化社会行为规范；逐步形成对所在群体的认同感和归属感，发展社会适应能力。这将为其一生的学习、工作和生活打下坚实的基础。

犹记得大约三年前，一次我带K（相当于国内大班）的孩子们外出活动时，游乐场跑来了一只猫，孩子们惊喜不已，不断逗弄那只猫，并且有孩子提议把这只猫带回班级喂养。回到教室时，我们开始讨论起这只猫，讨论的第一个话题是这只猫是流浪猫还是家养的猫，孩子们对这个话题喋喋不休，讨论了大约15分钟。在孩子自由讨论时，我从脑海里飞速地把自己早上刚计划的“春天”主题删掉，因为我觉得这是一个非常好的学习“猫”这个主题的契机。它基于孩子们自发生成，并且孩子们很感兴趣。虽然孩子的探索和发现不在我的计划中，但作为孩子的追随者，我应该倾听孩子的心声，跟随他们自身的成长步伐。

孩子在热烈的讨论中，自动分为两组，一组孩子为“流浪猫”组，另外一组孩子为“家猫”组，不需要教师过多言语，孩子已经推选好了小组长，并给组内每个孩子安排好了回家“Google Search”的任务清单。主题活动是由孩子观察并自发生成的，无形中唤醒了孩子们的内驱力。孩子们的内驱力一旦被激发和唤醒，在探究主题的过程中，会自然而然成为主体。

后续，我和孩子们一起制作此次的“填充”主题网。为什么称为“填充”主题网？因为这次的主题完全依据孩子的兴趣生成，只能根据孩子们的想法，在探究的过程中，不断完善和补充我们的主题网络图。在整个“猫”主题探究的过程中，孩子们表现出了极大的探究欲和参与感，整个主题活动一气呵成，非常顺利地结束了。在主题活动结束时，每个孩子在家长的协助下完成了一份关于“猫”的海报，海报形式多样，内容丰富。通过孩子们做的海报，我清晰地意识到，有了游戏和兴趣的支持，孩子们比我想象的更容易接受和学会一些技能和知识。

学前教育走到今天，作为这个时代的幼教人，我们站在了许多巨人的肩膀上，正因如此，我们也少走了许多弯路。无论时代如何发展，作为一名幼教人，我觉得最重要的是要时刻以和孩子平等的身高对话，从孩子的视角来看这个世界，站在孩子的立场，为孩子做一名智慧的引导者。

深圳市盐田区机关幼儿园　刘捷颖

刘捷颖

感悟

教育是一个灵动的词语，它包含了极强的生命力和向上生长的爆发力，富含情感而又内敛。教育的本质就是人的灵魂教育，用一颗真诚而又愉悦的心去唤醒一个灵魂。

《幼小衔接课程指引》

【内容简介】

对幼儿园大班孩子来说，升入小学是他们人生发展的重要阶段，有效的幼小衔接将帮助他们更好、更快地适应小学生活。本书结合《3—6岁儿童学习与发展指南》对大班幼儿的要求，从一日生活的组织与实施、探究性学习环境创设、主题教育活动设计与组织以及家园工作的开展等各个方面去思考、研究、规划、落实，旨在帮助幼儿在社会心理、认知、身体、情感、语言、逻辑和学习品质等几个方面获得不断深入的发展，为进入小学阶段做好准备。

【推荐理由】

本书主编张静，为深圳市龙岗区教研室教研员，中学高级教师，曾主持省市区级课题5项，发表文章1篇，参编图书2本；副主编甘露、方英、单欣欣，均为龙岗区教研室幼教教研员，龙岗区教师进修学校负责幼儿教师培训和科研的教师，曾参与过省市区级课题研究，具有一定的科研能力，有丰富的幼儿园教学实践经验，均在专业杂志发表过文章，主编或参编过图书。所以，这是一本实用性很强的书。

图书：《幼小衔接课程指引》

拍摄地点：深圳市龙华区教科院幼教集团附属幼儿园

前言tips：

《幼小衔接课程指引》这本66万字的书，创作时间前后跨越四年，从龙岗到龙华，记录了三届幼儿园毕业班孩子的幼小衔接故事，凝聚了龙岗、龙华许多教师的心血，实现了幼小衔接从1.0到2.0的转变。但是随着教育理念的革新、信息技术的创新，我们又开始探索幼小衔接的3.0版本......

共创我们的3.0时代，探索3—8岁幼小衔接课程一体化

科学技术的不断创新，实现了信息技术从1.0到3.0时代的革新。依托信息技术，幼儿园幼小衔接课程也经历了不断改革，从最初的“知识衔接”到“幼儿园单向衔接”，再到“幼小双向衔接”。这不仅仅是概念上的变化，也是儿童观、教育观的转变与发展，体现了幼小衔接课程从1.0到3.0时代质的飞跃。

在学前教育的1.0时代，幼小衔接等同于“小学化衔接”，仅着重于知识的教授，将课程实施对象聚集于学前班，以大班额形式进行集体教学，从而完成知识的衔接与储备。

到了学前教育的2.0时代，随着教学理念的不断更新，幼儿园提倡“为儿童入学做准备”的衔接，幼小衔接以课程形式出现，融入幼儿园一日生活，除了知识准备以外，更注重能力、习惯、经验的培养与衔接，以帮助儿童做好全方位的入学准备。

在信息技术的加持下，幼小衔接课程正向3.0时代迈进。3.0时代的来临，意味着幼儿园与小学真正打破边界，实现双向衔接。3.0时代的课程秉承“为幼儿更好的发展”的理念，关注幼儿的认知、情感和社会性衔接，探索3～8岁幼小衔接课程一体化建构。

在深圳市龙华区教科院幼教集团附属幼儿园，幼小衔接课程建设提出了两个核心概念，一个是“发小——共享我们童年的记忆”，另一个是“社区发展——共生我们的文化印记”，要求以此为基础为儿童打造温暖的、有发小的童年。于是，我们做了些尝试与改变，愿与君分享。

一、课程内容的延伸

幼儿园园本课程与小学校本课程在内容上进行衔接。例如，园本课程中包含“向往的生活——二十四节气”系列内容，幼儿会根据节气的更迭了解自然，理解人们的活动。进入深圳市龙华区和平实验小学后，在学校的校本课程“传统节日”中，孩子们会进一步了解节气背后的传统文化、习俗，并学习相关古诗词。课程从幼儿园的直接感知、亲身体验到小学的抽象概括，帮助儿童建立关于传统文化的完整认知。

二、社会性情感连接

在一个社区中，我们期望为儿童打造“发小”的记忆，使儿童能够把他们的发小情谊从3岁一直延长到12岁。龙华区教科院幼教集团附属幼儿园的第一次分班，是由儿童选择同伴，家长们根据孩子的意愿发送同伴申请邮件，帮助他们找到人和人之间的情感连接。所以，分班不再是一个个陌生名字的选择，而是背后鲜活的生命选择。

进入深圳市龙华区和平实验小学之后，校长每一年都会把全年级学生打乱进行重新分班，目的是让学生认识这个社区里更多的同学，和全年级的人成为朋友。

我们所畅想的画面是：每一个孩子与社区中的人、事和物的关系都是融洽而和谐的，无论他走在社区的哪一条街道，都有他认识的人、熟悉的物以及了解的事。

三、有准备的教师

借助技术支持，“云智慧”幼儿园的幼小衔接将与信息技术进行最大化融合，建立全新的评价方式。智能手环的运用实现了对幼儿个性化发展的过程性分析，基于可视化的个性化评价报告，为每个幼儿描绘独一无二的“画像”。当孩子进入小学后，小学老师能通过这份独特的“画像”，了解每个孩子的学习与发展需求，从而给予其个性化的支持与帮助。

为了帮助小学教师更好地理解小学低段儿童的学习方式和学习特点，每年5月，深圳市龙华区和平实验小学即将教授一年级的教师都会到幼儿园跟岗学习一段时间，幼儿园大班的教师也会在每年9月进入小学一年级观察儿童的学习状态，形成幼儿园教师和小学教师的嵌入式学习。

四、共同成长的家长

从龙华区教科院幼教集团附属幼儿园每月一期的家长沙龙到和平实验小学每年十期的和平学堂，从家园共育到家校合作，我们对家长教育观念的培养经历了九个春秋。我们要引导家长遵循儿童的成长规律，建立合理的期待，尊重儿童的天赋、兴趣和爱好，一同建构和谐、信任的家园关系。

在和平实验小学的家委会成员中，一定会保留部分龙华区教科院幼教集团附属幼儿园的家委会成员，让家校合作的方式保持一致性和连贯性。

儿童的幼小衔接课堂不仅在幼儿园，也在小学和社区，要把社区转换成泛在化的学习空间。大浪街道办事处龙平社区的党群中心、大浪街道图书馆、街心公园和即将投入使用的简上体育中心，都是儿童可转换的学习空间。社区学习空间的拓展，是为了帮助儿童建立幸福、完整的教育生活。

甘 露

2020年6月9日

还儿童一个自由快乐的童年

——读《幼小衔接课程指引》有感

2020年，是不寻常的一年，超长的假期正是自我提升的好时机。我在这个假期里阅读、学习、工作，生活过得很充实。其中令我收获最大的是张静老师主编的《幼小衔接课程指引》这套书。它是由深圳市龙岗区学前教育教研员张静老师和她的优秀团队执笔编写的，编写过程历时四年，从理论和实践两个方面全面梳理了龙岗区幼小衔接课程取得的经验与成果。本书从幼儿一日活动的组织与安排、探究性学习环境创设、主题活动设计与组织、大班家长工作四个维度对幼小衔接课程进行了介绍，为落实《3—6岁儿童学习与发展指南》（下称《指南》）提供了很多切实可行的案例，是我们广大幼教工作者在幼小衔接课程实施中的指路明灯。我用四个关键词谈谈自己对这本书的感想。

及时性

“好雨知时节，当春乃发生”，此书的推出，真是一场及时雨。2016年全国学前教育宣传月主题是“幼小协同，科学衔接”，2018年教育部印发《关于开展幼儿园“小学化”专项治理工作的通知》，2019年全国学前教育宣传月主题是“科学做好入学准备”。一个个“去小学化”的政策出台，作为民办幼儿园的园长，我开始苦恼，不教拼音、书写、计算，家长不选择本园，还说“××幼儿园大班的数学都教100以内加减法，你们幼儿园教什么？不教认字、拼音，到小学跟不上”。家长扬长而去，一下子打击了我们的自信心。满足家长需求，教育部不允许。我们觉得自己好像在违背良心做教育。正当我们幼小衔接课程的开展遇到瓶颈时，我在甘露园长的推荐中看到了本书。

《指南》提出，儿童是通过实际操作、亲身体验来获取知识、经验。教育部部长陈宝生提出游戏是儿童的基本学习方式。环境与儿童始终共存，儿童既依赖于环境，也作用于环境。可以通过环境创设、材料互动来减少儿童的行为问题。本书重点介绍探究性学习环境的创设，介绍了很多关于大班各个区域材料投放的案例，如语言区以儿童的听、说、读、写、表达等基本能力为线索，分层次进行材料投放，让儿童通过自主学习促进语言能力的发展。皮亚杰认知发展的四个阶段指出幼儿园大班的儿童是属于前运算阶段，儿童在具体操作中了解抽象的数学概念，实现由具体形象思维向抽象逻辑思维转变的过程，真正理解数的含义。这有利于小学数学加减法的学习，符合儿童的学习特点，在玩中学，在操作中学。与传统的枯燥书写、计算相比，区域游戏以儿童为中心，尊重儿童，尊重他们的生理、心理的阶段发展水平，不超越这个水平去要求孩子写多少字，做多少道算术题，体现了现代的教育理念。21世纪模式：发现热情和目标，培养关键经验。激励教育的目标，是唤起学生的热情，培养学生的目标感，激励他们尽最大努力去创造更好的世界。我们不能用传统的思想培养20年后的未来人才。

系统全面性

提到幼小衔接，相信大家并不陌生，一线带过大班的教师都经历过。我从事幼教19年，所在的幼儿园没有站在课程的角度来思考幼小衔接，没有从儿童的视角去考虑，更多的是将其当成一个主题活动来开展，依然停留在表面上，忽视了幼儿的适应能力、学习兴趣和求知欲望等内在因素。这本书让我对幼小衔接课程有了一个全新的认识。幼小衔接，衔接什么？何时开始衔接？刘华老师在序一提到幼小衔接贯穿整个幼儿时期，从幼儿小班入园开始就在为入学做准备了，只是大班时期更为关键，要找到知识、技能、情感相联系的内在衔接点。2016年我们观澜片区幼儿园教学园长与观澜中心小学的教师进行了幼小衔接交流会，会上小学教师提到知识、文化可以零起步，习惯（生活、学习）养成、社会交往、心理适应万万不能零起步。一日生活皆课程，教师心中有目标，则处处是课堂。本书对一日活动的组织与安排做了深入的研究，阐述了如何科学合理地组织一日活动，及时抓住教育契机。钱志亮教授曾经提到入学水平包括视知觉、运动协调、听知觉、知觉转换、数学准备、语言沟通、学习品质、社会适应八大能力。幼儿一日活动中的生活活动、户外活动、学习活动、游戏活动中融合了钱志亮教授所提到的这八个能力的培养，如户外活动发展幼儿的运动协调能力，自主游戏发展幼儿的合作、交往、协调能力，专注力，坚持性等。我们让幼儿入学前在心理年龄和生理年龄上都达到一定的成熟度，同时通过幼儿的成熟水平反思幼小衔接问题。

以上调研资料表明，幼儿园应加强幼儿自理能力、学习技能、同伴交往能力的培养。本书在第三章第二节“生活活动”中提到生活环节贯穿于一日活动，帮助幼儿发展生活自理、自我保护、与人交往等能力，着重介绍如何通过大班的值日生工作，如分餐、照顾植物、自主管理等培养幼儿的责任感和独立性。

专业而接地气

《幼小衔接课程指引》下册提供了10个主题活动网络图和活动案例，操作性强，通俗易学，适合一线教师学习并举一反三。主题活动网络图把五大领域的课程融合在一起，以主题的形式串起来。大班上学期主题活动主要从培养幼儿的良好行为习惯、自我服务意识、自我管理能力三个方面展开，整个活动融入一日生活；下学期重点在探索、了解小学与幼儿园的不同，着重培养幼儿的社会交往能力、问题解决能力和读写能力。主题活动根据幼儿的年龄特点和学习方式，更多体现大班幼儿的合作性学习和探究性学习。在探究学习的过程中，幼儿不断地提出问题，解决问题，再生成新的问题，用自己理解的方式去表达，记录自己的发现，体现有意义的书写，并大胆在他人面前表达分享。在项目学习小组中，幼儿从计划、工作、整理、回顾中，培养自己的计划性学习能力。如《属于幼儿的中巴车》这个主题活动，其主题源于幼儿的兴趣和需要，同时源于《窗边的小豆豆》这本书的灵感。对于中巴车的改造，经过教师和幼儿商量探讨，最终决定改造成属于幼儿的中巴车。一次去龙岗机关幼儿园参观学习，刚好大班的孩子在中巴车上开展买卖的活动，这是一种真实情境的学习。在活动中，幼儿学习计算、统计等数学知识。我当时也忍不住去体验了购物。

引领示范

《幼儿园教育指导纲要（试行）》明确提出家长是幼儿园的重要合作伙伴，幼儿园要争取家长的理解、支持和配合，家长的教育观念非常重要。幼儿园是孩子接受教育的起点，孩子在幼儿园所学的知识、养成的习惯会伴随孩子的一生。本书中有很多值得推广的关于大班家长引领工作的项目，如问卷调查、家长会、家长学校授课、家长开放日等。我也会经常采用这些方法去更新家长的观念。我在南山华侨城幼教中心工作过九年，带了三届毕业班，所接触的家长基本都是高学历。2016年我因家庭原因来到了龙华观澜，面对的家长群体完全不同。我知道幼儿教育是良心教育，我不希望在幼儿快乐的童年把他们的想象力、创造力抹杀了。到龙华区企坪幼儿园后，我经常给家长开会，通过每一次家长会慢慢更新家长的教育观念。我给不同年龄段的家长开不同主题的家长会，如给小班家长解读《指南》家长版，讲儿童是怎样学习的。给中班家长介绍亲子陪伴，讲陪伴是最好的教育。中班在整个幼儿阶段是比较“难管”的阶段，也是挑战教师的阶段，儿童开始以自我为中心。大班上学期会给大班家长开关于幼小衔接的家长会，会上我会抛出几个问题让家长选择，了解家长的价值取向后，提前做一些毕业生回访的调查，在会上跟家长分享目前刚升入小学的幼儿的家长的心声，还分享我们幼儿园教师与小学教师之间的幼小衔接交流会，谈谈亲子阅读的重要性，讲读书月活动的开展，营造书香校园、书香家庭。爱阅读的孩子才会爱学习。要帮助家长树立正确的教育观念，建立对幼儿的合理期望，达到家园教育的一致性。

《幼小衔接课程指引》给我们做好幼儿入学准备指明了方向，像一把打开知识殿堂的金钥匙，转变了教师和家长的教育观念，使他们相信孩子有主动学习的能力，相信游戏对学习发展的独特价值。我们不仅着眼于入学准备，更是让大班的幼儿在幼小衔接课程中快乐学习、快乐游戏，享受自由而美好的童年。

深圳市龙华区教科院附属学校福安雅园幼儿园　郑丽芬

郑丽芬

感悟

儿童像一本书，只有爱他，走近他，才能读懂他。

阅读像一种无形的力量，融进我的血液、精神、行动之中，慢慢在我的工作、生活中发挥作用，改变我的人生。

让我们一起用心品味阅读，解读儿童。

《学前教育中的主动学习精要：认识高瞻课程模式》

【内容简介】

高瞻课程（又称高宽课程）模式是一套涵盖学习内容、实践方式、幼儿，服务于幼儿的教育机构评价系统以及早期教育教师专业发展培训模式的完整体系。2003年，经济合作与发展组织（Organization for Economic Cooperation and Development，OECD）学前教育和保育政策主题评价小组将高瞻课程模式认定为OECD国家学前教育领域盛行的四种课程模式之一。本书详细阐释了高瞻课程模式的理论基础、实践路径、课程内容、评估体系、教师专业发展，是高瞻教育研究基金会在近十年的研究和实践成果基础上的全面更新。

【推荐理由】

本书为高瞻教育研究基金会历时十年倾情修订，从理论基础、实践路径、课程内容、评估体系和教师专业发展五个方面，描绘了一个以主动学习为灵魂的学前教育课程模式，对高瞻课程模式进行了全面、系统的介绍。

图书：《学前教育中的主动学习精要：认识高瞻课程模式》
拍摄地点：深圳市龙华区教科院幼教集团附属幼儿园

满怀热情与兴趣，向更高质量的学习

——读《学前教育中的主动学习精要：认识高瞻课程模式》有感

美国佩里基金会对高瞻课程曾经做过40年的追踪研究。最后，他们在经济学领域得出一个这样的结论：在学前教育投入一美元可以产生七美元的回报，这是在所有学段中回报率最高的投资。

这个经济学数据引发大家对学前教育投入研究的热情，也让高瞻课程逐渐为中国的广大学前教育工作者所认识。

2012年，当我第一次读到霍力岩教授等翻译的《学前教育中的主动学习精要：认识高瞻课程模式》一书时，深深地为它着迷。原著作者爱泼斯坦博士在书的序言中，用了这样一个标题：让孩子们具有高度的热情和广泛的兴趣。热情和兴趣，成为儿童主动学习的内驱力。

2013年，当我开始在龙岗区机关幼儿园进行课程改革，把高瞻课程中的一些理论和学习环境应用于教学实践时，我清晰地看到了孩子身上发生的变化。从过去的集体教学到可以让孩子在区域中自由选择学习材料，这段路，我们足足走了40年。

漫长的时间让我们意识到，学习原来是如此个体的事情，它带有强烈的个人特质和色彩。只有挖掘每个孩子身上独特的学习方式，满足他们主动学习的兴趣和愿望，才能让学习成为一件有意思的事情。

从2013年的课程改革开始，我对孩子的学业成绩从一年级追踪到四年级。最终我发现，在幼儿园推行的主动学习模式有助于他们在四年级之后依然保持成绩的优秀。在幼儿园期间形成的良好学习品质，让他们成为有学习力的孩子。

2017年，中央电视台二套《对话》栏目邀请了五位诺贝尔奖获得者，主持人问他们为什么能在自己的领域取得顶尖的成就，他们回答的关键词是：兴趣、热情、探索未知的乐趣。这些词语和我们理解的成功大相径庭。

面对从今年开始进入职场的95后，我们不能用诸如责任、使命等高大上的词语定义他们。兴趣所在之处，是他们所向披靡的战场。

2017年9月，我有幸和一群80、90后的文化产业创业者成为同学。在班级，在微信群，我在一旁默默观察他们的学习方式和生活方式。他们对生活充满热情，对未知充满好奇。用一句话来形容他们，那就是“充满正能量地活着”。

所以，我充满期待地想投入他们创造的世界。

作为教育者，我们需要去寻找每个孩子花开的时刻，努力成就他们的未来。

甘 露

2020年10月

走近高瞻课程模式

——《学前教育中的主动学习精要：认识高瞻课程模式》读书笔记

《学前教育中的主动学习精要：认识高瞻课程模式》一书是北京师范大学教育学院教授、博士生导师霍力岩等的译作。高瞻课程模式在我国被称为“高宽课程”“海伊斯科普课程”等，它诞生于20世纪60年代的美国，是当今世界学前教育领域举足轻重的幼儿园课程模式。高瞻课程模式是以帮助儿童学会主动学习为基本价值取向，以系列关键发展指标为主要学习内容，以“计划—工作—回顾”的活动教学为基本组织形式，旨在让儿童对自然和社会产生高度热情和广泛兴趣的一种幼儿园课程模式。

《学前教育中的主动学习精要：认识高瞻课程模式》以主动学习为基本线索，介绍了高瞻课程模式的四个基本要素：教学实践、课程内容、评估系统和员工培训模式。其中精华的部分是教学实践和课程内容。教学实践部分详细介绍了高瞻课程模式的实践者在帮助儿童进行主动参与式学习时所使用的主要方法，包括成人—幼儿互动、室内外学习环境的创设、一日活动流程的建立、家园合作以及教师之间的有效沟通与合作策略等。课程内容部分介绍了高瞻课程模式的八大内容领域，即学习品质，社会性和情感发展，身体发展和健康，语言、读写和交流，数学，创造性艺术，科学和技术，社会学习以及这八大内容领域的关键发展指标和达成这些指标的方法、策略。

幼儿的发展好比盖一栋大楼，幼儿通过自己的初始经验，一点一滴搭建大楼的结构，然后基于后期获得的经验，在结构的基础上添加更多细节。成人帮助幼儿搭建大楼的脚手架，搭建脚手架既要考虑幼儿现有经验的高度又要能让幼儿再往上爬一层。高瞻课程模式认为儿童的学习是发展的、互动的。

高瞻课程让我重新定义了幼儿的主动学习，它采用术语“主动参与式学习”来描述学习者和环境之间的互动过程。如果幼儿仅仅被告知某事，促进思维真正发生改变的学习就不会发生。幼儿需要在成人的鼓励以及挑战下，亲眼去看，亲自去尝试。高瞻课程的模式让我看到了主动学习的可操作性。高瞻课程认为学习是幼儿通过与人、物、事件和思维的直接互动获得发展。让幼儿主动学习说起来容易，实施起来却不那么容易，而高瞻课程模式为我们中国本土化的幼儿园课程实施提供了一个很好的借鉴。

我想和大家分享本书的两个亮点。

亮点一：支持性师幼互动关系

高瞻课程模式的主要目标之一是创造一种幼儿能在其中丝毫感受不到恐惧、焦虑和厌烦的学习游戏环境。在这种环境中，教师和幼儿分享控制整个学习过程；教师提供的材料和经验建立在幼儿的兴趣之上，可以促进他们的学习；教师和幼儿在一天的任何时间都是合作者；对幼儿来说学习本身就是一种奖励，他们知道教师随时鼓励他们主动探索；教师重视并理解幼儿，努力创造出一种支持性的氛围，在这种氛围中，教师提供幼儿发展所需的认知挑战；学习是一种积极的、快乐的、自然的体验。

高瞻课程确定了支持性互动关系的六个关键因素：

（1）和幼儿分享控制。分享控制意味着幼儿和教师可以轮流担任领导者和被领导者、讲话者和倾听者、指导者和学习者，每个人都有机会发表观点和探索世界。

（2）关注幼儿的优点。以幼儿的经验和兴趣为出发点，幼儿的学习动机才能被真正激发起来。提供幼儿感兴趣的新材料和新信息，会增加他们额外的学习机会。

（3）和幼儿建立真实的关系。幼儿的学习是一种社会性活动，幼儿与教师的关系会影响其学习效果，每一位教师都要找到自己与幼儿交流的独特方法。

（4）支持幼儿的游戏。高瞻课程认为游戏是幼儿的“工作”，是一种他们可以自由地做出选择和发现新事物的活动。嘈杂的或是安静的、混乱的或是有序的，无论通过什么形式的游戏，幼儿总能学到东西，教师要积极支持幼儿的游戏。

（5）鼓励而不是赞扬。赞扬可能是有害的。高瞻课程告诉教师要运用鼓励的方法而不是赞扬，通过鼓励认可幼儿的努力和成就，让幼儿不是为了受到赞扬而进行游戏。

（6）采用问题解决法解决冲突。在高瞻课程模式中，教师会把冲突看作幼儿学习的机会，冲突源于幼儿的正常发展和需要，他们需要学习社会交往技巧。

亮点二：计划—工作—回顾

计划—工作—回顾是高瞻课程关键的一部分，目前我国有非常多的幼儿园借鉴了这一模式，就是我们通常所看到"区域游戏"或"区域活动"。

高瞻课程分为三个环节：

（1）计划时间。这个环节通常是10～15分钟，是开始部分。计划不同于简单的选择，它包含幼儿想做什么以及怎样做的具体思考，也就是说，计划比选择更有目的性和意向性。高瞻课程是第一个将幼儿计划作为主要组成部分的综合性课程模式。

（2）工作时间。这部分是幼儿实施计划的时间，通常持续45～60分钟。高瞻课程把游戏视为"工作"。不同于其他幼儿园课程的自由游戏环节，"工作"更有目的性，因为幼儿事先已经思考和描述了他们的目标。

（3）回顾时间。回顾时间一般为10～15分钟，鼓励幼儿反思自己的活动以及回忆在一天中学到了什么。对幼儿来说，最佳的回顾时间应与事件发生时间尽可能接近。回顾时间必须紧跟在工作时间之后。

著名教育家萨德勒认为："我们不能随意地漫步在世界教育制度之林，就像小孩子逛花园一样从一堆灌木丛中摘一朵花，再从另一堆中采一些叶子，然后指望将这些采集的东西移植到家里的土壤中便会拥有另一个有生命的植物。"我国幼儿园课程的百年历程就是一个向国外不断借鉴的过程，经历了吸引、决策、实施、本土化这四个阶段。在借鉴学习国外课程模式时，我们有收获也有教训，在新的学前教育发展形势下，如何借鉴高瞻课程模式也是我们作为幼教人要思考的一个问题。

深圳市龙华区鹭湖外国语小学附属招商观园幼儿园　李晓菲

李晓菲

感悟

读书是一种清福，这种境界被吴延康说得直白："读书身健即是福，种树开花亦是缘。"我们不是哲学家，不能从一滴水中看世界，从一朵花中参悟人生，但我们可以像吴延康这样，静静地做个读书人，在芸芸众生里感悟人生，收获快乐。

方向比努力更重要

——读《学前教育中的主动学习精要：认识高瞻课程模式》有感

12年前，我刚刚从师范毕业，到幼儿园担任一名带班老师，当时我们的幼儿园统一使用一种教材，这些教材被当作幼儿园的课程教授给孩子。在教授的过程中，我常常会遇到一些困境，比如孩子对课程的学习热情不是很高，有的孩子接受得快，而有的孩子完全没有主动学习的兴趣。在课程教学中孩子更多的是“被动接受”，不会主动地学习和探索。遇到这些困境之后，我会努力地收集一些方法，比如如何上好一堂课，如何组织好班级常规等。经过尝试之后，我才发现我所收集的方法可以适用于一部分孩子，但不适用于全部孩子。后来，我接触过很多种课程模式和课程改革，也带着幼儿园的老师们进行过尝试，很努力、很辛苦，但总不能达到理想的效果。在充满困惑和疑问时，我遇到了一本书，就是爱泼斯坦的《学前教育中的主动学习精要：认识高瞻课程模式》（霍力岩等译，教育科学出版社）。

这本书介绍了高瞻课程的模式、教学实践、教学内容、课程模式评价以及教师专业发展。读了这本书之后我才明白，有效的课程模式更能促进幼儿积极学习和有效发展，也让我明白了方向比努力更重要。

我记得很清楚，阅读这本书的时候，我的心情是无比激动和充满渴望的。这本书就像一盏灯，照亮了我前进的方向。它的每一章都会有一个学习目标，告诉我们这一章读完之后将会收获什么、了解什么，还会用许多小案例激发我们的思考和想象。例如，在第一章作者用了一个“做面包”的生活案例来阐述如何遵循幼儿的发展规律开展适宜的教学实践，以及一种有效的课程模式带给孩子的益处。

在第二章的导读中，作者阐述了高瞻学前教育课程模式的主要组成部分。我把这段话用记号笔圈了起来，然后在旁边备注了一行字："此段很重要……"为什么标注这句话？因为这段短短的文字不仅告诉了我们主动学习的五个要素，还告诉了我们高瞻学前教育课程模式的八个领域及其关键发展指标，这是我们从事幼儿教育工作的人必须知道的。我们常常说要激发孩子主动学习的内驱力，那我们的依据又是什么？读了这段话之后，我的心里便有了答案。作者把材料、操作、选择、幼儿语言和思维、教师的鹰架作为幼儿主动学习的要素，这给了我很大的启发。结合我们日常的带班经验来分析：如果一个区域中投放的材料很丰富、多样化而且很适合孩子玩，那么选择这个区域的孩子就会很多，孩子参与的方式就会多样化，也会收获更多的经验。3～6岁的孩子思维模式还处于具体形象思维向抽象逻辑思维转换的阶段，他们的学习是通过直接感知、实际操作来进行的，我们需要给孩子提供具体形象的操作材料。

在投放了丰富的材料之后，我们还需要给孩子一个自由的空间和自由选择的权利，让他们根据自己的意愿和兴趣去选择材料和伙伴，这样孩子的主动性就会增强。当然，前提是教师要具备专业的知识，能够充分了解幼儿，同时要会观察幼儿，能在适当的时候给予有效的支持和鹰架。

我时常在想，一所幼儿园最好的样态应该是什么样子的？教师与孩子又是如何互动的？高瞻课程里提到的一个词语就是"分享控制"。教师和孩子之间是支持性互动关系，也就是说教师和孩子可以轮流担任领导者和被领导者，教师变成孩子的倾听者、引导者、支持者、观察者，与孩子一起游戏，不再是高高在上的权威人物，而是和孩子站在同一高度，从孩子的角度看待问题。

书中也提到了创设的学习环境要足够温馨和温暖，能带给孩子安全感和愉悦感，也要让学习空间能吸引幼儿的兴趣。例如，我们走进一间教室，教室里面的布局和空间设置都非常温馨，设置了许多个学习区域，有艺术区、语言区、科学区、积木区、娃娃家等；区域里投放了很多种材料，可以支持孩子进行学习探索、艺术创作、角色扮演等多种活动。处于这样的环境中，孩子的心情是稳定的、愉悦的、自由的，那么他的自主学习自然而然就产生了。教师和孩子都能充满自信，自由学习，这也许就是一所幼儿园最美好的样子吧。

书中最令我印象深刻的是作者阐述的高瞻课程里的计划、工作和回顾，这也是高瞻课程中独特而又关键的部分。这些内容包括了幼儿在主动学习中发展的所有能力，如积极主动的学习品质，发现问题、解决问题的能力以及与他人合作的能力等。在计划时间，教师支持鼓励孩子说出自己的计划，然后根据自己的计划实施，最后再进行回顾，回顾自己做了什么、怎么做的、用什么方法做的等。在这个过程中教师需要做的就是倾听，鼓励孩子的表达。在整个学习过程中孩子自己主宰着游戏的进度，遇到问题想办法自主解决，这就是孩子主动学习的样子。

在疫情期间，我们给孩子许多线上活动指引，有关于绘本推荐的，有关于体育锻炼的，有关于美食制作的，还有关于手工绘画的。我们不给孩子统一制定课程或者按部就班开展线上课程让孩子按规定时间打卡，而是给孩子充分的自由，让孩子可以自由选择，可以自主计划自己每天的活动。从每个班级微信群里分享的信息来看，孩子们都有自主学习的能力，他们会在疫情期间不能出门的情况下给自己制订丰富的生活计划。制作美食、家务、亲子游戏是孩子和家长选择最多的活动。有的孩子把自己的每日计划记录下来，把每个时间点自己要做什么策划得清清楚楚；有的孩子还邀请爸爸妈妈把自己制作美食的视频录制下来，边制作边给大家讲解制作的步骤。孩子们很愿意在群里互动，分享自己学会的新本领、新技能。我想这就是他们主动学习的样子吧。

在这本书中，作者给大家阐述的是高瞻课程的模式，但我觉得也是给幼儿园教师专业上的指引。它能够让我们认识到一个好的课程模式带给教师和孩子的益处，也非常详细地告诉我们如何创设有效的学习环境，如何有效地进行师幼互动以及每个领域的关键经验，告诉我们在孩子每个年龄段的最近发展区该给孩子什么样的支持与鹰架。

这不禁让我想起自己刚刚毕业的那几年，怀着满腔热情努力工作，结果反而更加迷茫。当我把这本书与现阶段幼儿教育的实践经验相结合的时候，我才发现一切都是那么得心应手。我不禁感慨，这正是我所需要、所追求的课程模式。在建设适合自己的课程模式这条道路上我走过很多弯路，寻找过很多方法，但是《学前教育中的主动学习精要：认识高瞻课程模式》这本书让我明白了一个道理：“方向比努力更重要”。

深圳市龙华区行知小学附属丰润幼儿园　李姗姗

李姗姗

感悟

从事幼儿教育十几年来，我一直匆匆走在路上，寻找着一个理想的课程模式。在这个过程中我发现课程的建设是没有捷径可走的，它必须经过长时间的磨炼，还需要有一群爱思考、爱探索的人，这些人能倾听幼儿、引导家长、促进教师专业成长……在《学前教育中的主动学习精要：认识高瞻课程模式》这本书中，我找到了课程建设的正确方向。

圆桌对话

生活在现代的我们，已经习惯了便捷、快速、直白，耐不得等候，花不起时间，经不起琢磨。所以，我们常常一次次出发，与世界对话，与周围对话，与他人对话，最后与自己对话……

再说教育者的责任

北京的秋天，天高云淡，沿路不时能看到金黄的树、飞舞的落叶。我们满怀期待走进中华女子学院附属实验幼儿园，看见了孩子们的毕业作品——花草墙，看见了孩子们嬉戏的雨水花园，看见了孩子们运动与藏谜的树屋，孩子们游戏的情景历历在目……于是我与胡华园长有了这样的讨论。

甘露名师工作室成员摄于北京

讨论一：幼儿一日生活的时间需不需要那么精准？各个区域的功能需不需要那么准确？

甘露园长：

每所幼儿园都有幼儿一日作息时间表，教师要在规定的时间做规定的事情，孩子们完成一个任务之后，教师会想怎么去评价他们。但是，我在花草园听到了教师们始终在讲的一些高频词汇，如留白、弹性、跟随、捕捉……这个时候我就在反思，幼儿园一日生活的各个环节需不需要那么精准？

今天，在充满阳光的班级图书馆，我看到了很多书。原来我们要求幼儿园阅读区一定要有四个功能——听、说、读、写，所以要在图书区投放相应的材料。但是我发现花草园的图书馆很简单，它就是一个读书的地方，孩子们在这里很自在，他们专心地翻书，交谈。这也让我思考，我们为什么要在图书区投放那么多的材料，我们为什么要把阅读这件事做得那么复杂？

胡华园长：

如果我们把教育看作一个过程，而不是一个目标，就会用一种更平静、更柔和的心态来面对教育。

幼儿园创办之初，我和你一样也非常强调一日作息时间的精准，总是对教师们说每个环节都要有条不紊，环节与环节之间的过渡要流畅。实际上这还是一个教师主导思想下的一日生活安排，体现的依然是教师对儿童的"管控"，还是认为儿童必须追随成人的设计和安排来完成生活。

真正的转变发生在课程探索初期的"生成课程"阶段。当时我们安排的教育活动的时间小班是10~15分钟，中班是20~25分钟，大班是25~30分钟，但是这些时间远远不能满足孩子们的学习需要，于是我们开始试着模糊每一段活动的时间界限：儿童的学习时间可以是一个上午也可以是一天，学习的地点可以在室内也可以在户外，他们可以一直围绕着自己感兴趣的问题来进行学习。

所有教室的功能也是为儿童的探索、学习服务。当时我们也解决了一个问题，那就是不再纠结于某个区域需要完成怎样的目标，而是追随儿童发展的脚步，用更广阔的课程视角重新建构学习区域，只为儿童当下的学习服务。

那时候起，我们开始采用大块的一日活动的时间安排，不再细分每一部分应该干什么。甚至在生活环节，我们给了儿童更大的自由，他们可以随时去喝水，随时去上厕所。区域活动和教育活动之间的时间界限也并不那么分明，因为区域活动常常会成为一个新的项目活动的开始。

就功能而言，幼儿园的阅读区一定要有听、说、读、写这四个功能，听起来似乎没错，但如果我们刻意地追求这些目标，也会使儿童无所适从。对于儿童来讲，如果他们感兴趣，所有的听、说、读、写都可以发生在一本书里，所以最重要的是给他们提供感兴趣的图书。

曾经有人提醒过我们，说我们的图书区似乎没有按照儿童的年龄特点来选择图书。我的回答是：其实我们并不知道儿童真正喜欢的那本书在哪里，所以我们会提供更多的选择给他们。如果我们刻意从目标出发选择一些书，就有可能切断儿童和图书之间的情感连接，我们所追求的教育的功能性目标也就无法得到实现。

讨论二：教师和孩子之间是否有一个所谓的“边界”存在?

甘露园长：

原来我会觉得我们是我们，孩子是孩子，我们和孩子之间是有边界的。我们虽然一直在向孩子学习，但其实很多的东西是我们自己脑子里先有，然后再去想孩子在我们的预设中会是怎样的。我们和孩子中间一直有一条边界，但是这两天在花草园里，我并没有看到这样的边界。

胡华园长：

我觉得这个问题和上一个问题一样，其实背后是一种教育价值观的转变。我们需要从教师主导转变为儿童主导。

如果我们过于拘泥于边界，其实是在告诉儿童，我是成人，你是孩子；我是强的，你是弱的；我是主导者，你是顺从者……

如果我们把所有的关系都还原到人与人之间的关系，一旦心灵相通，那些边界就没有特别多的意义。

比起“和孩子共同学习”，我更喜欢提“和孩子共同生活”，因为我们在一起生活的时候，就像一家人。甚至当教师遇到困难的时候，孩子们也会用他们的方式给予安慰和帮助，这些安慰和帮助会给教师很大的力量。

很多教师在写教育教学笔记的时候，都会写到他曾经被某一个孩子点亮过。在花草园，拥有教育智慧的教师都是有过和儿童深度沟通，曾经被儿童的某句话或者某个行为点亮过的教师。

对于成人来说，和儿童相处，要学会忘记那些自己以为自己知道的事。

很多时候，成人的头脑中会有很多观念和判断，这些观念和判断一旦固定，就等于画地为牢，会自己困住自己。

如果你能忘掉这一切，你就能够获得更大的学习的可能性。

我特别推荐一部电影——《奇异博士》，电影里提道：忘掉你头脑中的所有，去真实感受的那个东西才叫心灵的感受。

讨论三：爱和规则的关系是怎样的?

甘露园长：

我们原来觉得爱和规则之间是有边界的。当我们用规则去要求孩子的时候，就好像我们不再爱孩子了。

但是这两天，我看小组学习中教师和孩子的谈话过程，发现教师很巧妙地把规则和学习内容结合在一起，很顺利地就讲完了。

在小班的课程中，教师会和孩子一起讨论“如果我这样来爱你（指某些不恰当的方式），你会喜欢吗？”引导孩子学会用别人喜欢的方式来爱。中班的课程围绕社区展开，教师问孩子今天学到了什么的时候，会对孩子说，你们今天很认真，平淡的生活有时候是需要用认真去对待的。

听到这些的时候，我就在想，这些教师真的好伟大!

胡华园长：

爱和规则原本就是和谐统一的，这其中传达的是教师的价值观。我认为教师是什么样的人，比他教会了孩子什么更重要。

因为你和孩子们在一起的时候，用的都是“本我”，如果你总是用“超我”来工作的话会很累。“本我”的自然流淌会对孩子产生很大的影响。

你的“本我”中是不是构建了一个积极健康的价值观；你如何辨析自己遇到的那些困境……对这些问题，你要自己完成一个整合，然后把它有效地输出。

幼儿教师这份职业让你每天和儿童打交道，它会调动你的潜意识。因为你曾经真切地理解过自己，所以你也能真切地理解儿童，用更慈爱的方式把所谓的规则传达给他们。这种规则本身就蕴含着更深的爱，是导向未来发展的一种大爱。

当教师称赞孩子今天的学习很认真时，他想传达的价值观就是生活是需要认真对待的。这里表达的是一种规则，这种规则是以爱的方式来输出的。

我为什么说花草园的教师可以称为“庶民教育家”？因为他们传达的实际上是非常完整的价值观，这个价值观包含着对人性的理解与接纳。

当教师的生命完成了这样的整合时，从内心流淌出的东西就会深深地影响着孩子，也会打动身边的每一个人，让人觉得一切都很舒服、很自然、很流畅，但是我更喜欢用这个词：很慈爱。

讨论四：教师的工作时间表和个人成长节奏如何保持同频？

甘露园长：

我以前会跟教师们讲，要做“精英控”，要有工作时间表，要有效率，每做完一项工作就打钩。但是在这里，我们发现教师也好，孩子也好，他们的成长是在这样的环境中顺着藤蔓往上爬的。教师没有一个精准的时间表，也没有告诉孩子们哪一天经历了一个里程碑事件后，他们就成了谁。

胡华园长：

这个问题其实引发了我特别多的思考，我觉得这也是东方文化和西方文化的差异所在。美国人特别喜欢做时间表，甚至去超市都要先列好单子，然后一项一项打钩。这实际上是人们缓解工业化带来的焦虑的一种方法。

我觉得东方的古老智慧是有解决这个问题的办法的。如果我们能够把心空下来，和当下的生活节奏同频共振，就一定能够找到一个更好的节律。所以我经常讲要乘物以游心，要空、要静、要松，不要给自己设那么多的目标，但是每时每刻都用心生活，然后不知道哪一天就会经历一个里程碑事件。

这些东西是求不来的，也不是设计出来的，而是你的心灵到了一定的阶段之后，自然而然长出来的。

在和孩子相处的时候，直觉比理性更重要一些。如果我们经常与孩子沟通，我们的直觉就会越来越敏锐，我们的教育就越来越智慧、越完整。

花草园的教师都尝试过通过“格物致知”而“明心见性”，所以他们内在的觉知一直被保留、被尊重。当他们的心很放松，大脑不再执着于某些目标的时候，他们就能够完美地将个人的生活与工作的节律统一起来。

讨论五：工作目标和自我追求怎样保持统一？

甘露园长：

今天我问花草园的教师，你们如何在课程教学中实现五大领域的目标？教师回答我：我们不太刻意追求一件事情、一个活动需要达成怎样的目标，但是当我们用更高远的目标来设计活动，忘掉教育目标，和孩子们全心全意活在当下的时候，五大领域的目标都会达成。

胡华园长：

当我们把教育的目标放在生命成长这个上位目标上的时候，五大领域的目标通常都会达成。

教育中的专业成长和个人的生命成长一开始是两条河流，它们总会不期而遇。相遇的时候就会有生命的喜悦，而之后它们将汇集成一条宽阔的河流，你中有我、我中有你，教师们也由此在工作中找到了生命的成就感、满足感，达到了一种较为圆满的状态。

讨论六：“生活化课程”的开端是什么？

胡华园长：

“生活化课程”的探索是从倾听儿童的表达，观察儿童的游戏开始的。以下是王海霞老师写的一篇教育笔记：

2011年4月，班里有一些纸箱子，孩子们在纸箱里钻出钻进，玩得不亦乐乎。看到孩子们对纸箱如此感兴趣，我们就想，何不利用纸箱来开展畅游日活动呢？于是，我们开始和孩子们讨论可以利用纸箱玩哪些游戏，在游戏中需要注意什么。没想到一下子激发了孩子们的游戏力，他们利用纸箱玩得花样百出：捉迷藏、垒城堡、纸箱大战……游戏玩法层出不穷。我们担心的安全问题并没有出现，对于游戏中需要注意什么孩子们早已记在心中。

经历过这样一次跟随孩子们兴趣的畅游活动，我们一下子理解了畅游日的真正意义，也意识到畅游日对孩子们而言，既是一种释放，又是一种有意义的学习方式。在纸箱游戏后，幼儿园畅游日的风格越来越明显。从某种意义上来说，纸箱游戏开启了真正的畅游日时代。

我们从2011年开始有了畅游日，这一天孩子们想怎么玩就怎么玩。关于畅游日我印象最深的是一个小女孩躺在“浴池”里，给自己的身上盖上了纱巾，假装自己在日光浴，特别享受……这个场景一直留在我的脑海里。

当周的教研，我请王海霞老师做了分享。在这个游戏中，我们找到了“在中间”的感觉，这其中既有儿童也有文化。当然，我理解的文化不仅仅有认知层面的东西，还有生命层面的东西。这个纸箱游戏开启了我们真正的“畅游日与生成课程时代”。

当下的课程改革，很多人选择从关注儿童开始。其中大部分人会选择倾听儿童的心声，了解儿童如何思考问题，如何学习与发展。

但，这远远不够……

倾听儿童、理解儿童、尊重儿童只是第一步，还需要思考课程如何源于当下，又如何用文化的张力扩展课程的结构与内涵。之后，再回归儿童，在儿童文化与社会文化之间找到平衡。

只有这样，才能说是创生了一套课程，而不是创编了一套课程。

甘露　胡华

2019年11月1日于北京

公办园教育创新的方向

日敦社是一个有10万+粉丝的自媒体公众号，在学前教育领域有很多前沿和创新的探索。

我一直关注这个公众号，很欣赏这群跨界的人在学前教育领域里所做的努力。它的存在，犹如新校长传媒公众号之于中小学教育。

日敦社创始人张晔找到我时，我还挺惊讶的。因为我属于“非典型性”园长。她说她费了好大劲儿，才找到我的联系方式。

说实话，改这篇采访稿花了我五个小时的时间。因为，把录音转成文字的稿件，再到变成文字阅读稿，这个过程很费神。我和编辑小秋说，我有文字洁癖。

不过，我特别感谢他们这个团队在学前领域里做的不同类型的自由探索。没有他们的采访，我也想不到把自己的想法变成文字。

在晚上12：00交稿时，我心里有一种巨大的满足感。在行色匆匆的工作和生活背后，原来，思考和写作才是我的“桃花源”。

对话一：学习和借鉴花草园生活化课程，模仿和照搬的界限在哪里?

张 晔：

近年生活化课程在学前教育领域是个热词，它代表我们当下和未来课程发展的方向之一。我们发现一个现象：花草园的生活化课程推出来以后，有了很多学习者和追随者。

如果幼儿园要去学习和借鉴别人的课程，同时要生成自己的课程，那么它的背后需要什么样的东西去支撑？如何在借鉴的基础上有自己的思想和创造，而不是简单地照搬甚至是抄袭？甘露园长怎么看待这个问题？

甘 露：

我认为之所以会有这么多的照搬，是因为生活化课程没有标准，所以大家就会自动去寻找一种标准。

大家认为胡华园长的课程跟生活很贴近，物质条件的保障不是那么难，不要求很多物质和经费的投入，所以大家就自动把胡华园长的生活化课程列为一个标准。课程一旦变成标准之后，大家就会去模仿。

其实学习本身就是从模仿开始的，所以我特别理解这些幼儿园为什么这么做。但是现在大家对知识产权缺乏尊重，知识产权的概念比较淡薄，很难在模仿和抄袭之间找到清晰的界限。

我们幼儿园给每一个班级都买了《幼儿园生活化课程》这套书，但是我们从来没说过我们的课程叫作生活化课程。我们觉得胡华园长的课程可以变成指导我们教学的一种理念，会让人意识到，原来儿童的生活是无处不在的，所以儿童的教育也是无处不在的。我们不需要去模仿它里面的每一节课怎么上，但需要帮助老师找到这种感觉。

站在园长的角度，我会看到百花齐放的各种课程：瑞吉欧课程、高瞻课程、生活化课程、安吉游戏等。面对各种各样的课程，其实我们需要回过头来思考一个问题，就是：我要什么？就像哲学三问一样：我是谁？我从哪里来？我要到哪里去？这些问题恰恰是课程思考的原点和方向，也就是“初心”。但是很多幼儿园可能恰恰在模仿和吸收的过程中走得太远，没有再回头问自己这个问题。

一次次对自己发问的过程，就是一个个辩证思考的过程。我们会发现，照搬任何一个其他幼儿园的课程或者一种课程模式都是不适宜的。李辉教授在谈幼儿园课程建设的时候，提出了三个适应性（3CAPs）理念，强调幼儿园课程要有文化适应性。幼儿园的文化是什么？它是一种精神气质、一种集体表达和一种生活方式。每所幼儿园的文化土壤都不同，所以课程一定要有自己的文化表达。

除了文化适应性，课程还要有儿童适应性，因为每个儿童都是不同的。两千多年前孔子就提出了因材施教的教育思想，用我们现在的话来说就叫尊重个体差异，这种思想表达的就是儿童适应性问题。“适应”这个词是我们用来衡量课程的一个哲学标准。

李辉教授还提出课程生态适应性的问题。这个问题包括我们对自然环境、人际关系环境、社会环境等资源的利用、开发和适应，也包括我们通过课程建构和创造的一种幼儿园生态系统。我们只有往后多退几步，更清晰地看到课程的全貌后，才可能有更全面的课程观和更宏大的生态观。

所以，在建构课程之前，我们首先要问自己：我们要什么？我们有什么？我们要到哪里去？然后回到课程理论层面，看看我们的课程有没有文化适应性，有没有儿童适应性，有没有生态适应性。

如果你努力去寻找这些，在不断追问的过程中，你会找到一些答案的。

当我们到胡华园长的花草园的时候，刚好是花草园15周年园庆，也正是花草园课程最丰满的时候。我们在那里待了三天，静静地观察课程中的每一个儿童，细细地打量花草园的每一种植物，和每一位教师交流和讨论。我看到学前教育中有这样的课程，心中有种油然而生的尊敬和感动。回来以后，我把这种尊敬和感动，变成一个比较抽象的，类似哲学思考的东西，放到我对课程的整体认知中。

如果我问从花草园学习回来的教师有什么感悟，他可能会说：我要把花草园课程的某一段搬过来学习借鉴。这是教师层面的回答，但在园长这个层面，你肯定不能这样思考问题，你必须比教师思考得更深。作为园长，你可以从模仿开始，但是你在模仿的过程中，需要不断地发问，要问自己很多“为什么”，回答很多“是什么”。园长如果没有对自己的课程的三个适应性（3CAPs）的思考，就只能照搬。

所有的课程背后都是有思想光芒的，都是看得到思想生长的。如果没有这个过程的话，我们的课程就会变得“千园一面”。

我很喜欢成都的教育生态。那里有各种形态的学校、各种类型的校长，会让人觉得这是一座有很强包容性的城市，有一片适合教育生长的土壤。对于我们的幼儿园课程来讲，一座城市能产生这样的学校，它就一定能生长出各种各样的课程。

过去培训我们经常选择去北京、上海、南京等高校特别多的城市，但当你在这些城市看多了以后，就会发现在强大的学术和行政力量下，学校和幼儿园呈现出来的面貌特别相似、同质。而当你把视线投向成都、昆明这样的二线城市，就会发现这里有各种各样的、具有强大生长力的幼儿园。这些“非主流”

的幼儿园很有意思，它们会让我们的学前课程呈现出丰富性、多样性。

对话二：既是园长又是教研员，双重身份给幼教带来的思考是什么？

张 晔：

甘园长，刚才你讲到如果有太多干预，幼儿园的样态可能会不太一样。我也知道你还有一个身份——深圳市龙华区教科院教研员，你的双重身份可能会决定你看待幼儿园的角度与只是作为园长的角度不同。

那作为教研员的话，你认为怎样的教研员才是一个好教研员？怎样才是真正支持性的教研员而非传统的做过多行政干预的教研员？

甘 露：

首先要说明，教研员是一个专业岗位，不是一个行政岗位。你用到了一个特别好的词，就是“支持”。教研员更重要的价值在于支持幼儿园的专业发展和教师的专业成长。

其实我做教研员的时间不长。2017年刚来龙华区教科院时，我面临着职业转型，在思考了三个多月之后，才开始找到感觉。

作为一个区域的教研员，首先你得去了解自己所在区域的实际情况。2017年龙华区刚成立时仅有三所公办幼儿园，而民办幼儿园有近200所。如果想让三所并不特别成熟的公办园起到示范引领和辐射整个区的作用，是不现实的。打个比方，如果你需要一座花园，但现在花园里只有三株花苗能开花，光靠三朵花是不能成为花园的。所以，要转变思路，去改良土壤，让每一株花苗都有开花的可能。这就需要疏松土壤，不断地往土壤里注入养分。为此我想做一些最基础的东西。

例如，建构教师培训课程体系，对管理岗、教学岗、后勤岗的人分层、分类、分比重进行培训。

例如，通过各种活动提升学前教研和教师的影响力，让学前教师这个群体在以在编为主的中小学教师队伍中发声（我们区的幼儿园教师全部没有编制）。

例如，去最薄弱的民办幼儿园做教研蹲点，先补全区幼儿园中的最短板。

如果说行政的力量可以立竿见影的话，教研的这些做法不会有立竿见影的效果。当你想要培育一个很好的教研生态场的时候，是不能急功近利的。所以，我们当时做了大量培训，请了各种不同层级的培训讲师和大学教授，然后带园长们到全国各个地方考察，开阔视野。

2020年，我们接到通知，公办园比例要从2017年的1%提升到50%。这意味着我们需要大量选拔园长了。这个时候我发现，前面三年为教师、园长们成长铺垫的土壤（大量培训）让他们有了吸收养分的可能，当给了平台之后，他们就会成长起来了。

我们前面三年做的事跟行政没有太多关系，都是专注于教师、园长的专业提升，帮他们铺垫一些关于儿童的基础认知，使他们在学前教育方面达成一些基本共识。我也会用一些先进的、前瞻性的知识来影响他们，帮助他们拓展认知边界，了解跨学科领域。每一次开全区的园长教研会时，我一定会有一个内容——分享我在日本、北欧、英国、美国等地的研学、旅行经历，把生活教育的内容、异国的教育、沉淀的思考和园长们交流。

我希望教师、园长们能抬头看看天，仰望不同的星空，这样，他们看到的不仅仅是一颗星星，而是整个银河。然后，我再通过园本教研，让他们回到地面上来，这样他们就能够成长起来。

管理的最高境界是影响。我要做的，就是通过影响力，让学前教育在区域层面发生改变。

张 晔：

2018年前，深圳的民办幼儿园比例为90%以上，那时你就是龙华区教科院教研员，你怎样看待这些民办幼儿园？

甘 露：

我们深圳的民办幼儿园，尤其是原来在关外（深圳分关内和关外，即经济特区和经济开发区）的幼儿园，大多是收费低廉的中低端幼儿园。这些幼儿园是为广大打工者子女提供教育服务的。深圳这座城市，有大量外来人口、流动人口，为了解决这部分人的子女教育问题，需要这样的幼儿园存在。

有一次，为了了解一些真实的情况，我走进了一家室外没有招牌的教育机构。我是以家长的身份进去的。在一间租来的100多平方米的房间里，大概有70多个孩子，最大的8岁，最小的3岁。老师很自信地告诉我，孩子在这里能学很多东西，他们很开心。教室里没有书包柜，每个孩子的凳子后面挂着书包，随着教师的移动，在这个很小的空间里，他们只能把凳子搬来搬去。

走出这间房子以后，我就在思考：如果没有这种机构，孩子们可以去哪里呢？这些孩子，不管他们在深圳接受的是什么样的教育，但至少有一点，他们是幸福的：他们一直和父母在一起，每天能牵着父母的手高高兴兴地上学、放学，这已经比留守儿童幸运多了。

张 晔：

我很感动！您怎么看待一线城市中的这类幼儿园？它们的生存非常不容易。

甘 露：

上海的学前教育走在全国的最前沿，他们有专门的打工者子女学校和幼儿园，充分体现了一座城市的文明和对弱势群体的关注。

我记得《中华人民共和国学前教育法草案（征求意见稿）》在征求意见时，提到了学前教育不能逐利，我特别赞同这一点。在我的概念中，教育很大程度上就是公益的，它是一种公共服务，既要能提供教育的选择性，也要关注教育的公平性。它应该以人的全面发展为终极目标，而不是受利益驱动。

张 晔：

从学前教育的教研员这个层面上、从整个教研员的状态中，你认为教研员存在的普遍问题是什么？

甘 露：

教研员现在有两种类型：

一类是从经验出发的教研员。他们以前可能是很优秀的园长或者教师，有丰富的实践经验、行政管理经验，用漂亮的履历获得了这个岗位。

另一类是高学历的教研员。他们是在硕士研究生或者博士研究生毕业后直接应聘这个岗位。

你会发现他们其实各有优劣。

例如，有实践经验的教研员，有一定的行政能力，能有效地推动整个区域的教师专业发展。代表人物应该是程学琴老师，她成功将安吉游戏打造成中国学前教育的一张名片。

北京市海淀区吸引了很多刚毕业的硕士研究生、博士研究生作为教研员。这些教研员可以把一件事情研究得很深，他们会使用大量的实验和数据，工具运用、信息收集和检索能力都很强，也能够出一些研究成果。但是他们的行政推动能力比较弱，需要有经验的人来带领。

教研员这个岗位既要有专业能力，能够实现引领，又要有行政管理的能力，能够施加影响、带来改变。所以，我觉得好的教研员是很难得的。这个岗位，并不是“学而优则仕”，读了博士就一定能做好教研员，也不是优秀的园长就一定能够去做教研员。

教研员是一个理论和实践相结合的岗位，是需要在理论与实践之间架起桥梁的岗位。同时，教研员还必须是一个言说者、转换者，需要把从理论到实践的内容，变成一种幼儿园教师和园长能够理解的语言。这种在理论和实践之间搭建桥梁的转换能力，是教研员应该终其一生去追求的。

从更高的层面来说，教研员必须有一种专业自觉，要引领区域学前教育的方向；必须具备很强的学习能力，不断地去吸收、去思考、去沉淀。现在的知识是海量的，教研员要能够迅速地过滤认知，选择知识，深入研究，最终形成自己的思想，并寻找一种有效的推进方式，形成影响力。

我们如果从《3–6岁儿童学习与发展指南》中提到的学习品质来看，教研员必须要有好奇心。当有一个新的现象、流派或者理论出现时，教研员得去研究和琢磨，而不是固守在狭隘的认知偏见中。例如，安吉游戏，我在2015年、2017年、2019年每隔两年学习一次，然后我就看到了它的变化，看到大学教授们在幼儿园、在安吉游戏中发挥的作用，看到乡村教师如何在游戏中实现专业成长，看到孩子的游戏状态怎样一点点地呈现，看到安吉的户外游戏环境如何一步步朝课程靠近。

在深圳，做教研员会有一种无力感。因为幼儿园教师没有编制，工资不高，很难吸引高素质人才加入。现有教师学历起点较低、知识结构不完整，需要的成长周期很长。这种无力感还来自自己做的一些事情每年都在不断地重复，就像跌到尘埃里。

例如，一日生活的流程、活动转换时过渡环节的教师站位这种最基础的东西，教研员们得一遍一遍地讲，一年一年重复讲，自己内心渴望的深度研究、认知共鸣很难发生。同时教研员们还要不断地提醒自己：尽管它的现状是这样，但自己不能陷入这种简单重复中；要有专业自觉，让自己不断抬头仰望星空，寻找精神价值。

对话三：如果说教育创新是挑战权威，那么公办幼儿园创新的方向是什么？

张 晔：

最后一个问题，你觉得在公办幼儿园里我们怎样去创新？我们创新的方向是什么？

甘 露：

其实学前教育的圈子还是比较封闭的，比如说一个园长，在以前上大学的时候，师范院校的教授们就是我们的导师，我们出来工作很多年以后，经过多年的成长，我们当了园长，我们的导师还是那些教授，师范学院的教材还是那些教材，有可能只是换了个出版社。

这些专家和教授，他们掌握了话语权，他们就是权威。但是我觉得创新教育本身就是挑战权威的，而且创新教育需要有更多外来的跨界的思想去冲击或者融入其中。

我认为不管是公办幼儿园还是民办幼儿园的园长，都要有设计思维，要跟当下的环境形成一种联结和碰撞。比如大学里教授的学前教育理论，它只在一个学术的领域里发生，所以我们说大学是“象牙塔”。学前教育理论走出校园，进入幼儿园实践层面的时候，你会发现其实幼儿园是社会的一部分，它一定会受到很多来自时代和社会的影响。

举个例子来说，大家过去觉得幼儿园就应该是花花绿绿、色彩斑斓的，但是现在在极简主义美学影响之下，留白是幼儿园环境中很重要的一个部分。这个审美趋势的变化，说明社会的审美认知、设计界的风潮对幼儿园会产生一定影响。所以，如果你是在一个有几十年历史的公办幼儿园当园长，除了老生常谈地要去继承、去创新、去发展之外，也要思考幼儿园在当下的时代中，应该扮演一个怎样的角色，应该传递一种怎样的声音。

改革创新的第一个层面是跨学科的研究。当下的时代，我们对人的认知，在跨学科的研究中达到了一个前所未有的高度，在这个背景下，我们可能需要重新认知儿童。在脑科学、性别科学、神经科学等认知科学的加持下，儿童学习方式的研究、心理学研究、行为学研究都会对学前教育产生深远的影响，这些在大学学前教育专业可能是没有人教的。所以，我们就要重新思考：当这些交叉学科对学前教育产生影响的时候，我们的课程，我们的观念，会不会有所转变？

比如，现在学习本身已经成为一个研究范畴了，我们称之为“学习力”。很多人都在研究成人怎么在有限的时间里学得更多，学得更快，学得更好。那么对儿童来讲，我们就要思考：什么样的学习能够更贴近儿童生命本真的状态？激发儿童学习的原点是什么？儿童学习的自驱力来自哪里？在这种交叉学科、跨界知识的影响下，我们对课程、对学习一定会有新的思考。

改革创新的第二个层面是环境。现在有越来越多的设计机构进入学前领域，从设计环境开始去影响我们的课程。过去，我们的幼儿园可能二三十年一直都是一个样。如果这种时候我们有设计思维，就要去思考整个幼儿园里的学习空间跟我们前面研究的儿童的学习方式之间应该建立怎样的连接。在这种情况下，我们就要去研究学习空间的问题。

改革创新的第三个层面是社会、家长。社会、家长对儿童教育的期待也会影响到我们的课程。现在的家长对儿童的认知、对教育的认知、对孩子的期待，可能跟过去的家长都不一样了。我们在当下担任幼儿园园长，就必须去适应当下的社会环境和社会背景，学习心理学、社会学、人类学学科的知识、哲学等，这些知识都会对幼儿园产生很多具有变革意义的影响。

甘露 张晔

2020年11月16日于日敦社幼师学院

后　记

整理完近40万字的书稿，有种如释重负的轻松。有时候，也会不停地问自己，这些努力和执着的意义在哪里？

心路一：

从深圳市龙岗区到深圳市龙华区，我选择了职业生涯的另一种可能。从园长到教研员，再到兼任集团总园长，三年的时间里，我在这片充满活力的土地上，不断突破自己的能力极限和认知边界，激发内心的小宇宙，成就丰盈人生。越奋斗，越青春！

心路二：

成为一个悲观的乐观主义者。因为悲观，所以敬畏儿童，尊重生命，谨慎选择给儿童的每一个教学现场、每一次生活经验、每一次生命体验。因为乐观，所以相信自己的力量，相信专业的力量，相信教育的力量。

心路三：

“莫听穿林打叶声，何妨吟啸且徐行。”人生的意义不是对外的，而是对内，是用一次次的心灵回应，来解决复杂而艰难的个人境遇中的精神问题。“归去，也无风雨也无晴。”

对年轻的工作室学员而言，她们的年龄和阅历或许还不能够理解我这三段心路历程的意义。人生也是一本书，时时看，时时新。阅读对每个人而言，都是非常私人的事情。正如作家唐诺在《阅读的故事》里说的："从阅读的需求面来说，一本书的再阅读不仅仅只是可能，而是必要，你不能希冀自己一眼就洞穿它，而是你十五岁看，二十岁看，四十岁五十岁看，它都会因着你不同的询问、关注和困惑，开放给你不一样的东西。"

时光之外，希望阅读能一直陪伴她们的人生。

感谢强瑞和胡佳林在繁忙工作之余的组稿、拍摄和校对。感谢参与编辑的46位学员，她们奉献了自己的阅读思考和智慧。

三年亦师亦友的相处，让我们保持了一种非功利的兴趣：对世界丰富性、复杂性的接纳；真诚地渴望理解他人的经验；对儿童教育的执着和迷恋。

甘 露